時代と回想

時代と回想

――バーリン選集 2――

福田歓一
河合秀和 編

岩波書店

A SELECTION FROM "CONCEPTS AND CATEGORIES",
"RUSSIAN THINKERS", "AGAINST THE CURRENT"
AND "PERSONAL IMPRESSIONS"
by Isaiah Berlin
edited by Henry Hardy

Originally published by the Hogarth Press Ltd., London

This volume includes the following articles:
The Purpose of Philosophy (1962), Equality (© The Aristotelian Society 1956), 'From Hope and Fear Set Free' (© The Aristotelian Society 1964), Winston Churchill in 1940 (1949), President Franklin Delano Roosevelt (1955), Chaim Weizmann (1958), L. B. Namier (1966), J. L. Austin and the Early Beginnings of Oxford Philosophy (1973), Einstein and Israel (1979) and Conversations with Russian Writers (1980)

This Japanese edition is published in
1983 by Iwanami Shoten, Publishers, Tokyo
by arrangement with Sir Isaiah Berlin,
Henry Hardy and Wolfson College
c/o Curtis Brown Academic Ltd., London.

凡例

一、本選集は、H・ハーディ H. Hardy 氏の編集による四巻著作集(Vol. I, *Russian Thinkers*, Vol. II, *Concepts and Categories*, Vol. III, *Against the Current*, Vol. IV, *Personal Impressions*, 1978–1980, Hogarth Press)を中心に、福田歓一、河合秀和が、バーリンの全体像を浮かび上がらせるよう、翻訳されていない諸論文を主として、三巻に編集したものである。第一巻では思想史を、第二巻では同時代人論と政治哲学を、第三巻ではロマン主義と政治に関連する諸論文をまとめた。

一、第二巻では福田歓一のバーリン紹介を、第三巻ではハーディ氏作製の著作目録を掲載する。

一、第二巻の諸論文の初出は次のとおりである。

一九四〇年のウィンストン・チャーチル　Mr. Churchill (*Atlantic Monthly* 184 No. 3, September 1949). 著作集Ⅳに収録。

フランクリン・D・ルーズヴェルト大統領　Roosevelt Through European Eyes (*Atlantic Monthly* 196 No. 1, July 1955). 著作集Ⅳ。

カイム・ワイツマン　Chaim Weizmann (2nd Herbert Samuel Lecture, London, 1958). 著作集Ⅳ。

L・B・ネーミエ　L. B. Namier——A Personal Impression (*Encounter* 27 No. 5, November 1966). 著作集Ⅳ。

J・L・オースティンと初期のオックスフォード哲学 Austin and the Early Beginnings of Oxford Philosophy (*Essays on J. L. Austin*, Oxford, 1973). 著作集Ⅳ。

アインシュタインとイスラエル Einstein and Israel (*New York Review of Books*, 8 November 1979). 著作集Ⅳ。

ロシアの詩人たちとの会話 Meetings with Russian Writers in 1945 and 1956 が著作集Ⅳに収録されているが、本書ではその短縮版である Conversations with Akhmatova and Pasternak (*The New York Review of Books*, 20 November 1980) を翻訳した。

哲学の目的 The Purpose of Philosophy (*Insight* 1 No. 1, July 1962). 著作集Ⅱ。

「希望と恐怖から自由に」 'From Hope and Fear Set Free' (*Proceedings of the Aristotelian Society* 64, 1964). 著作集Ⅱ。

平等 Equality (*Proceedings of the Aristotelian Society* 56, 1956). 著作集Ⅱ。

一、第一巻、第三巻には次の諸論文が収録される。

第一巻――マキアヴェッリの独創性、自然科学と人文科学の分裂、モンテスキュー、ゲルツェンとバクーニン、ベンジャミン・ディズレーリとカール・マルクス、ヴェルディの「素朴さ」、ジョルジュ・ソレル、ナショナリズム。

第三巻――西欧におけるユートピア思想の衰頽、反啓蒙主義、ヴィーコの知識概念、ヴィーコと啓蒙の理想、モーゼス・ヘスの生涯と意見、ロシアと一八四八年、注目すべき一〇年間。

目次

一九四〇年のウィンストン・チャーチル

一

今ではもう遠い昔の一九二八年に、ある著名な詩人、批評家であるイギリス人が英語の散文の書き方を論じた一冊の本を著わした。(1) この批評家はエドワード朝時代の偽りの華やかさ、さらには第一次世界大戦とともに生じた宣伝と空文句にたいする苦い幻滅の時期に書いたがために、単純さという美徳を讃えた。単純な散文は、時として無味乾燥であるとしても、少くとも正直だと言うのである。それは時に不細工で不体裁で荒涼たる文章であっても、少くとも真実さという感じを伝える。何にもまして、それはあらゆる誘惑のうちで最悪の誘惑を免れている。この最悪の誘惑とは、誇張、自らを劇化すること、見かけだけは滑らかか細かいゴシックだらけかの違いはあるにしても、内容の恐るべき空虚さを隠す浅薄な左官細工を家の正面に作りたてることであった。

この時代と時代の気運は、充分にお馴染みであろう。リットン・ストレーチーがヴィクトリア朝の著名な人々の偽善的な言葉遣い、あるいは頭の混乱を暴露するという彼の方法によって、新しい流行を開いて間もなくのころであった。バートランド・ラッセルが欺かれたいと熱望していた数世代の人々に途方もない詐欺を働いた張本人であるとして、十九世紀の偉大な形而上学者たちの正体を暴き、ケインズがヴェルサイユ会議における連合国側政治家の愚行と悪を見事に晒し物にして見せてから、間もなくのことであった。つまりはレトリックが、さらには雄弁さが、文学的、道徳的偽善者たちのカモフラージュであるとして汚名を着せられた時代であった。彼ら破廉恥な詐欺師たちは、芸術上の趣味を腐敗させ、真理と理性の信用を失墜させる。そして最悪の場合には、悪をそそのかし、信じやすい世界を破滅に至らせるというのである。このような文学的風土の中で先の批評家は、当時一般に広く読まれていた各時代の高名な巨匠たちの華麗な美文よりも、哀れな魚の行商人ヴァンゼッティが判事セイヤーに向って言ったとされている最期の言葉——文法に適っていないとはいえ、まさに死刑にされようとしている単純な男が語った感動的な片言隻句の方に感動するという。そして彼は、見事な手腕と鑑識眼でもって何故自分がそう思うかを説明して見せた。

彼は、華麗な美文の一例として一人の人物を選んだ。この人物は、当の批評家がもっとも高く評価している一切のもの——謙虚さ、一貫性、人間らしさ、感受性にたいする細心な考慮、個人の自由、私的な愛情——にとっては不倶戴天の仇敵であった。この男は不信の目で見られているものの、帝国主義とロマン的人生観で有名な勇士であり、空威張りの軍国主義者、激烈な弁士でジャーナリスト、そして私的美徳の涵養を何よりも大切としていた当時にあって、世間に知られた公人中でももっとも公的に名の知られた人物、当時の保守党政権の大蔵大臣、つまりウィンストン・チャーチルであった。

くだんの批評家は次のように言う。「雄弁にとって三つの条件が必要である。第一に適切なテーマ、次いで誠実で情熱のこもった心、そして最後に持続力ないし根気である。」そして、四年ばかり前に刊行されたチャーチルの『世界の危機』第一部を引用して、この点を逆の側から証明しようとした。彼は続けて言う。「このような雄弁は、人工的であるが故に偽りである……比譬的表現《イメッジズ》は古臭く、比譬《メタファーズ》の例は乱暴である。文章全体が偽りのドラマという匂いを放っている……レトリック上の断言的発言の一斉射撃である。」そしてチャーチルの散文は大仰で過多、偽りの雄弁でこり過ぎ、「テーマの拡大」ではなく不当なまでの「自我の拡大」から生じたものであると言う。つまりは根底からの非難を浴びせたのである。

このような見解は、当時の青年たちからは好感をもって迎えられた。レトリックばかりでなく、高貴な雄弁さえもが不埒な偽善であるように思われた時代にあって、青年たちは、真理のあるがままの骨格から一歩でもはみ出ているように見えるものには、苦痛に満ちた反撥を示していた。チャーチルを批判したこの批評家は、戦後世代を代表して発言しており、しかもそのことを自覚していた。当時進行中の広範囲で急速な社会的転換の心理的徴候にたいして、時の保守党政権は断固として目をそらしていたが、少しでも目の効く文学、芸術批評家ならばその転換の徴候を見てとることができた。時代の気分は不満と敵意に満ち、不安定であった。あれほど壮大な出来事に続いて生じたことはあまりに苦々しく、その背後に壮大なスタイルそのものにたいする憎悪という遺産を残していた。戦争の犠牲者、傷病者たちは、彼らを無情に裏切った一時代の飾り物を取り除く権利があると考えたのである。

にもかかわらず、この厳しい批評家と彼の読者たちは根本的に誤っていた。彼と彼の読者たちが金ぴか物、空虚な張子細工として非難したものは、現実にしっかりと存在していた。それは、筆者チャーチルにとっては自らの人生観を表現するための自然な手段であった。この人生観は、英雄的で高度に多彩、時としてあまりに単純、むしろ素朴ではあったが、それでも常に真実であった。例の批評家は、そこにいわば紛いの代物、汚らしいまでに見え見えの混成品《パスティーシュ》しか見なかった。しかしそれが幻想であったのだ。現実は、それとは大いに違っていた。それは、たとえ無意識ではあっても、生命に溢れた再生《リヴァイヴァル》の試みであった。それが当時の思想と感情の流れに逆ったのは、ギボンとジョンソン博士からピーコックとマコーレーにいたる英語の正式の発言様式に意図的に復帰しようとしたからに他ならない。それはチャーチルが、自分の独自の人生観を伝えるために作り出した継ぎ合わせの武器であった。それは、荒涼たるデフレーション期の一九二〇年代にあっては、多感で洗練された帝国主義時代の末裔たちにとってあまりに明るく、あまりに大きく、あまりにも生気に溢れ、あまりにも不安定であった。彼ら帝国主義時代の末裔たちは、複雑さ、繊細さに没入した内面生活を送っており、彼らが信じ愛してきたものの大部分を破壊するような陽日の明るさを讃美できなかった。もともと彼らには、それを讃美するつもりもなかった。例の批評家とその支持者たちはそれに反撥した。しかしその理由についての彼らの分析は、納得のいくものではなかった。

もちろん、彼らにも自分自身の価値尺度を持つ権利がある。しかし、チャーチルの散文を偽りの前飾り、中味のない見せ掛けと片付けたのは彼らの大失敗であった。再生品《リヴァイヴァル》は、それ自体では偽りではない。例えば十九世紀のゴシック復興は、懐古的ではあっても人生にたいするある情熱的な態度を表現しており、その実例にいくつか奇怪に見えるものがあるとしても、深い感情から発したものであって、それ以後の浅薄で「現実主義的」様式のものよりも訴える力ははるかに大きい。ゴシック再興の創始者たちは、大部分は想像上の過去に帰ることに自らの解放を見出したが、この事実は彼らないし彼らの業績の価値をいささかも貶めるものではない。日常生活の調度品に囲まれていると気遅れするが、舞台に立った役者であると感じると生き返ったように感じる人々がいる。こうして解き放たれたと感じると、彼らは初めて口を開き、その時になって初めて、言うべきことを多く持っていたのだということが周りにも判ってくる。制服や甲冑や宮廷衣裳を着てはじめて自由に行動できるような人々がいる。彼らは、ある種の眼鏡を通してだけ世界を見て、ある意味で彼らのために形式化された状況においてのみ恐れを知らずに行動できる。そして人生を一種の芝居と見立てて、そこでその他の人々とともに振り当てられた台詞を語るのである。このようにして——第二次大戦は多くのこの種の実例を提供したが——人生が劇化された時、つまり戦場に立たされた時、引込みがちな人々が勇気によって奇蹟を成就した。そして彼らは、いつも制服を着用し、そして人生が常に戦場であるならば、今後も奇蹟を成就するかもしれない。

このようにある枠組を必要とすることは、「逃避主義」ではない。人工的でも異常なことでもなく、心理的不適応の徴候でもない。しばしばそれは、自分の本性の中のもっとも強力な心理的要素を一つだけ取り出し、その観点から経験を見る見方である。それが二つのものの間の闘争——対立する諸勢力や諸原理、真理と虚偽、善と悪、正と邪、個人の一貫性とさまざまな形態の誘惑と腐敗の間の闘争(先に挙げた批評家の場合がそうであった)、永遠と考えられているものと短命なもの、物質的なものと非物質的なもの、生の力と死の力、宗教化された芸術とその敵と想定されるもの、つまり政治家や宗教家や俗物との間の闘争など、単純な二つのものの間の闘争——という形態を取ることも稀ではない。人生は多くの窓から眺めることができる。どれか一つの窓が透明、あるいは不透明であるとか、他の窓よりも景色を歪めて見せるとかは言い切れるものではない。そしてわれわれはもっぱら言葉によって考えるから、言葉は当然に身を守る鎧としての性質を帯びることになる。チャーチルの第二次大戦回顧録第二巻の『彼らが最良の時』の散文では、特に筆者が荘重な面持ちで軽口を叩く時に、ジョンソン博士の文体が山彦のように甦っている。それはジョンソンの時代にあっては、それ自体として攻撃、防禦双方のための武器であった。ジョンソンのように傷つけられやすい人——彼は精神的には、前世紀に属していた——が、何故それを不断に必要としていたかを察知するには、さして深い心理的洞察力は必要でない。

二

チャーチルの支配的な範疇、彼の道徳的、知的宇宙を組織化する単一の中心的原理は、歴史的想像力である。それはきわめて強くかつ包括的で、一切の現在、一切の未来を豊かで多彩な過去の枠組の中に収め切ることができる。そのような姿勢の根底には、事件の流れにたいして自らの道徳的、知的な方位を固定させ、それに形と性格、色と方向と一貫性を与えたいという欲求――そしてそうすることができる能力がある。

この種の体系的「歴史主義」は、もちろん行動の人や政治理論家だけに見られるものではない。ローマ・カトリックの思想家は、堅固で明晰な歴史的構造という観点から人生を見る。マルクス主義者も、もちろんそうである。そしてロマン主義的な歴史家、思想家もそうであり、マルクス主義者は、むしろ彼らの直系の後裔であった。またわれわれは、採用された範疇が「事実」をあまりにも歪めていると思うまでは、「逃避主義」や事実の歪曲にたいして文句を言わない。解釈し、関連づけ、分類し、象徴化することは、人間の自然で避けがたい活動であり、われわれはそれを便宜上、漠然と考えることと呼んでいる。われわれが文句を言うとすれば、その結果がわれわれ自身の社会と時代と伝統の常識的な物の見方とあまりに大きくかけ離れている時だけである。

チャーチルは、歴史を――そして人生を――ルネッサンス期の盛大な出し物《ページェント》のように見ている。彼がフランスやイタリア、ドイツや低地諸国、ロシア、インド、アフリカ、アラブ諸国について考える時には、彼は生き生きとした歴史的な像――ヴィクトリア朝の子供の歴史書の挿し画と、リカルディ宮殿にあるベノッツォ・ゴッツォーリ画くところの大行列とのどこか中間あたりのものを見ている。彼の目は決して、社会学者の奇麗に分類してみせる目、心理分析者の注意深い目、丹念な古物収集家の目、辛棒強い歴史学者の目ではない。彼の詩情には、生身の肉の下にむき出しの骨、頭蓋骨と骸骨、生の流れの下に退廃と死の存在を見るような解剖学的な見方はない。彼の世界を構築している単位は、生そのものよりも単純で大きく、そして彼の世界の描き出す型は叙事詩人の型のように、あるいは時として、人と状況を時間を越えた象徴、永遠に輝く原理を体現したもののように見る劇作家の型のように、生き生きとして反復的である。全体の像は一連の対称的に形成された、いささか様式化された構図から成っている。それはカルパチオの伝説のように、明るい光に溢れているか、それとも暗い影の中に鋳込められており、ほとんど陰影がなく、原色で色どられている。そこには半音はない。姿と形を手で感じられないものは何物もなく、半ば語り、暗示し、囁いたりされるものは存在しない。その声の高さと質は、常に一定である。

われわれは、チャーチルの戦時中の演説によって彼の擬古主義的な文体に馴れ親しむようになったが、それは高められた語調にとっては欠くことのできない要素であり、いわば格式のある年代記記録者の衣裳であった。まさに現実の事態の深刻さが、それを求めていたのである。チャーチルは、それを充分に自覚している。文体は、歴史がその時々に役者に求めているものにたいして、完全に対応していなければならない。彼は一九四〇年に、ある外務省の起案について次のように書いた。「ここで提起されている考えは、私にはあまりにも利口であろうとしたがために誤っているように思われる。つまり、時代と当面の問題の悲劇的な単純さ、壮大さに相応しくないまでに、政策を洗練しようとしている。」

彼自身が語る物語は、ブリテンの戦いという大いなる絶頂を目指して、意識的に高まり、膨れ上っていく。その構成、その緊張はオペラ悲劇のものである。オペラという媒体の人工性それ自体が、物語的な叙唱の部分においても歌い上げるアリアにおいても、正常事態というそこには無関係な平板なレヴェルのものを排除し、主役たちの行為と苦悩を深く浮彫りにするのに役立っている。このような作品においては、喜劇の要素は当然に全体の様式に順応したものでなければならない。つまり戯れの変曲《パロディ》でなければならない。それがチャーチルのやり方であった。彼は、私はあれこれの事態を「厳然かつ静穏なる目差し」で展望したという。ある計画の失敗をいささかでも「得意げに笑った」ならば、それは「私によって大いなる不興の目をもって見られるであろう」と、幕僚たちに警告する。また巧みに秘匿された作戦の展開を見て、彼の協力者たちが「天上の笑み」を浮かべる有様を描写する。そのような時の彼はまさに、パロディを演じているのである。この紛いの英雄詩的語調は道化のストーキィ一座を思わせるが、それはオペラの常道を破るものではない。しかもそれは、常道とはいえ、筆者チャーチルによって意のままに着たり脱いだりされてはいない。すでにそれは、彼の第二の天性となり、いわば第一の天性と完全に融合している。もはや技巧と天性は分つことができなくなっている。彼の散文の非常に生き生きとした型は、彼が自らそれを書き上げていく時だけでなく、彼の日常の生存に浸透している想像力の生活の中でも、彼の理念を伝える自然の媒体となるのである。

チャーチルの言葉は、彼がそれを必要としたが故に発明した媒体であった。それは大胆で重々しくかつ明るい色の制服を着ており、容易にそれと判るリズムを有している。そのリズムは、すべてきわめて個性的な文体がそうであるように(彼自身によるものも含めて)パロディにしやすい。言葉を用いる人に明確な性格があり、その性格を表現する媒体をうまく作り出す時には、言葉そのものが個性となる。チャーチルの散文には、そのお手本になった原型、その構成要素、古典の影響を明瞭に見てとることができる。しかし、結果として生れた物はユニークである。それにたいしていかなる態度をとろうと、それがこのわれわれの時代の一つの大規模な現象であることを認めねばならない。このことを無視あるいは否定するのは、盲目か軽薄か不正直かのいずれかである。彼の発言は常に、つまり特別の機会だけでなく常に形式的である(状況に応じてその形式性の強さと色彩は変るが)。常に世間に開かれており、キケロ的で、世界に向って語られている。内省と私生活から生じる躊躇や緊張とは、まったく無縁である。

三

チャーチルの第二次大戦回顧録の資質は、まさに彼の全生涯を貫く資質である。彼の世界は、私的関係にたいする公的関係の優位の上に、行動という至上の価値の上に、単純な善と単純な悪、あるいは生と死の間の闘争という至上の価値の上に築かれている。とりわけ、戦いという至上価値の上に築かれている。彼は常に戦ってきた。一九四〇年のもっとも暗澹たる時に、彼は士気沮喪したフランスの閣僚たちにむかってこう断言した。「あなた方が何をしようと、われわれはいつまでも、いつまでも、いつまでも戦うであろう」と。そしてこの旗印のもとで、彼は自らの全生涯を送ったのである。

彼は何のために戦ってきたのか。それにたいする答えは、彼と同じように情熱的だが彼ほどは一貫していない行動の人の場合よりは、はるかに明確である。基本問題についてのチャーチルの原則と信念は、決して揺いだことがない。例えば彼が保守党から自由党へ、そしてまた自由党から保守党へと節を変えた時がそうであったが、彼は一貫性の欠如、判断が変りやすくむしろ無責任であるとして非難された。しかし、この非難は一見したところ当っているように見えるが、一九二〇年代に、ボールドウィン内閣の蔵相として関税を支持した時の保護貿易問題を除けば、実は甚だしく間違っているのである。チャーチルは、何度も意見を変えるどころか、むしろ長い嵐のような生涯を通じて、意見をほとんど変えなかった。現代の永続的な大問題についての彼の見解を発見したいと思うならば、彼の長い、例外的なまでに明快な公的生活のどこかの時期、特に第一次大戦前に、彼がその問題について何を発言したか、あるいは何を書いたかを発見しさえすればよい。その後に彼の見解がかなり大きく変化した例は、驚くべく少いのである。

見たところ堅実で信頼できたボールドウィンは、事情がそれを要求すれば、見事な巧妙さでもって態度を調節した。長い間、保守的意見の厳然として動かしがたい岩盤と見られていたチェムバレンは、彼の政策を変えた——彼はボールドウィンよりも真面目であったから、党や状況がそれを要求しているように思われた時には、たんなる態度の調節で満足しないで政策を追求した。しかしチャーチルは、柔軟性を欠いたままで第一原理に執着した。

保守党本部の中で大きな不安、強い不快と疑惑の念をかき立てたのは、彼の権力にたいする意欲ないし情熱、あるいは彼の移り気で信頼しがたい頭の切味と感じられたものではなくて、この彼の生涯を貫く中心原理の強さと一貫性であった。高度に中央集権化された政治組織は、独立心、自由な想像力、恐るべき人格の強さと、頑固な信念、公私の善についてのひたむきな不変の見解とを結合している個人にたいして、あまり愉快に思うものではない。チャーチルは、「万人の胸の中には、俗悪な目的への野望ではないとしても、名声への野望がうごめいているものである」と信じていた。そして私的な偉大さ、私的な栄光を信じ、——芸術家が自ら画こうとする姿を得んとするように——それを得ようとした。ルネッサンス期の劇作家、あるいは十九世紀の歴史家、道徳論者が頭に描いた国王たちと同じように、彼は、馬にまたがり堂々とペルセポリスに入城することを雄々しいことと思っている。彼は、大きく立派で高貴で、高い地位にあるものにとって追求するに相応しいものは何か、逆に曖昧で灰色で浅薄で、宇宙における色彩と運動の楽しみを堕落させ破壊するものは何かを、揺ぎない確信によって知っていた。風向きに合せて進路を変え、おずおずと妥協することは、健全な分別のある人々にとっては良いことかもしれない。あるがままの世界を保持したいというこのような人々の願望は、しばしば無意識のうちに悲観主義に貫かれている。しかし彼らの追求する政策が生活のテムポをゆるめ、生命力を弱め、例えば彼が尊敬した人物ビーヴァーブルック卿の内にひそむ「生き生きと躍動する精力」を低める場合には、チャーチルは攻撃に出る。

チャーチルは、ある特定の世界秩序の存在を真に信じている数において減少しつつある人々の一人である。その世界秩序に生命と力を与えたいという願望が、彼の思考と想像、行為と存在の対象となっている一切のものにたいする単一のもっとも強力な影響力になっている。伝記作者や歴史家が、ヨーロッパやアメリカ、イギリス帝国やロシア、インドやパレスチナ、さらには社会政策や経済政策についての彼の見解を記述し分析しようとすれば、これらすべての話題についての彼の意見は固定された型にはまっており、しかも生涯の早い時期に固定されて、後からはいくらか補強されたにすぎぬということを知るであろう。例えば彼は、偉大な国家と文明はほとんど上下、大小の階層秩序をなして存在していると、いつも信じていた。一例を挙げるならば、彼はドイツそのものを憎んだことは一度もなかった。ドイツは偉大な、歴史的に聖化された国家なのである。ドイツ人は偉大な歴史的人種であり、したがってチャーチルの世界絵巻の中ではそれに相応しい紙幅を占める。彼は、第一次大戦におけるプロシア人、第二次大戦におけるナチを非難した。しかしドイツ人そのものを非難したことは、ほとんどない。彼はフランスとフランス文化については、いつも光彩に輝くその姿を胸に抱いており、変ることなく英仏協力の必要性を唱えた。ロシア人については いつも、ヨーロッパ文明の壁の彼方にある混沌とした半アジア的な国民と見なしていた。彼のアメリカ民主主義にたいする信念と、それにたいする偏愛は、彼の政治観の根底をなしていた。

国際問題についての彼の見方は、終始一貫してロマン的であった。パレスチナにおける民族自決をめぐるユダヤ人の闘争は、イタリアのリソルジメントが彼の自由党の先輩たちの共感を獲ちえたのとまったく同じようにして、彼の想像力をとらえた。同じようにして彼の社会政策についての見解は、今世紀初頭の十年間の偉大な自由党政権の中で彼がもっとも尊敬した人々——アスキス、ホルデーン、グレイ、モーレイ、そして誰よりも先ず一九一四年以前のロイドージョージ——から手ずから継承した自由主義の原則に順応するものであり、世界がどう変化しようと、彼の眼中にはそれを変更させねばならぬ理由はなかった。そしてこの社会政策観が一九一〇年には進歩的であっても、今日ではあまりそうは思えないとすれば、むしろ政治的正義とは対立するものとしての社会的、経済的正義にたいする頑迷なまでの盲目さを示しているとすれば——ホルデーンやロイドージョージには、そのような非難を受ける余地はほとんどないが——、それは、この確固として把握された人間関係の図式をチャーチルが変ることなく信じているという事実から生じている。彼は、遠い昔にこの図式を自らの内に確立させ、それ以後、一切変えることがなかった。

四

想像力をもっぱら革命的な力と考えるのは誤りである——それは破壊し変革する力であると同時に、これまで孤立分散していた信念、洞察、精神的習性を強力に統一された体系の中に融合していく。これらの要素が充分な精力と意志の力に満され、さらに空想力によって満されたならば——空想力はあまり事実を恐れず、事実を精神の中で秩序づけていく理想的なモデルを作り出す——、時には一つの国民、一つの文明全体の外貌を一変させるであろう。

この才能をもっとも豊かに恵まれていたイギリスの政治家は、ディズレーリであった。事実彼は、帝国主義という神秘なもの、輝かしいヴィジョンではあるとして、もっとも非イギリス的なヴィジョンを構想した。それはほとんど異国趣味に近いまでにロマン的であり、形而上的な情緒に溢れ、イギリスの伝統の中のきわめて醒めた経験論的、功利主義的、非体系的な要素のすべてにどう見ても対立していたが、それでも二世代にわたってイギリスの精神を呪縛にかけた。

チャーチルの政治的想像力にも、それと同じく事態を一変させる魔術的な力がいくらか宿っている。それは、デマゴーグにも偉大な民主的指導者にも同様に宿っている魔術である。フランクリン・ルーズヴェルトは、彼の国と、その性格、その歴史についての内面的な像を変えた他の人々と同じく、それを高度に有していた。しかし、彼とイギリス首相との間の差異は、類似点よりも大きく、そしてある程度まで、二つの大陸と二つの文明の差異を象徴している。二人の間の対照関係は、この二人を密接に結びつけた戦争の中でそれぞれが果した役割によって、生き生きと示されている。

戦争から生れる新しさ、天才という点では、第二次大戦はある意味で第一次大戦に劣っていた。もちろん第二次大戦の方が大きな変動であった。それはより広い地域で戦われ、世界の社会的、政治的外観を少くとも第一次大戦と同様に激しく――おそらくはそれ以上に――大きく変えることになった。しかし、一九一四年における連続性の断絶は、はるかに激烈であった。一九一四年以前の歳月は、今から見て、むしろ一九二〇年代から見ても、もっぱら平和的に発展した一つの長い時代の終り、突如としてしかも破局的に中断された一つの時代の終りのように見える。少くともヨーロッパでは、一九一四年以前の歳月はそれ以後真の平和を知らなかった人々から、当然のノスタルジヤをもって回顧されていたのである。

二つの戦争の間の時期は、十九世紀——それを人間の特異な成果の時代たらしめているあの持続的で稔りの大きい時期——と比較すれば、人間文化の凋落を特徴としている。十九世紀の成果はきわめて根強く存続し、それを中断した戦争の間にも力強く存在して、今日のわれわれを驚嘆させる程である。例えば文学の質は知的、道徳的活力を判定するもっとも信頼できる基準の一つであるが、それによっても一九一四年—一八年の期間は一九三九年以後よりも比較にならないくらい質が高かった。西ヨーロッパだけでも、この殺戮と破壊の四年間は同時に、ショウとウェルズとキップリング、ハウプトマンとジード、チェスタートンとアーノルド・ベネット、ビアボームとイエーツなどの既に名を成した作家だけでなく、プルーストとジョイス、ヴァージニア・ウルフとE・M・フォースター、T・S・エリオットとアレクサンドル・ブローク、リルケ、シュテファン・ゲオルゲ、ヴァレリーなどの若い作家によっても、天才と才知の作品の生産が続けられた時代であった。自然科学、哲学、歴史学も、稔り豊かな発展をやめることはなかった。それと比較して、第二次大戦は一体何を生み出しているであろうか。

しかしおそらくある一つの点で、第二次大戦は先の大戦よりも優っているようである。第二次大戦にかかわった諸国民の指導者は、フランスという重要な例外を別とすれば、第一次大戦の場合よりも格が大きく、心理学的にははるかに興味深い人々であった。スターリンが皇帝《ツァー》ニコライ二世よりも魅惑的な人物であることについては、ほとんど反論の余地がないであろう。ヒットラーはドイツ《カイ》皇帝《ツァー》よりも、ムッソリーニはヴィクトール・エマヌエルよりもはるかに目を引く。たしかにウィルソン大統領とロイドージョージは忘れ難いが、しかし、純粋に歴史上の大きさという点ではフランクリン・ルーズヴェルトとウィンストン・チャーチルに一歩を譲っている。

アリストテレスは言う。「歴史とは、アルキビアデスが行い、苦しんだことのことである。」社会科学はこの歴史観を覆そうとして大いに努力したが、歴史とは歴史家が現実にやっていることと定義される以上、アリストテレスの歴史観はそれに対抗しようとした仮説よりもはるかに強力な説として存続している。いずれにせよチャーチルは、その説を心から承認し、彼の生涯の機会を歴史家として最大限に利用した。そして彼の歴史叙述はもっぱら人物を扱い、個々の天才たちにそれぞれに相応しい地位、時にはそれ以上の地位を与えているために、彼の歴史書における戦時の大主役たちの登場の仕方は、彼の叙述にいわば叙事詩的な資質を与えている。そこでの英雄たちと悪役たちは、彼らがそれぞれにかかわった事件の重要性だけでなく――むしろそれとはまったく無関係に――、人類史の舞台の上における彼らそれぞれに内在する人間としての大きさによって、風格を得ている。彼らそれぞれの特徴は、彼らが絶えず対照され、時には対立させられることによって、大きく浮彫りされていく。

読者の胸中には比較と対照が生じざるをえないし、それによって、時として読者はチャーチルの記述を越えて先に進むことになるであろう。例えばルーズヴェルトは、生をきわめ尽そうとする驚嘆すべき欲望、見たところ未来にたいする恐怖から完全に自由であることで浮彫りにされている。

彼は未来そのものを熱烈に歓迎し、時代の中から何が生じてこようと、すべて処理できるという自信を感じさせる。恐れるべきもの、圧倒的な力をもったものなどはなく、すべては新しい予見不可能な生活様式の型の中に抑え込まれ、それを形づくるのに利用されていく。この新しい生活様式を築くために、彼ルーズヴェルトと、彼の同盟者と部下は、前代未聞の精力と意気でもって自らを投入していくであろう。この未来を貪欲なまでに先取りしようとする態度、未来の波はあまりに大きく、あまりに激しくて乗り越えられないのではないだろうかという神経質な恐怖心が欠けていること――それはスターリンやチェムバレンに明らかな、自らを世界から隔離しようとする不安げな願望ときわめて鋭い対照を示している。ヒットラーもまた、ある意味で恐怖を示していなかった。しかし彼の自信は、いわば狂人の激しく、また狡猾な物の見方――それはあまりにも安易に事実を自分に都合のよいように歪める――から生じたものであった。

このように熱情的な未来にたいする信念、その未来を形成する自らの力にたいするこのように悩みのない自信は、それが未来の真の外形を現実的に測定する能力と結びつく時には、自らの環境にひそんでいる傾向についての、それを構成している人々の願望、希望、恐怖、愛情、憎悪についての、そして非人格的にいえば個々の社会的「趨勢」についての、例外的なまでに敏感な――意識的あるいは半ば意識的な――意識があることを意味している。ルーズヴェルトにおいては、この感受性は天才の域にまで発達していた。彼は象徴的な重要性を身につけ、大統領としての全任期を通じてそれを保持していたが、それはもっぱら、彼が時代の傾向と、その傾向の未来への投映を非凡なまでに感知していたからであった。アメリカの世論だけでなく、時代のより大きい人類社会が進んでいく一般的方向を察知する能力は、無気味とでもいう他はなかった。この世界の動きの内なる流れ、その微動と複雑な絡み合いは、彼の神経系の中でいわば地震計のような正確さでもって記録されていたようである。彼の国の市民たちは——あるものは熱狂のうちに、またあるものは陰鬱ないし苦々しい憤激の気分を感じながら、このことを知っていた。合衆国の国境をはるか遠くに離れた国々の国民は、正当にも彼を、時代の民主主義をもっとも真実かつ不屈に代表する人、もっとも現代的で、もっとも外に目を開いた人、もっとも勇敢で想像力に富み、そしてもっとも心の大きい人、内面生活のさまざまな執着から自由で、彼の洞察力と予見能力にたいする信頼を作り出すことにかけては比類のない能力を持ち、しがない人民の理想と真に自らを一体化できる能力を持った人と見なしていた。

たんに現在だけでなく、未来においても自由に行動できる人というこの感じ、彼はどこに向って、いかなる手段によって、何故進んでいるかを自覚しているという感じによって、彼は最終的に健康が崩れるその日まで、陽気で快活であり続けた。またこの感じによって彼は、人々が激動する生の流れの何か特殊な側面を体現し、それが何であれ、彼らの個々の世界にあって前進していくことを積極的に支持するかぎり、たとえきわめて多様で、時には対立する個々人とも席をともにすることを楽しんだ。そしてこの内的なエランが、彼の敵——と犠牲者——が休むことなく指摘した彼の知性と人格の欠如を埋め合わせ、むしろ充分以上に埋め合わせたのである。彼は、敵の皮肉によっていささかも傷つけられることはなかったようである。彼に我慢がならなかったのは、何よりもまず、受身の静寂な態度、憂鬱な気分、人生にたいする恐怖、あるいは永遠のものや死に気を奪われることであった。このようなものによって、いかに洞察力が大きくなり、感受性がいかに繊細になったとしても、彼には我慢できなかった。

チャーチルは、これとはほとんど正反対の極に立っている。彼も未来を恐れなかった。彼ほどに激しく人生を愛し、彼が手を触れたすべての人、すべてのものにあれ程の生気を注ぎ込んだ人はまたとあるまい。しかしルーズヴェルトは、すべての偉大な変革者と同様、来るべき社会の姿を半ば意識的に予知していた。それは、芸術家の予知能力に似ていなくもない。それにたいしてチャーチルは、いかに外向的な雰囲気を発散していたとしても、内を向いていた。彼のもっとも強力な感覚は過去についての感覚であった。

彼は、明確で明るく彩色された歴史観によって現在と未来を把えた。その歴史観は、彼が自らの宇宙を確固として築き、それに豊かで精巧な装飾をほどこすための原材料を引き出してくる尽きることのない源泉であった。逆にいって、他の人々、他の制度、他の国民の絶えず変化する気分と方向にたいして、敏感な楽器のように反応する人には、このように堅牢で包括的な構築物を築くことはできなかったであろう。そして、チャーチルの強さ(そしてチャーチルの中にあるもっとも恐るべきもの)は、まさしくこの点にあった。つまりルーズヴェルトとは異って、彼には不安定に変動する外的世界の微細な震動を伝える無数の鋭敏なアンテナが備わっていなかった。ルーズヴェルトとは異って(ついでに言えば、グラッドストンとロイドージョージとも異って)、彼は時代の社会的、道徳的世界を激しく集中的に反映していない。むしろ彼は、きわめて強くかつ一貫した一つの世界を創出し、それを現実にしていく。それを抵抗しようもない力で外的世界に押しつけることによって、外的世界を変えていくのである。彼の大戦史が示しているように、彼には事実を吸収していく巨大な受容力があった。しかし彼における事実は、彼が原料の上に力強く押しつける範疇によって変容させられる。そしてこの事実を用いて、彼自身の巨大で単純な、不落の城砦と化した内的世界を築くのである。

公人としてのルーズヴェルトは、衝動的で楽観的、そして快楽を愛する支配者であった。彼は、快活で一見無造作な態度で、二つないしそれ以上のまったく両立しがたい政策を追求することを楽しみ、彼を補佐する人々を当惑させた。またもっとも暗黒で危機的な時にあって、職務の労苦を素早く簡単に忘れ去ることで、彼らを一層驚かせた。チャーチルもまた快楽を愛している。彼にも快活さ、溢れるような自己表現の能力は欠けてはいない。彼にはゴルディオスの結び目を一刀両断に解決する習慣があり、しばしば自分の専門助言者を慌てさせた。しかし、彼は浮薄な人物ではなかった。彼の本性には、深さという次元——そしてそれに対応して、悲劇的な可能性にたいする感覚があった。ルーズヴェルトの心軽やかな天才的才能は、この深さという次元を本能的に避けて通ったのである。

ルーズヴェルトは、達人の技でもって政治のゲームを演じた。彼の成功と失敗はともに、見事なスタイルで演じられた。彼の演技は、何ら努力を必要としない手腕でもって流れていくようであった。チャーチルは、明るさだけでなく暗さをも知っている。内的世界に住むすべての人、その世界を一時たりとも訪れたことのあるすべての人と同様に、彼は苦しげに沈思し、長い時間をかけてそこから回復してくるといういわば季節的な変動を示していた。ルーズヴェルトも、「汗と血」について語ったかもしれない。しかしチャーチルが国民に「涙」を提供すると語った時には、彼は、リンカーンやマッツィーニやクロムウェルならば吐いたかもしれないが、ルーズヴェルトの口からは出そうにない言葉を語っていたのである。ルーズヴェルトがいかに心が広く、寛大で鋭敏であったとしても。〔訳注1〕

五

チャーチルは、明るく曇りのない未来の文明の先触れではなく、彼自身の生き生きとした世界に心を奪われていた。そして、他の人々の頭脳と心臓の中で現実に何が生じているかについて、どこまで深く彼が知っていたかは、疑わしいことである。彼は受身ではない。彼は働きかける。彼は他人を鏡のように写し出さない。むしろ他人に影響を与え、彼自身の強い尺度に合わせて他人を変える。ダンケルク〔訳注2〕について、彼は次のように書く。

この危機にあたって、私が国民の指導においていささかでも怯んだならば、私は官職から放り出されていたことは疑いない。各閣僚が、屈服するよりは間もなく戦死し、家族と財産をすべて失ってもよい覚悟でいることを、私は確信していた。この点では、彼らは下院を代表し、ほとんどすべての国民を代表していた。そして来るべき日々、来るべき月々に、適切な機会を選んで彼らの感情を表現することが、私の肩にかかっていた。私はこれを行うことができたが、それは彼らの感情が私の感情でもあったからである。わが島国を端から端まで貫いて、力強く崇高な自然の感情が走っていた。(2)

そして同じ年の六月二八日、彼は当時の駐米大使ロジアン卿に宛てて、次のように命じていた。「貴下の気分は、温和で沈着であるべきである。当地では、誰一人として気落ちしていない。(3)」

これらの見事な言葉は、彼が描いている感情を作り出すにあたって彼自身が果した役割を充分に伝えていない。チャーチルは、他人の感情を吸収して集中させ、それを反映して増幅させるようないわば鋭敏なレンズではなかったからである。ヨーロッパの独裁者とは違って、彼は世論にむかってあたかもそれが楽器であるかのように働きかけはしなかった。一九四〇年、彼は人民が示した不屈の頑強さ、断じて降服しないという決意を自ら身につけ、そのまま先へ進んでいった。ともかくもイギリス市民の一部が、この危機の時にあって恐れ、あるいは希望していたものの真髄と典型を彼が代表していたとすれば、それは彼が、彼らイギリス市民をあまりにも強く理想化し、遂には彼らが彼の理想に近づき、自ら彼が彼らを見るように自分を見始めたからであった。「このイギリスの楽天的で平静な気質、私はそれを表現する栄誉を有した。」たしかにその通りであった。しかしそれを作り出すにあたって、彼は人並み以上の役割を果したのである。彼の言葉の暗示力はきわめて強く、彼の信念はきわめて固かった。こうして純然たる彼の雄弁の力によって、彼は国民に呪縛をかけ、遂には国民は、彼が本当に彼ら国民の心中にあるものを語っていると思うようになった。確かにそれは、国民の心中にあるものであった。ただ彼が、彼らの内にあるそれを呼び起すまでは、ほとんど眠っていたのであった。

一九四〇年の夏、彼が国民にむかって、誰もそれ以前、以後には語ったことのない独特の仕方で語りかけた後は、国民は自らについて新しい自画像を思い描くようになった。そしてそれは、この時以後、人類史上の英雄的な像として――テルモピレーやスペイン無敵艦隊の撃滅と同じく――確立されることとなった。国民は、彼の言葉によって一変させられて戦場に進んでいった。国民が自らのうちに発見した精神を、彼は彼自身の中で、彼自身の内的源泉から作り出した。彼はそれを、彼の国民の中に注ぎ込み、そして国民の生き生きとした反応を彼らに本来宿っている衝動と解した。彼自身はたんに、それに適切な言葉を着せる栄誉を担ったにすぎぬと思ったのである。彼は英雄的な気運を作り出し、「イギリスの戦い」〔訳注3〕の命運を転換させた。それは、彼が四囲の気分をうまく把えたからではなく(それはいかなる時にも、臆病な恐慌や困惑や無関心などといった気分ではなかった。やや混乱してはいたが、頑強で、しかし未組織の状態にあった)、むしろ頑強にそれに染まるまいとしたからであった。実際に彼は、彼の周辺の生活を構成している一時的な陰影や音調の多くにたいして、いつも頑固に染まらないでいた。

英雄的な誇り、そして事態の崇高さというこの特異な資質は、彼においてはルーズヴェルトとは違ったところから生じていた。ルーズヴェルトにおいては、それは生きている歓び、歴史の決定的な瞬間を支配し、まさに事態の変化と不安定性の中にあって、未来の無数の可能性に開かれていることにたいする歓びから発していた。まさにこの未来が予見不可能であるがために、時代の落着きのない精神と調和しながら、その時々の内発的な即興的処置と想像力に満ちた大きな行動に出ていく無限の可能性が開かれているのである。チャーチルの場合はまったく逆であった。それは、持続的な内省的沈思、大きな深さ、感情の一定性から生じている。特にイギリスの偉大な伝統にたいする感情、それにたいする忠誠心という不変の要因から生じていた。彼はこの伝統にたいして、私的な責任を自ら負っていた。彼はそれを自らの肩に担い、その神聖なる重荷に相応しい後継者にまで、それを無事に無傷で、いやむしろ強め美しくして伝えなければならないのである。

かつてビスマルクが、政治的直観などといったものはない、政治における天才は歴史の馬の蹄の音を遠くから聞きつける能力——そして超人間的な努力をはらって、騎手の上衣の裾に飛びついて摑む能力から成っていると語った。ウィンストン・チャーチルほど熱心に、この運命の蹄の音に耳を傾けたものはまたとあるまい。そして一九四〇年には、彼は英雄的な飛びつきを敢行した。この時のことについて、彼は書く。「いくつか恐るべきことを長期にわたってバランスさせていることから生ずる内面の昂奮をしずめるのは、およそ不可能なことである。」そして遂に危機が溢れ出た時、彼には用意があった。生涯の努力を通じて、彼は首相の地位という目標に到達していたからである。

首相とは、独特の地位である。「首相が失敗したら、周りは支えねばならない。首相が失策を犯したら、周りはそれをかばわねばならない。眠っている時には、気安く起してはならない。よくなければ、斧で首を落さねばならない。」それというのも、あの時期の彼は「イギリスの生命、その使命とその栄光」の守護者であったからである。彼は、ルーズヴェルトを完全に信頼していた。「今や恐るべき危機に立たされている世界の自由という大義のためには、彼はその官職はもちろん、生命を捧げる覚悟でいると確信していたからである。」彼の散文は、その絶頂、つまり「イギリスの戦い」めざして高まり膨らんでいく緊張を記録している。それは、「生きるも死ぬも、同じようによい瞬間」であった。死の危機にたいするこの明るい英雄的な見方、そして勝利への意志は、敗北がたんなる可能性ではなくて大いにありうることと思われた時に生れた。それは、燃えるような歴史的想像力の所産であった。それは、外なる目ではなくて、内なる目で集められた事実によって養われている。こうして描き出された画像は、独得の形と単純さを帯びている。未来の歴史家は、平凡な日々の灰色の光の中で事実を冷静に評価し解釈しようとするならば、その形と単純さを再現するのに一苦労することであろう。

六

チャーチル首相は、彼の想像力と意志を国民に押しつけ、ペリクレス的な君臨を享受することができたが、それはまさしく、彼が国民の目には生身以上に大きく見え、危機の瞬間にあって国民を異常なまでの高みに引き上げたからであった。人は普通、そのような風土の中に生きるのを好まない――むしろ好むべきではないであろう。そこに生きることは、激しい緊張を要求する。それが長く続けば、通常の均衡感覚は破壊され、人的関係は過度に劇化され、通常の価値が耐えがたいまでに偽りの価値に変えられるであろう。しかし実際には、ブリテン島の住人の大多数は、それによって通常の自己から逸脱させられることはなかった。それは、彼らの生活を劇化し、自分たちが偉大な歴史の瞬間に相応しい伝説的な衣裳をまとっているかのように想像させることによって、臆病者を勇者に一変させ、光り輝く甲冑としての目的を充分に果したのである。

独裁者とデマゴーグは、この種の手段を用いて平和な国民を進軍する軍隊に変える。チャーチルは、この必要な幻想を自由な体制の枠内で、しかもそれを破壊したり歪めたりすることなく作り出した。また彼が喚び起した精神は、必要な時が過ぎても居残って、国民を抑圧し奴隷化したりはしなかった。それは、彼の特異で忘れがたい業績であった。彼はある過去の見方のもとで現在を解釈し、それによって未来を救った。この過去の見方は、想像上の伝統あるいは無謬の超自然的指導者の名において、イギリス国民に何か不可能で達成しがたい栄光を実現させようとして、国民の歴史的発展を歪めたり、禁圧したりはしなかった。彼は、自由意志的《リベルタリアン》な感情を充分に持ち合わせることによって、このロマン主義の恐ろしい報復を免れたのである。彼の自由意志的感情は、時として現代専制主義の悲劇的諸相を充分に理解していなかったとしても、全体主義体制が国民にたいして行っている大いなる欺瞞の中で、何が偽りで、何がグロテスクで、何が軽蔑すべき点かを鋭く知覚していた。時には全体主義にたいしてあまりに寛大になることがあったが、それでも充分な知覚があった。もっとも鋭く、もっとも特徴的な形容詞は、独裁者たちを形容するのに取っておかれている。ヒットラーは、「この悪しき人、この憎悪と敗北から生れた怪物的な流産の子」である。フランコは、「血に塗れた国民」を抑圧する「悪の資質」を備えた「偏狭な暴君」である。フランスのペタン政権も容赦されていない。伝統と永遠のフランスへのペタンの呼び掛けは、国民感情の忌わしい戯画化とされている。一九四〇年から四一年にかけてのスターリンは、「冷淡で狡猾、そして世界情勢に通じていない巨人」である。

この権力簒奪者たちにたいするきわめて真実味のある敵意は、彼の中では権威と秩序を求める熱情よりも強かったが、それはチャーチルがルーズヴェルト大統領と目立って共通に持ち合わしていた資質――つまり人生にたいする異常なまでの愛情、人間関係の豊かな多様性に厳しい規律を押しつけることにたいする嫌悪感、何が成長と活力を増進させ、何がそれを遅らせ歪めるかについての本能的な感覚など――から生じている。しかし、チャーチルがそれ程までに愛した人生は、彼の前には伝統の見せ物《ページェント》の一部として歴史の装いをこらして現れてくる。歴史叙述を構築する彼の方法、強調点の配置、人物と事件の相対的な重要性の配分、歴史の理論、叙述の構成、文章の構造、そして言葉それ自体が、歴史的再生《リヴァイヴァル》の中の要素であった。そしてその歴史的再生は、ルネッサンス期や摂政時代（一八一一年―二〇年）の新古典主義と同様に新鮮で、独創的で、風変りであった。ここでは非人格的なもの、退屈なもの、劇的でないものは当然に重要でないと想定されているために、あまりにも多くのものが見落されているかもしれない。そのような不満は、おそらく正しいであろう。しかし、これは当世風でないと嘆き、客観的な歴史家——彼らは事実、そして事実だけに関心を払い、一層悪いことにすべての事実が平等に興味あるものと考える——の中立不偏のガラスとプラスティックの細工物ほどには真実ではなく、また現代の必要に応えていないと言うのであれば——それは、卑怯な衒学ぶり、盲目さでなくて何であろうか。

七

ルーズヴェルト大統領とチャーチル首相との間の差異は、少くとも一つの点で、国民性、教育、あるいは気質などの明白な差異以上のものであった。ルーズヴェルトは、彼の歴史感覚、悩みのない大きく安直な生活様式にもかかわらず、自らの安泰さについての揺ぎなき自信を持ち、そして自国の境界を遠く離れた大きな世界の問題についても当然のことのように対処していったが、それでも二十世紀と新世界の典型的な子であった。それにたいしてチャーチルは、現在の時間を愛し、新しい知識にたいするいやしがたい渇望、現代の技術的可能性にたいする感覚を持ち、大きな想像力をもってすればそれをいかに応用できるかを考えて空想の中をさまよい、飾り気のない基本的英語に熱中し、あるいは彼特製の空襲服《サイレン・スーツ》を好んでモスクワの接待者側を驚かせたが——このようなあらゆる事実にもかかわらず、チャーチルは依然として十九世紀のヨーロッパ人であった。

両者の間の差異は深い。そして、彼と合衆国大統領——彼は大統領を大いに尊敬し、その偉大な官職に敬意を払っていた――の間に生じた意見の相違の多くは、それによって説明できるであろう。アメリカとヨーロッパ、そしておそらくは二十世紀と十九世紀の間の基本的な差異が、この二人の間の注目すべき相互関係の中に結晶しているように思えた。二十世紀と十九世紀の関係は、おそらく十九世紀と十八世紀の関係に似ている。かつてタレイランは、旧体制《アンシャン・レジーム》のもとに生きたことがないものは真の「生の甘さ」とは何であるかを知らないという有名な言葉を吐いた。そして、遠くから見ることができるわれわれの有利な地点からすれば、このことは明白であった。十九世紀初期の熱烈でロマン的な青年にとっては、革命前の世界の――特に世紀の断絶がもっとも鋭かったフランスの――もっとも洗練された代表者たちの生活態度を理解し、あるいは好むことは、体系的に不可能であったようである。十八世紀の鋭さ、皮肉、小さなヴィジョン、人格とスタイルの微細な差異にたいする関心とそれを見分ける感覚、ほとんど見分けられない濃淡の差にたいする専念ぶり、あるいは過度の感受性――ディドロのような「進歩的」で前むきの人物の生活でさえもが、そのために十九世紀ロマン主義者のより大きく単純なヴィジョンとは、橋の架け渡しようもない程異っていた――十九世紀には、このような点を理解するだけの歴史的視野が欠けていた。

仮にシェリーがヴォルテールと会って話したと想像してみよう。シェリーはどう感じたであろうか。おそらくや彼は、深いショックを受けたに違いない。ヴォルテールの見たところ狭く限られたヴィジョン、意識の場の小ささ、些細なものにたいする関心と凝り性、ヴォルテールの悪意のほとんど独身女性的な凝り方、小さな単位にたいする専念ぶり、原子以下に小さい経験の手触り――このような点についてショックを受けたであろう。またシェリーの時代の大きな道徳的、精神的な問題点にきわめて安直に盲目であることにたいして憤慨し、あるいは憐んだことであろう。十九世紀の道徳、精神についての大問題は、その世界的な視野と意義によって、最良の目覚めた精神を昂奮させていた。シェリーは、ヴォルテールのことを意地悪な人間と思ったかもしれない。さらには軽蔑すべき人物、あまりに鋭く小さくけちで、グロテスクで恥知らずなまでに猥雑で、もっとも神聖な時と場でもくすくす笑い出す男と思ったかもしれない。

そしてヴォルテールの方では、きっと恐ろしく退屈し、倫理について大いに語ることが一体何の役に立つのか判らなかったに違いない。この道徳的な昂奮にたいしては、冷たい敵意ある目で見たことであろう。一つの世界という壮大なサン・シモン的な物の見方(それは半世紀後の左翼青年たちの心を大いにかき立てることになる)においては、この一つの世界は強力に集中化された科学、技術、精神の力を応用することによって姿を変え、やがて奇麗に組織された人工の全体に統合されることになっていたが、ヴォルテールにとっては、それは荒涼とした単調な砂漠、あまりに均質で風味がなく非現実的な世界と思われたことであろう。見たところそこには、経験に個性と香りを与える小さな、半ば隠されてはいるが決定的に重要な差異と不整合性が意識されていない。それなくしては洗練されたヴィジョン、機知、会話はありえない。洗練された気難しい文化から派生する芸術も、もちろんありえなかった。ヴォルテールには、十九世紀の道徳観は凡庸で曖昧で粗雑な道具であるように思えたであろう。その道具では、針の先のような集光点、うつろいやすい音と色のさまざまな型に焦点を合わせることができない。その無限の多様さがある時はたゆたい、ある時は矢のように過ぎ去って、そこに喜劇と悲劇が生れる——それこそが人間関係と世俗の知恵、政治と歴史と芸術の実体なのに、と考えたことであろう。

このような意志疎通の失敗の原因は、たんなる観念の変化にあるのではない。この二つの世紀を隔てているヴィジョンの質が原因であった。十八世紀の微視的なヴィジョンの後をうけて、十九世紀の巨視的な眼が登場した。後者ははるかに広く見渡した。世界的な、あるいは少くともヨーロッパ的な観点で見た。十八世紀がいかに鋭く目敏くとはいえ、山腹のほんの一部の地肌と土の割れ目、さまざまな陰影しか見てとらなかったのにたいして、十九世紀は大山脈の外形をとらえる。十八世紀のヴィジョンの対象は小さく、その目は対象に近づいていた。十九世紀の途方もなく大きな道徳論は、その鋭く見分ける視線の場の中には入っていなかった。それが、フランス大革命が作り出した大きな差異だったのである。革命の生みだしたものは、必ずしも善悪、美醜、深浅にかかわりない。しかしそれは、何よりも質的に異った状況をもたらしたのである。

いささかこれと似ていなくもない裂け目がアメリカをヨーロッパから(そして十九世紀を二十世紀から)隔てている。アメリカのヴィジョンは大きく広い。その思想は、表現手段においては地方的であるが、大きく一目見渡すことによって民族と人種と意見の差異という境界を乗り越える。それは人よりも物に注目する。そして世界を、幸福や善や知恵などにたいする全世界的な人間の願望を満すべく計画と建設を待っている豊かで、しかもどのようにでも使える原材料と見るのである

(十九世紀には、世界をこのように見る人々はユートピア主義にかぶれた変り者と考えられた)。したがってアメリカのヴィジョンにとっては、ヨーロッパ人同士を激しく対立させている差異と対立は、些細で不合理的で病的、自尊心があり道徳意識のある個々人と国民には相応しくないものと見えざるをえない。事実そのような差異と対立は、近代人の力と課題というより単純で壮大な見方の前に一掃されるべきものと考えられたのである。

ヨーロッパ人には、このアメリカ的態度——見渡すかぎり広がる高原や広大で平坦な草原に住む人々にだけ可能な大きな視野は、奇妙に平板で、微細な差異と色彩を欠いているように思われる。時にはそれは、深さという次元をまったく欠き、もちろん谷間に住む人々にだけ与えられている微細な区別にたいする直接的な反応能力を持たないでいるように見える。こうして、あまりにも多くを知っているアメリカは、ヨーロッパ人にはあまりに理解力に乏しく、要点を外しているように見えてくるのである。もちろんこのことは、すべてのアメリカ人、すべてのヨーロッパ人に当てはまることではない——ヨーロッパの原住民の中にも生れながらのアメリカ人がいるし、その逆もまた真である。しかしそれは、この二つの文化を代表するもっとも典型的な二人の人物の特徴を、巧みに捉えているように思えるのである。

八

いくつかの点でルーズヴェルトは、ヨーロッパ人の側のこのような態度を半ば意識的に理解しており、したがってそれを非難したりはしなかった。そしてチャーチルは、一層明白に、多くの点でアメリカ的生活様式に共感を感じていた。しかし概して、二人は異った世界観を代表しており、二人が互いに相手の資質を大いに理解し賞讃しえたことは、それぞれの非凡な想像力、生の多様性を喜ぶ能力を証明していた。それぞれは、互いにたんなる同盟者、偉大な国民の尊敬されている指導者であっただけでなく、一つの伝統と一つの文明の象徴でもあった。両者の差異を統一していくことの中から西欧世界が再生していくことを、二人は希望していたのである。

ルーズヴェルトは、スフィンクスの謎のようなロシアに魅惑されていた。チャーチルは、ロシアの異常で、彼にとっては魅力的でない特徴に反撥を感じていた。全体としてルーズヴェルトは、ロシアをなだめすかして、さらには人類を包括する大きな社会に同化させていけると思っていた。全体としてチャーチルは、この点については懐疑的であった。

ルーズヴェルトは、想像力に富み楽観的で、監督教会派的で自信に満ち、陽気で経験的で恐れを知らず、社会的進歩という理念にひたっていた。充分な精力と精神があれば、人間は何でも達成できると信じていた。彼はイギリスの学童と同様、物事の表面の下に探りを入れていくことには躊躇した。そして世界の諸国民の間に大きな一致点があり、そこから何とかして新しい、自由で豊かな秩序を築くことができると考えていた。それにたいしてチャーチルは、想像力に富み、歴史の中にひたっていた。はるかに深刻で、一点を凝視し、物事に集中、専念した。永遠の差異を非常に深く感じとっており、そのためルーズヴェルトが希望しているような世界秩序は達成できないであろうと思っていた。彼は制度を信じ、人種、階級、個人のさまざまな型は永久的な性質のものであると信じ込んでいた。彼の政府は明確な原則にもとづいて組織された。彼の私的な執務室は厳しい規律にもとづいて運営された。彼の習慣は普通ではなかったが、規則的であった。彼は、自然の秩序、社会的秩序、ほとんど形而上的な秩序を信じていた。その神聖な階層秩序を覆すことは、可能でもなければ望ましいことでもないと思っていた。

ルーズヴェルトは柔軟さ、即興を信じ、限りなく多様な、新しい思いもかけなかった方法で人と資源を用いれば成果が大きいと信じていた。彼の官僚組織はやや混沌としていたが、おそらく意図的にそうなっていたのであろう。彼自身の執務室はきちんと組織されておらず、彼は高度に人格的な形態の統治を行った。彼は制度の権威を信奉している人々を怒らせたが、それ以外のやり方で彼の目的を果して実現できたかどうかは、疑わしい。

このような態度の相違は、深いところにまで及んでいた。しかし二人は、ともに視野が広く、それぞれのヴィジョンはともに真実で、個人的な癖によって、ウィルソン、ロイドージョージ、クレマンソーを致命的に対立させたような道徳的基準の差異によって、ヴィジョンを狭められたり歪められたりはしていなかった。大統領と首相は、しばしば意見が対立した。二人の理想、二人の方法は大きく異っていた。ルーズヴェルト側近の回顧録や噂さ話では、この点について大いに書きたてられている。しかしこの二人の政府首長は、意識的に同じレヴェルで討論を行った。二人は対立したかもしれない。しかし互いに傷つけ合おうとは、決して望んでいなかった。二人は正反対の指令を発したかもしれない。しかし決して口喧嘩をしたことはなかった。二人はしばしば妥協したが、苦々しい気持や敗北感を感じることなく、そして歴史の要請、あるいはお互いの伝統と人格に対応して妥協した。

二人は互いに、同盟者や部下同士の間の争いを高く超越して、ロマン的な光の中で向い合った。二人の会談、書簡の往復では、二人はともにその偉大な機会に相応しい人物であろうと意識的に努めた。二人はいわば同じ王族の従兄弟同士であり、この関係に誇りを感じていた。この誇りは、お互いの特質を鋭く知覚することによって彩られていたが、その知覚は時としてからかい混じりではあっても決して皮肉混じりのものではなかった。歴史の大変動の中から生れたこの関係は、歴史の荘厳さによっていくらか壮大になったが、決して衰えたり堕落したりすることなく、形式的な威厳と溢れんばかりの高い精神との結合をいつまでも保っていた。二人の国家首脳がこのように結ばれたのは、かつてほとんどありえなかったことである。二人は、それぞれの人格よりもむしろ理念に魅惑され、相手に自分の側の独自の高い精神を感染させていった。

二人の間には強固な利益の共通性があり、また二人は私的、公的に互いに尊敬し、賞讃し合ってはいたが、この関係が真実のものになったのはむしろ、それぞれが人生の風変りなところ、気紛れさを楽しみ、そしてその人生において果している積極的な役割を楽しんでいるのを、互いに奇妙なまでに好き合ったことによっていた。これは特異な人的結びつきであり、ハリー・ホプキンズはそれを充分に理解して奨励していた。ルーズヴェルトの楽しみの感覚はおそらくやや軽く、チャーチルのはいくらか重々しかった。しかし二人は、互いにそれを共有し、英米圏の外の政治家とはほとんど誰とも共有していなかった。二人の幕僚たちは、時にそれを無視したり誤解したりしたが、それが二人の交際にきわめて独特の資質を与えたのである。

ルーズヴェルトの公開の発言は、チャーチルの劇的な珠玉の名演説とは大きく異っている。しかし両者は、精神ないし実質においては対立していなかった。ルーズヴェルトは、彼が見たままの彼の世界についての彼自身の記録を残さなかった。おそらく彼は、その日その日を生きて、気質的に記録を残すなどという仕事には魅かれなかったのであろう。しかし二人は、ともに現代世界の歴史における指導者としての地位を充分に自覚していた。そして、チャーチルの自らの経綸についての記録は、この責任を充分に意識して書かれている。

それは大いなる機会であり、彼はそれに相応しい荘重さでもって扱おうとする。歴史の舞台に上った偉大な役者のように——この種の役者としては最後になるであろう——、彼は明るい光の中で、大きく悠然たる堂々とした発声によって彼の忘れがたい言葉を語っていく。自らの仕事と人格は以後数世代の詮索と判断の対象となることを知っている人に相応しいことであった。彼の語り口は偉大な公開の演技であり、形式上の壮大さという特質を帯びている。個々の単語、輝くような章句、感情の持続性は、彼自身と彼の世界についての彼自らのヴィジョンを伝える独特の媒体であり、彼のすべての言動と同様、すでに有名な彼の公的な姿を強めていくことになるであろう。彼の公的な姿は、筆者としての内的な本質、真の性質ともはや分ちがたくなっている。その人は、生身よりも大きく、普通人よりも大きく単純な要素から成っている。彼が生存した期間にあってすでに歴史的巨人であった。超人間的なまでに大胆で、強く、想像力に溢れていた。彼の国が生み出した二人の最大の行動の人の一人、巨大な力を持った演説者、国を救った人、神秘的な英雄であった。つまり現実と同じく伝説にも属した、現代のもっとも大きな人間であった。

（1） Herbert Read, *English Prose Style* (London, 1928).
（2） *Their Finest Hour* [*The Second World War*, vol. 2] (London, 1949), p. 88.
（3） ibid., p. 201.

〔訳注1〕「汗と血」と「涙」は、一九四〇年五月一三日、チャーチルが首相就任後最初に下院で行った演説の中での言葉。「私の提供できるものは、血と労苦と涙と汗だけである。」

〔訳注2〕一九四〇年五、六月のヨーロッパ大陸撤退作戦。イギリス軍は兵器を捨てて本国に後退、間もなくフランスが降伏すると、イギリスは唯一国でドイツと対抗することになる。

〔訳注3〕一九四〇年の夏、ドイツの英本土侵攻準備のための空襲にたいするイギリス空軍の反撃をさす。

〔河合秀和訳〕

フランクリン・D・ルーズヴェルト大統領

私は一度もルーズヴェルトに会っていない。私は戦時中のワシントンで三年以上を過したが、彼を見たこともなかった。私はこれを残念に思う。何年もの間自分の想像を占領してきた人を見ること、特にその人の肉声を聞くことは、何か深い意味で印象を変え、それをもっと具体化し、いわば三次元のものにするはずだと思われるからである。けれども私は、彼を一度も見たことがないし、ラジオで声を聞いただけである。したがって私は、個人的な知己を得るという利点なしに、そして――付け加えておかねばならないが――アメリカ史と国際関係の歴史についての専門知識はまったくなしに、私の印象を伝えるよう努めねばならない。また私には、ルーズヴェルトの国内政策、外交政策について、あるいはそのより大きな政治的、経済的結果について語る資格がない。私はただ、ヨーロッパの私の世代にたいして彼の人格が与えた大きな影響についての私的な印象を伝えようとするだけである。

私は、何年もの間想像を占領していた人といったが、このことはルーズヴェルトについては文字通りの真実であった。イギリスの私と同世代の青年たち、おそらくはヨーロッパの、いやむしろ全世界の多くの地域の青年たちにとって真実であった。一九三〇年代に若く、民主主義国家に住んでいたならば、その人の政治観が何であれ、いやしくも人間的な感情を持ち、ほんの小さな火花のようなものであっても社会的理想、あるいはともかくも生にたいする愛情を抱いている限り、ナポレオンの敗北以後、王政復古期の歳月に中部ヨーロッパの青年たちが感じたのとほとんど同じことを感じざるをえなかった。つまりすべては暗く静かで、大いなる反動が始り、動くものはほとんどなく、何ごとにたいしても抵抗が生じていないという感じである。

すべては一九三一年の大不況とともに始った。それは、おそらくまったく根拠のない安全感だったとはいえ、当時の中間階級の多くの青年が感じていた経済的安定感を掘り崩してしまった。続いて鉄の三〇年代が来た。それについては、当時のイギリスの詩人たち、オーデン、スペンダー、デイ・ルイスが、非常に生き生きとした証言を残している。あの暗く重苦しい三〇年代——ファシズムの凋落を嘆く人でない限り、ともかくこの時代への回帰を望む人はヨーロッパには誰一人としていないであろう。満州、ヒットラー、飢餓行進〔訳注1〕、アビッシニア戦争、平和投票〔訳注2〕などが次々に生じた。レフト・ブック・クラブが誕生し、マルローの政治小説が現れ、ヴァージニア・ウルフの文章が共産党機関紙『デイリー・ワーカー』に載った。ソ連では裁判と粛清があった。若い理想主義的な自由主義者と急進派は共産主義に転向したり、それに強い共感を感じるようになった。その転向はしばしば、ファシズムという敵に有効に抵抗できるだけの断固として強力な勢力は共産主義しかないという理由で生じていた。時にはこの転向につづいてモスクワ訪問や、スペインでの戦闘、戦死があった。それとも共産主義の実践にたいする苦々しい怒りに満ちた幻滅や、二つの悪の間のより小さな悪と思われるものを選ぼうとする絶望的で確信のない試みがあった。

当時のもっとも執拗な宣伝がいうには、人間主義、自由主義、民主的諸勢力の役割は終った、今や選択は荒涼たる両極、共産主義とファシズム——赤と黒の間にあるとのことであった。この宣伝文句に心を奪われなかった人々にとって、暗黒の中に残された唯一つの光明は合衆国におけるルーズヴェルト政権とニュー・ディール政策であった。民主主義世界で弱さと絶望が募りつつあった時にあって、ルーズヴェルトは自信と強さを発散していた。彼は民主的世界の指導者であり、三〇年代の政治家の中で唯一人彼の上には、暗雲が漂ってはいなかった。彼とニュー・ディールには雲のかげりがなく、それは今でもヨーロッパ人の目には人類史上の明るい一章のように見える程である。

たしかに彼の偉大な社会的実験は、孤立主義的に外の世界を無視して行われた。しかし、もともと絶えず宗教的ないし民族的闘争に狂っているヨーロッパの愚行と悪とにたいする反動として誕生したアメリカが、ヨーロッパ生活の流れに邪魔されることなく——特にヨーロッパが全体主義の悪夢の中に崩れ去ろうとしているかのように見える時にあっては——自らの救済を求めようとしたことは、心理的に充分に理解できることであった。したがってヨーロッパ情勢が悲劇的であると見ていた人々は、ルーズヴェルトが特に外交政策らしいものを持っていないこと——むしろ、外交政策がまったくないわけではないとしても、ともかく外的世界と最少限の関係を保つだけでやっていこうとしたことを許していた。現実にそのような外交政策は、ある程度までアメリカの政治的伝統の一部分を成していたのである。

彼の国内政策は、明らかに人間主義的な目的によって動かされていた。経済的崩壊と広汎な悲惨をもたらした二〇年代の無制限の個人主義の後をうけて、彼は社会的正義の新しい規則を確立しようとしていた。彼は、社会主義であれ国家社会主義であれ何か教義的な拘束衣の中に、あるいはファシスト政権が新秩序として誇示しているような新しい社会組織の中に、国を無理矢理押し込めることなく、その新しい規則を樹立しようとしていた。合衆国における社会的不満は大きく、実業家《ビジネスメン》は社会の救済者という信仰は、有名なウォール街の暴落の後は一夜のうちに消滅していた。ルーズヴェルトは、はけ口のない苦々しさと憤激にたいする大きな安全弁となり、一方で革命を防ぎながら、国の自由と民主主義の基礎を変えることなくより大きな経済的平等と社会的正義を与える体制を築こうとした——その理想は、アメリカ生活の伝統の中の最良の部分を代表していた。この事業は、同情のない批判者から見れば、素人、大学教授、ジャーナリスト、私的な友人、色々な類のフリーランサー、知識人、イデオロジスト、つまり今日ならば頭デッカチ《エッグ・ヘッド》と呼ばれる人々を気紛れに寄せ集めて行われようとしていた。彼らが登場してきたこと、そして彼らの執務と政策形成の方法は、ワシントンの既存の政府諸機関の公務員と、あらゆるタイプの四角四面の保守主義者を苛らだたせることになった。けれども、これらの人々のまさに素人的なところ、彼らが心ゆくまで語り合い、実験し、厖大な量の試行錯誤を行うのを許されたという事実、そして彼らの関係が人的で制度的でなかったという事実が、明らかにそれ自身の活力と熱意を生み出していったのである。疑いもなくワシントンは、喧嘩、辞表騒ぎ、宮廷的陰謀、個々人と個々人の集団と党派と派閥とあれこれの偉大なキャプテンの人的な支持者との間の不断の戦争に満ち溢れており、行政のもっとゆっくりしたテムポともっと正常な型に馴れ親しんできた着実で責任感のある官吏を激怒させたに違いない。銀行家と実業家については彼らの感情は表現を絶していた。しかしこの時期の彼らは、あまり重く見られていなかった。あまりにも深く、むしろ永遠に彼ら自身の信用を失墜させたと考えられていたからである。

この広大な沸き立つような混沌の上に、美男子で魅力的、陽気で非常に知的、非常に楽しげで非常に大胆な一人の人物――フランクリン・デラノ・ルーズヴェルトが立っていた。彼は多くの弱点を非難された。彼は自らの階級を裏切った。彼は無知で、良心がなく、無責任であった。彼は無慈悲に個々人の生活と経歴をもて遊んだ。彼は身の周りに冒険家、如才のない機会主義者、陰謀家たちを集めた。彼は、個人と集団と外国の代表にたいして冷笑的に図々しく矛盾する約束をした。大きな抵抗しがたい魅力、驚くべく昂揚した気分でもって、その他の美徳、世界でもっとも強力な民主主義国家の指導者にはもっと重要な美徳と考えられるもの――適応力、勤勉、責任感が欠如しているのを埋め合わせた。これらすべてのことが実際に指摘されたが、その中のいくつかはたしかに当っているかもしれない。けれどもそれに対抗して彼の支持者を魅きつけたのは、精神を鼓舞していく秩序という稀に見る資質であった。彼は心が大きく、広い政治的地平線を持ち、想像力をもってそれを一望して、自らの生きている時代、二十世紀に作用している新しい大きな力――技術的、人種的、帝国主義的、反帝国主義的な――のとる方向を理解していた。彼は生と動きを好み、最大多数の人間の願望をもっとも寛大に最大限に実現しようとしていた。彼は慎重さ、節約、座視することを好まなかった。何にもまして、彼は絶対的に恐れを知らなかった。

彼は未来を全然恐れなかったという点では、二十世紀、あるいは他のどの世紀においても数少い政治家の一人であった。彼は、何が起ろうと自分にはそれに対処し成功していく強さと能力があると信じていた。彼は部下の能力と忠誠を信じており、平静な目で未来を見つめて、あたかもこう言うかのようであった。「何であろうと、来るなら来るがよい。われわれはすべてに対処できる。そしてそれを、かえって有利な条件に変えてしまうであろう。」非常に意見の異った人々を彼のもとに引き寄せたのは、他のいかなる資質にもまして、おそらくはこの資質であった。破壊の進撃を続けている邪悪なくせにひどく能率的な熱狂者たち、逃亡を続けている戸惑った民衆、自分の大義が何であるかを明らかにしえないでいるあまり熱意のない殉教者たち、そのようなものの間に立って分裂している陰鬱な世界にあって、彼は自分が支配を握っているかぎり、この恐るべき潮流をせき止める能力が自分にはあると信じていた。彼は独裁者たちの性格、精力、手腕をすべて備えていた。そしてその彼がわれわれの側にあった。意見と公的行動においては、彼はどこまでも民主主義者であった。彼についての政治的、人格的、公的な批判は、すべて正しいかもしれない。彼の敵、そして彼のいく人かの友人が指摘するすべての人格的な欠陥は、すべて現実に存在しているかもしれない。しかしそれでも、公的人物としての彼は特異な存在であった。特に戦争が始って以降、ヨーロッパの空がますます暗くなっていくにつれて、彼はヨーロッパの貧しい人々、不幸な人々にとっては慈愛に満ちた半ば神のような存在に見えた。最後のところ、彼らを救うのは、そして救うことができるのは彼しかいないと思われた。彼の道徳的権威、彼が国外でかき立てた信頼度——アメリカの国境線の内側よりも外側での方がいつもはるかに高かった——は、実に比類がなかった。おそらく第一次大戦の直後、パリとロンドンを堂々と行進した時のウィルソン大統領も、同じような感情をかき立てたかもしれない。しかしそれは忽ちのうちに消え去り、その後に激しい幻滅を残した。ルーズヴェルト大統領がウィルソン大統領のように破滅しそうにないことは、彼の敵にも明白なことであった。しかし彼は、彼の権威と人格に加うるに、かなりの政治的手腕——むしろ達人の手腕を有していた。それは、彼以前のアメリカ人が誰も有したことのないものであった。彼が自らの願望を実現する可能性は、明らかに大きかった。彼の支持者が苦い幻滅を刈り取る可能性は小さいように見えた。

たしかに彼は、ウィルソンとは大いに異っていた。むしろこの二人は、二つの対照的な政治家の型を代表していた。大物の人物は、時としてこの二つの型のいずれかとして現れてくる。第一の種類の政治家は、本質的に単一の原理と熱狂的なヴィジョンの人である。彼は自らの明るい一貫した夢に取りつかれているために、人々や事件を理解しないのが普通である。彼は疑いや躊躇を知らず、意志の力、直截さ、強さを集中させることによって、自分の周りに生じていることを大部分無視することができる。まさにこの盲目さと頑固なまでの自己没入によって、時としてある状況では事件や人を自分の固定した型に合わせて曲げていくことができる。彼の強さは、まさに次の点にある。

自分でさまざまな選択肢から一つの道を決定していくにはあまりに無力で、またその能力のない弱くて動揺している人々は、超人間的な大きさの一人の指導者の指導に身を任せることの中に安心と平和と強さを見い出す。この指導者には、問題点はすべて明らかであり、彼の宇宙は完全に原色、もっぱら黒と白から成っている。彼は右顧左眄せず、自らの内なる激しいヴィジョンで浮揚しながら目標に向って進んでいく。このような人々は、自然の諸力と同様、道徳的、知的資質においてもそれぞれ大きく異っており、現実には善悪ともになしている。この型には、ガリバルディ、トロツキー、パーネル、ドゴール、そしておそらくレーニンもまた属している。私がここで設けている区別は道徳的なもの、価値の区別ではなくて、型の区別である。ウィルソンのように大いなる善をなしたもの、ヒットラーのように恐るべき悪をなしたものも、同じこの範疇に属している。

単純な英雄がしばしば明示的に反政治的で、少くとも見せかけの上では、政治の世界の微妙さ、欺瞞から人々を救うべく駆けつけてくるのにたいして、もう一つの種類の有効な政治家は、生れながらの政治的動物である。この第二の型の政治家は、最大限に繊細なアンテナを有しており、絶えず変動する身の周りの事件と感情と人間の活動の外貌が、分析しにくい、むしろ分析不可能なやり方でこのアンテナを通じて伝えられていく。彼らは独特の政治的感覚に恵まれている。それは、芸術家が自らの材料にたいして有しているような、微細な印象を取り込みながら、無数の小さな一瞬の把えがたい些事を統合していく能力によって養われる。この型の政治家は、自らの目標を達成するには何をいつなすべきかを知っている。そしてその目標は、通常、内的思索あるいは内向的感情という私的世界から生れるのではなく、仲間の多数の市民たちがおぼろげで不明確な、それでも根強いやり方で考え感じていることの結晶化の所産、それをきわめて強く明確な表現に高めたものである。ちょうど彫刻家が木材からは何を、大理石からは何を造形できるかを知っているのと同じように、彼らはこの材料を判断する能力を有している。またいかにして、いつを判断する能力においては、生れながらの治療の才を持った医者にも似ている。この治療の才能は科学的解剖学の知識――それは観察や実験、あるいは他人の経験によってのみ学ぶことができる――なしには存在しえないが、直接にそれに頼るものではない。この自らに必要なものをどこに求めるかについての本能的な、いずれにせよ伝達不可能な知識、どこに宝があるかを探り当てる力は、実業家、行政家、政治家だけでなく、科学者、数学者など多くの型の天才に共通している。このような人々が政治家である場合、彼らは人々の思考や感情がどこに流れているか、人生はどこで彼らにもっとも重くのしかかっているかを常に鋭く意識しており、人々に彼らの内面の必要が理解されているという感覚、彼ら自身のもっとも深部にある衝動にたいして反応があるという感覚、何よりも先ず彼ら大衆が本能的に手探りしている線に沿って世界を組織化していくことが可能であるという感覚を、政治家から大衆に伝えていく。この型の政治家にはビスマルクとアブラハム・リンカーン、ロイド－ジョージとトーマス・マサリクが属しており、おそらくはある程度まではグラッドストーンが、そして程度こそ低いがウォルポールが属していた。そしてルーズヴェルトは、この型の壮大な達人であり、現代におけるもっとも慈愛に富んだ人であると同時に、政治家という職分においてきわめて熟達した人でもあった。彼は真に人類のためのより良い世界を願っていた。四回の任期を通じて新聞の敵意は高まり、彼は行き過ぎたとか、もう再選されないであろうとかいつも新聞から予告されていたが、それにもかかわらず彼はアメリカの選挙では大多数を得ていた。それは窮極的には、合衆国市民の多数が彼は彼らの側にある、彼は彼らのために良かれと願っている、彼は彼らのために何かをしようとしているという漠然たる感じがあったからであった。そしてこの感じは、やがて全文明世界に拡がっていった。彼は英語世界の境界を越えて、貧しく抑圧されている人々にとっての——彼ら自身は何故なのかをよく知っていなかったが——伝説的な英雄となった。

すでに述べたように、彼はいく人かの敵から自らの階級を裏切ったという非難を受けた。たしかに彼は裏切った。自由で貴族的な育ちという背景のある作法と生活のスタイル、その古い秩序の感情の肌目と魅力を今も保持している人が彼の環境にたいして叛乱を起し、新しい社会的に叛乱を起した階級の思想と願望を身につけると、しかもそれを便宜の問題としてではなく真の道徳的確信として、生にたいする愛情から、自分には狭くケチで拘束と思われるものの側にはとどまり得ないという自覚から身につけると——その結果は魅力的である。これが、コンドルセやチャールズ・フォックス、十九世紀のロシア、イタリア、ポーランドの革命家などの人物像を魅力的なものにしているのである。われわれに知りうるかぎりでは、それがモーゼやペリクレスやジュリアス・シーザーの秘密であったのかもしれない。戦時中、イギリス国民がルーズヴェルトにたいして深い親愛の情を抱いたのは、彼のこの紳士的な資質によるものであった。それにはもちろん、イギリス国民が彼はこの闘争の中で深く彼らの側に立って、彼らの生活様式を支持していると感じていた事実、そして彼がナチとファシストにたいする戦争で公然と、恐れることなく中立を欠いていたことも重なっていた。それはともかく、私は一九四〇年一一月のロンドンで、多くの人々が合衆国の大統領選挙の結果についていかに昂奮していたかを想い出す。理論的には、彼らは心配しなくてもよかったのである。共和党候補のウィルキーも、民主主義諸国を支持することを力強く誠実に表明していたからである。しかし、イギリス国民がこの二人の候補者にたいする感情において中立的であったというのは、馬鹿げているであろう。彼らは骨の髄で、ルーズヴェルトは生涯の味方であり、彼らと同じくナチを深く憎んでおり、彼らが信じているのと同じ意味での民主主義と文明が勝つことを望んでおり、彼の目標は彼の対立候補の目標よりも彼らの理想に似ていると感じていた。彼らは、彼の心臓はあるべきところにあると感じており、したがって彼の政治的任命が政治ボスの影響力のもとに、あるいは私的な理由で、それとも無分別に行われたかどうか、また彼の経済理論が異端的なのかどうか、あるいは彼が上院や下院の意見、合衆国憲法の現実、さらには連邦最高裁判所の意見に充分に慎重な考慮を払っているかどうなのかについて、もし考えることがあったとしても、もともと気にとめていなかった。彼らは、ルーズヴェルトは彼の大きな精力と能力の限りをつくして最後まで彼らの味方であるに違いないと感じていた。長期にわたって続く大衆的催眠術などといったものはない。大衆は、彼らが何を好いているのか、彼らに真に訴えるものは何なのかを知っている。ドイツ国民がヒットラーとは何かと考えていたものが、もっぱら現実のヒットラーであった。ヨーロッパとアメリカ、アジアとアフリカとオーストラリアで、あるいは政治思想の芽生えがいささかでも生じていた他の国々で、自由な人々がルーズヴェルトとは何なのかと考えていたことが、現実の彼であった。彼は民主主義のもっとも偉大な指導者、二十世紀における社会的進歩のもっとも偉大なチャンピオンであった。

彼の敵は、彼がアメリカの参戦を策動したと非難した。私は、この論争的な問題点について論じたいとは思っていない。しかし私には、この非難は証拠に欠けているように思われる。私は、彼がアメリカの平和を保つと約束した時には、彼は民主主義諸国の勝利を援助することと両立するかぎりで、できる限りの努力をする積りであったと思う。ある時期の彼は、参戦することなく戦争に勝てるかもしれぬと考えていたに違いない。そして戦争が終った時には、世界の運命の調停者でありながら、戦争に巻き込まれたことから必然的に生じる苦々しい感情——それは講和にあたって、理性と人間性にたいする障害となるであろう——を宥める必要がないという特異な立場、これまで誰も到達したことのない立場に立てると考えていたに違いない。疑いもなく、彼はあまりにもしばしば彼自らの魔術的な即興の力を信じた。これまた疑いもなく、彼は多くの政治的誤りを犯した。そのいくつかは、誤りを正すのが困難である。ある人は、スターリンと彼の意図、そしてソ連国家の性質について言うであろう。またある人は正当にも、自由フランス運動にたいする彼の冷淡さ、合衆国連邦裁判所にたいする彼の傲慢な態度、その他多くの点での彼の誤ちを指摘するであろう。彼は自分が何をしようとしているかを打明けなかったために、一貫した支持者と忠実な公務員を苛らだたせた。彼の政府は高度に人的なもので、四角四面の官僚を怒らせ、政策は自分との協議によって、自分を通じて実行されねばならないと考えていた人々に屈辱感を与えた。彼は同盟国を激怒させたこともあった。しかし同盟国が、合衆国とその外の世界で彼の不幸を願っているのは誰か、彼らの意図は何かを想起すると、同盟国の側の尊敬、愛情、忠誠心は再びもどってきたものであった。彼以上に数多くの公的な敵を作ったものはいないが、その敵の資質と動機について彼以上に大きな誇りを感じる資格のあるものもいないであろう。彼には、自らを人民の友と呼んでよい充分な資格があった。そして彼の政敵は、彼はデマゴーグであるとして非難したが、私にはこの非難は不当であるように思われる。彼は、権力を保持したいという願望のために基本的な政治原則を犠牲にしたりはしなかった。彼は、自分の嫌いな人々、あるいは粉砕したいと思っている人々に復讐したいという理由だけで、あるいはそのような雰囲気があれば動きやすいという理由だけで、悪意のこもった情熱をかき立てたりはしなかった。彼は、彼の政権がいわば世論の前衛となり、世論に引きずられるよりも世論を引いていくように注意した。彼は、アメリカ市民の多数がそれまで以上にアメリカ人であることを誇りに思えるようにした。つまりアメリカ市民の目から見た彼ら自身の地位を高めた——そして世界の他の国々から見たアメリカ市民の地位を大きく高めた。

それは、一人の個人にとって異常なまでの転換ぶりであった。おそらくそれは、もっぱら二〇年代初めに健康を損い、その身体障害にたいして見事に打ち勝ったことによるものであろう。彼は人生を、生れがよくて丁重な、しかしあまり才能には恵まれていない青年として始めた。グロートン校とハーヴァード大学では、好かれてはいるが同期生からはあまり尊敬されていない気取り屋といったところであった。第一次大戦においては、有能な海軍次官であった。要するに、中程度の政治的野心を抱いたアメリカ的貴族のおきまりの経歴に乗り出していたようである。彼の病気、そして彼の妻の支持と激励と政治的資質——彼女の人格の偉大さ、心の善良さについては、歴史が正当な記録を残すであろう——が彼の政治的人格を一変させ、きわめて特異な形で、アメリカ国民の父という強力で慈愛に満ちたチャンピオンに転換させていったのである。彼はさらに、それ以上のことを成し遂げた。彼は政府と、被治者にたいする政府の責任という基本的な概念を変えたと言っても、言い過ぎではない。かつて大いに非難された福祉国家は、明らかに今も存続している。それが自明の前提としていた最低限の生活水準と社会的サーヴィスにたいする直接の道徳的責任は、今日では西欧民主主義国家のきわめて保守的な政治家によっても、ほとんど文句を言わずに承認されている。一九五二年に勝利した共和党も、ルーズヴェルト社会立法の基本原則——二〇年代にはユートピア的であるように思えた——を覆そうとはしていない。

しかし、ルーズヴェルトの人類にたいする最大の奉仕は(自由の敵にたいする勝利を確実なものにして後の)、慈愛と人間性を持ちながらしかも政治的に有効でありうることを証明したという事実にある。三〇年代の左翼、右翼の激烈な宣伝によれば、政治権力を獲得し保持することは人間的な資質と矛盾しており、権力を真面目に追求する人々は何らかの苛酷なイデオロギーの祭壇の前に、あるいは専制主義の実践という目的の前に彼らの生命を犠牲にしなければならなかった。この宣伝は当時の芸術と対話を満していたが、ルーズヴェルトはそれが明らかに真実でないことを証明したのである。ルーズヴェルトの実例は、いたるところで民主主義の力を強めた。つまり、社会的正義と個人の自由の増進は必ずしもすべての効率的な政治支配の終りを意味するものではないという見解、権力と秩序は、経済的なものか政治的なものかは問わず、何らかの教養という拘束衣と同義のものではないという見解、そして個人の自由――ゆるい社会の織目――を最少限必要な組織と権威と両立させることができるという見解を強めた。ルーズヴェルトのもっとも偉大な先輩〔訳注3〕がかつて「地上の最後の、そして最善の希望」と呼んだものは、まさにこの信念の中に宿っている。

〔河合秀和訳〕

〔訳注1〕 一九三〇年代の前半イギリス各地の不況地域からロンドンを目指して何度も行われた失業労働者のデモ。中間階級の良心を強く刺戟した。
〔訳注2〕 イギリスの国際連盟協会が行った世論調査。一九三五年六月発表の結果は、国民が集団安全保障政策を強く支持していることを示した。
〔訳注3〕 リンカーン大統領をさす。

カイム・ワイツマン

一

カイム・ワイツマンの業績——そして彼の公的生活の詳細——については詳しい文書の記録があり、私から再述したり分析したりするまでもないであろう。しかし、彼の人格的な特徴についてはあまり知られていない。彼は、私が好運にも親しく知るようになった唯一人の天才的な政治家であった。そこで私は、その天才の資質についていくらか伝えたいと思う。いくらか——つまり現代にあっては特異なこの人格と生涯のごく一部分を伝えることができるだけである。

偉大な人を知ること——そしてその友情を享受することは、人間はいかにあることができるか、また何をすることができるかについての観念を永遠に一変させてしまうに違いない。偉大さという概念はロマン主義的な幻想にすぎぬ——政治家や宣伝家によって利用される俗悪な観念であり、事実を一層深く研究すれば必ず雲散するものであると言って、さまざまな学派の社会理論家が時としてわれわれを説き伏せようとしている。この景気の悪い理論を最終的に反駁するには、偉大さとその業績の真の実例に面と向って対面するしか他に方法がない。偉大さとは、特殊に道徳的な特性ではない。それは私的な美徳の一つではない。それは、私的諸関係の領域に属してはいない。偉大な人は、道徳的に善で高潔で親切であったり、敏感で楽しい人であったり、あるいは芸術的、科学的な才能を有していたりする必要はない。誰かを偉大な人と呼ぶのは、その人が主要な人間的関心を満足させた、あるいはそれに大きな影響を与えた、通常の人間の能力をはるかに超えた大きな一歩を意図的に踏み出した(あるいは踏み出すことができたであろう)と主張することである。偉大な思想家や芸術家は(私はここでは、必ずしも天才的な人のことを言っているわけではない)、偉大という肩書に価いするには、社会がそれまである意味で喘ぎ求めていた知的ないし美的な目標に向って、例外的なまでに大きく社会を前進させねばならない。それとも、彼がそれを実現するまでは、個人の力によってはおよそ不可能と考えられていた程までに大きく、社会の考え方、感じ方を変えねばならない。時としてそのような業績は、その人の呪文にかけられた人々によっては偉大な解放の行為であると感じられ、また時には奴隷化の行為、さらには解放と奴隷化の特異な混合、あるいはその両者の連続的継起であると感じられる。同様に行動の分野においては、偉大な人はほとんど唯一人で、ある生活様式を他の生活様式に転換させることができ、あるいは——結果的に同じことであるが——人類のかなりの部分の物の見方と価値観を永久に、かつ根本的に変革できる人であるように思われる。彼がその肩書に真に価いするかぎり、彼が実現した転換は、それについて判断する最上の資格のある人々によっても、それ以前にはおよそありえないと考えられていたようなもの、たんなる時勢の力、その時すでに作用している「趨勢」や「傾向」によってはもたらしえないものでなければならない。つまり、前もって計算に入れておくのは困難あるいは不可能であるようなある人物の介入なくしては起りえないものでなければならない。その人物は、まさにその理由によって偉大と形容されるに価いするようになるのである。いずれにしても、これは後から振り返って状況はどう見えるかという見方である。これは大きな誤りではないか——現実に(例えばマルクスやトルストイが信じていたように)人類は人類の中のいく人かの人々の重要さを過大に評価しているのではないか——、英雄の可能性を認めないもっと非人格的な歴史観の方が実際には正しいのではないか、このような問題についてはここで論じることはできない。ある国民の生活を作り上げたり、あるいは破滅させたりする英雄という観念が幻想から生じているとしても、それは——それに反論しようとして生み出されたきわめて有力な議論にもかかわらず——きわめて根強く、執念深い普遍的幻想であり、しかも現代のわれわれ自身の経験によって強く支えられた幻想である。いずれにせよここでの私の目的からして、それは欺瞞的なものではなくて、真の社会観、歴史観であると想定しておくことにしたい。そしてその上で私としては、比較的控え目な命題——もし偉大な人々、英雄たちが存在したとすれば、特に、何らかの意味で多くの人々の生活を永久に、かつ深く変えた革命の創始者と呼べる個々人がいたとすれば、カイム・ワイツマンは、私が今まで説明しようとしてきた意味でのそのような人であったという命題に向って進んでいきたいのである。

すでに述べたように、偉大な人を区別する特徴の一つは、およそありえないと思われていたことが彼の積極的な介入によって現実に起るということである。イスラエル国家の創立に至る行動がこのありえないこと、あるいは驚くべきことに当るというのは、たしかに否定しがたいことである。テオドール・ヘルツルが、諸大国の正式で公的な承認行為を通じて近代的なユダヤ主権国家を樹立することが望ましく、かつ可能であると説いた時、この計画を聞いた大抵の正気で分別があり、理性的でもある人々は、ユダヤ人か否かを問わず、それをまったく狂気の沙汰だと考えた。たしかに、それ以外にどういう考え方がありえたのか、答えにくいことである。

十九世紀には、ユダヤ人は極度に異常な景観を呈していた。彼らは世界の諸国民の間に散在し、民族、人種、結社、宗教、その他遺伝的ないし伝統的な型の結束力のある集団を普通形容する言葉によっては定義しにくい、むしろ定義不可能な何物かを構成していた。明らかにユダヤ人は、通常の言葉の意味での民族ではなかった。一定の地域を占めて、人口の多数を形成しているわけではなかった。多民族帝国――オーストリア－ハンガリー帝国、ロシア帝国、イギリス帝国など――の中の人種的、民族的少数集団を指すという意味での少数集団と呼ぶわけにもいかなかった。ウェールズ人、スロヴァック人、小ロシア人や、ズールー族、タータール族、さらにはアメリカ・インディアンやオーストラリア原住民が明白にそうである意味――つまり父祖伝来の土地に住む緊密にまとまって時間的に継続している集団という意味で、彼ら固有の領土と呼べる一定の地域を占めているわけでもなかった。たしかにユダヤ人は、彼ら自身の宗教を有していたが、多くのものはそれと明確に承認できる意味でその信仰を公然と告白しているようには思われなかった。彼らをもっぱら宗教的な集団と呼ぶわけにもいかなかった。近代になってユダヤ人が差別され迫害された時には、真っ先に嫌われたのは、大抵のところ彼らの宗教的行事ではなかった。信仰を捨ててキリスト教に改宗したユダヤ人――ディズレーリやカール・マルクスやハイネなど――についていえば、彼らがそれでもユダヤ人ないしはユダヤ系と見なされていたという事実は、たんに彼らの祖先が四囲の人々とは違った宗教を実践していたということを意味するだけではないであろう。突き詰めていえば、誰も長老派系、ローマ・カトリック系、さらにはイスラム系の人、あるいはその子孫などと言ったりはしない。トルコ系、あるいはインド系であって、イスラムの子孫やイスラム人種であることはほとんどない。

それではユダヤ人とは何であるのか。それは人種《レース》であるのか。「人種」という言葉は、いくらか評判のよくない連想をもっていたし、今でもそう感じられている。インド－ヨーロッパ人種や蒙古人種などのような漠然とした歴史的観念が、民族学者に用いられたこともあった。言語集団がアーリアン族とかハム族とかセム族とかのように分類されることがあるが、それは大抵、そのような言語を話す人々の文化を定義するのに用いられる術語であった。前世紀の末には、知的にまともな人々は政治的な形容詞としての人種という考えを持ってはいなかった。それは、民族的ないし文化的排外主義という望ましくない態度と結びついていると感じられていた。たしかに、その言葉がどのような文脈であれ偏見に強く訴える力を持っているように思わせたのは、その言葉に潜んでいる無気味な宣伝色のためであった。有能な民族学者、人類学者、社会学者は、「純粋な」人種は存在しない、その観念は救い難いまでに曖昧で混乱しているということを証明しようとして、競い合ったものであった。

しかしユダヤ人が人種でないとすれば、それは何であったのか。一つの文化、あるいは「生活様式」であったのか。ともかく西欧の国々では、彼らが周囲の文明に参加していたという事実をさておいても、文化や生活様式という観念は直接に認識できるものを定義するにはあまりに遠回しの観念であるように思えた。実際にユダヤ人という集団については、人々の感情はきわめて強くかつ明瞭であった。疑いようもなく考え方と行動、そしてかなりの程度まで外見的な生理的特徴においていくつか基本的な差異が存在しており、それは継続的、遺伝的で、ユダヤ人自身によっても、また非ユダヤ人によっても容易に認識できることのように思われたからである。迷惑だとか丁重すぎるとかの理由で明々白々たる事実を直視しようとしなかった人々を別とすれば、以上のことは正直な人々には明白なことのように思われた。キリスト教世界におけるユダヤ人の殉教は悲痛で悪名高いことであったし、迫害したもの、迫害されたもの双方が負った傷は深かったから、啓蒙と文明を経験した人々の側にはその問題を全然無視してしまいたいという自然の誘惑があった。また、この問題はきわめて誇張されてきたのであって、あまり議論したり口に出したりしなければ、うまくいけば全く消滅してしまうだろうと主張したくなるような、自然の誘惑が働いていた。

多くのユダヤ人は、きわめて熱烈にこのような態度を取ろうとした。彼らの中の比較的楽観主義者である「同化論者」たちは、教育と自由主義的文化の普及とともにユダヤ人は平和裡に周囲に溶け込んでいくであろうと、好んで予想していた。そうなればユダヤ教が存続したとしてもそれを実践する人々は、ローマ・カトリック教徒が多数派である国々での長老派や聖公会派、あるいは精々のところユニタリアン派やクエーカー派とさして変りはないと考えられるようになるというのである。事実、この過程は西欧の国々ではある程度まですでに進んでいた。たしかにまだ大いに進んだとはいえないにしても、小さな発端から大きな帰結が生ずることも稀ではない。ともかくも、ユダヤ人はイタリア人、少くともアルメニア人が民族であるように、ある意味での民族であるという観念、したがって国家という形式で組織された民族として領土的な存在を要求する正当な根拠を有しており、現実にそのような要求を持つと考えられるという観念は、この問題をいささかでも考えた人々の大多数にとっては途方もない馬鹿げたことと思われたのであった。強い想像力を備えた孤立したロマン主義者——例えばナポレオンやフィヒテ、あるいはロシアのデカブリスト革命家ペステルのような——ならば、ユダヤ人は現実に一つの民族、たしかに非常に変った、散在した民族ではあるが、それでも一つの民族であり、パレスチナに送還してそこに彼ら自身の何らかの国家を設立させるべきだと提唱しても、おかしくはないであろう。これらの提案は怠けものの夢想で、当のそれを唱えた人々も含めて、誰もそれをあまり真面目には考えていなかった。また前世紀の後半、イギリスのローレンス・オリファントやフランスのエルンスト・ラハランのような博愛主義的なキリスト教徒、サルヴァドールやモーゼス・ヘスのようなユダヤ人文筆家、あるいは律法博士のヒルシュ・カリシャーなどが聖地への帰還を唱えた時にも、それはたんなる風変りなこと、時には危険な偏屈ぶりと見なされた。小説家——ディズレーリやジョージ・エリオット——がこの種のロマン主義的なノスタルジヤをもて遊んだ時には、それはシャトーブリアンとスコットとドイツ・ロマン派の人々が流行させた理想化された過去という見方を洗練したものにすぎぬとして片付けることができた。それは新しい歴史的想像力が結んだ異国風の果実であり、宗教的、美的、心理的には重要であるとしても、政治の実践には関連なさそうと思われたのである。敬虔なユダヤ人がどこにいても一日に三度、シオンへ送り返されることを祈るという事実については、これまたきわめて自然なことであるが、救世主の到来、悪と苦痛の世界の終り、地上における神の支配の実現を願う気持の現れであり、全体として政治的自決権という世俗的理念とは遠く離れたものと見なされていた。東欧のユダヤ人の間に世俗的教育が広まり、それとともに民族主義的、社会主義的理念が生れて、貧しいロシア系ユダヤ人の間にかなりの興奮を起した。そして彼らのうちのいく人かは(特に皇帝アレキサンドル二世暗殺に続いてロシアにポグロムの波が起った後に)、パレスチナに小さな理想主義的な農業定住地を設立した。またパリのエドモン・ド・ロートシルト男爵は想像力に富んだ気前のよさでもって特異な行動に出て、これらの植民地が消滅しかけているのを救い、かなりの程度の農業の発展を可能にした。このような事実があった後においてさえも、これらすべてがまだユートピア的実験にすぎぬと思われていた。奇妙で高貴で感動的ではあるが、現実生活というよりむしろ感傷的な素振りでしかないというのである。

ユダヤ国家の思想は遂には真面目に流布するようになり、西欧の国々にも届いた。そしてジョゼフ・チェムバレンやミルナーのような真面目で有力な政治家の想像力をとらえるようになった。そしてハーバート・サミュエルのような自制心のあり、賢明で深い責任感のある人物の熱意をかき立てたが、堅実でまっとうな西欧のユダヤ人はほとんどその思想に信をおくことができなかった。だからといってわれわれが驚くことはないであろう。もっとも特徴的な反応を示したのは、サミュエルの政治的同僚で親戚でもあったエドウィン・モンタギューであった。当時、彼自身がアスキス内閣(後にはロイドージョージ内閣)の一員であったが、自分ではあらぬ中傷を受けていると感じていた。今は亡いノリッジ卿がかつて私に語ったことだが、モンタギューはユダヤ人はゲットーに送り帰されるのを望まない——そんな仕打ちは不当だと言って、同僚にむかって憤激しながら話しかけたものだという。彼はロンドンの数々の客間で、友人たちの胸ぐらをつかんでは、彼らは自分のことを東方の異邦人と思っているのか、東地中海に「送還」されればよいと思っているのかと、激しく問い詰めた。他の冷静で公共精神に富んだイギリス系ユダヤ人にしても、同じ様に動転し苦々しく思っていた。そして同じような感情は、パリとベルリンのそれに対応する社会でも表明されていた。(1)

このことは、西欧世界、さらには二十世紀アメリカの大きなユダヤ人社会に住むユダヤ人の生活という観点からすれば、完全に理解できることであった。これらの国々におけるユダヤ人の地位が本当には何であったか——それを人種、宗教、共同体、少数民族と呼ぶべきなのか、それとも彼らの異常な地位を表現するために独特の言葉を発明すべきなのかはともかくとして、彼らから新しい民族と国家を構築することはおよそ可能なことではなかった。彼らも彼らの指導者も、それを現実的な可能性とは考えていなかった。そしてこのことは、彼らについては今でも真実である。というのは、彼らはあらゆる社会的摩擦、居心地の悪さ、さらには屈辱、そして悪くすれば迫害を蒙らねばならなかったにもかかわらず、概して言えば、彼らは自らその一部を形成している社会の生活に深く組み入れられていたし、今もそうだからである。彼らはその過程で彼ら本来の純粋な民族的人格を大部分失ってしまい、新しい基礎の上にまったく新しい生活を築こうとする意志を保持できなくなってしまったのである。ヒットラーの襲撃でさえも、ドイツ系ユダヤ人の多数派の間にもっぱら当惑、憤激、戦慄、個人的な英雄主義、あるいは絶望をひき起しただけで、特殊にユダヤ的な民族主義的感情をかき立てたりはしなかったようである。ユダヤ民族主義に現実性を与えたのは、ほとんど完全にロシア帝国内のユダヤ人、そしてある程度までは東方イスラム世界に住むユダヤ人であった。(2)

同化、統合、ロシア化、ポーランド化は、ロシアとポーランドのユダヤ人の中でももちろんある程度までは生じていた。にもかかわらず彼らの大多数は、彼ら自身の生活を送っていた。ロシア政府によっていわゆるユダヤ人居住地の中に追い込まれ、彼ら自身の伝統的な宗教、社会組織に縛られながら、彼らはいわば再生された中世社会を構成していた。そこでは、(ともかくもルネサンス以降の)西欧の上流、中流階級におけるようには、俗と聖が区別されていなかった。この壮大なユダヤ人社会は、彼ら自身の言語を話し、周囲の農民人口からほとんど孤立し、農民とは商売をしながらも、相互の不信と猜疑心の壁によって彼ら自身の世界の中に閉じ込もって、地理的には連続的ないわば飛び地を形成していた。そこには当然に彼ら自身の制度が発展し、歳月を経るにつれて、自らの祖父の地に定住した本物の少数民族にますます似るようになっていった。

想像力の方がいわゆる客観的現実よりも強いことがままある。共同体の発展においては、主観的感情が大きな役割を演じる。そしてロシア帝国内のイディシュ語を話すユダヤ人たちは、自分たちはまとまりのある人種集団を成していると感じるようになった。たしかに異常なことではあったが、前代未聞の迫害を受け、彼らの生活の外枠を成している異質の社会からは遠ざけられ、たんに同じ比較的小さな地域に密集しているという事実だけによって、それは例えばトルコ領内のアルメニア人に似るようになった。つまりそれと判別できるような、別個の半ば民族的共同体となったのである。彼らは、自らの意志によらずして閉じ込められて、ある種の独立した物の見方を発展させた。こうして西欧に住んでいる彼らと信教を同じくする人々の多くにかかわり、時として彼らを苦しめた問題——特に彼らの身分という中心的な問題点は、東欧の彼らにとっては切実なことではなかった。ドイツ、オーストリア、ハンガリー、フランス、アメリカ、イギリスのユダヤ人は、彼らはユダヤ人であるか、もしそうとすればいかなる意味でか、またそれは何をもたらすかを自問しがちであった。周囲の人々の彼らにたいする見方は正しいか誤っているか、正当であるか不当であるか、もしそれが歪んでいるとすれば、彼ら自身の自尊心をあまり傷つけることなくそれを正すために、何らかの手段を講ずることができるであろうか。彼らの主体性を失うという危険を冒すことなく、おそらくは父祖の価値観を「裏切った」という感情から生じる罪の意識からして、彼らは四囲と

「宥和」し、それに同化すべきなのか。それとも逆に、不評、さらには迫害を招くという危険を冒しても、四囲に抵抗すべきなのか。このような問題は、ロシア系ユダヤ人にはほとんどかかわりがなかった。彼らは、彼ら自身の広大な隔離されたゲットーの中で――道徳的、心理的に――比較的安泰であったからである。彼らはいわば投獄された状態にあり、それにともなうあらゆる経済的、文化的、社会的な不正と貧困を蒙っていたが、それは同時に、一つの非常に大きな有利をもたらしていた――つまり、ともに生活している人々の精神は挫かれていなかった。そして、その外にあって、社会的にははるかに露出し、不安定な地位しか占めていない同胞たちのように、偽りの立場を探ることによって逃避したいという誘惑にあまり強くさらされずにすんだのである。ロシアとポーランドのユダヤ人たちは、大多数が不潔と抑圧の状態の中で暮していた。しかし彼らは、根を失った追放の身にある、と感じてはいなかった。彼ら相互間、彼らと外界との関係は、体系的な二義性に苦しみはしなかった。彼らは、あるがままの彼らであった。彼らは彼らの状態を嫌ったかもしれない。彼らはそこから逃れようとしたかもしれない。あるいはそれに反抗しようとしたかもしれない。しかし彼らは、自らを欺かなかったし、他を欺かなかった。また彼らは、すべての人々――特に彼らの隣人たち――の目には明白な彼ら自身のもっとも特徴的な性質を自分から隠そうとはしなかった。彼らの道徳的、精神的一貫性は、西欧に住むもっと豊かで文明化され、概してはるかに立派なユダヤ人同胞たちの一貫性よりも大きかった。彼らの生活は宗教儀式に縛られ、彼らの胸と心はユダヤの歴史、宗教の観念と象徴体系に大いに満されていた。それは、中世末期以降の西欧では、およそ理解できない程のものであった。

堂々たる風貌と夢想家のまなざしを備えたヘルツルが、あたかも遠い国から来た予言者のように登場した時、ユダヤ人の多くはまさにその未知であるということ、この別の世界から来た救世の伝道者と彼らとを隔てる距離によって目を眩まされた。彼は、彼ら自身の言葉によって彼らに語ることはできなかった。この隔たりが、彼と彼の言葉をいやが上にも魔術的にし、磁力を大きくしたのである。しかし、イギリスの植民相ジョゼフ・チェムバレンが到底実現できないパレスチナに代えてウガンダの定住地という妥協的解決策を提唱し、彼らの指導者ヘルツルがそれを受諾するかのように思われた時、彼らの多くは驚き、突き放されたように感じた。英雄的な極度の単純化を行うというヘルツルの才能は、一つの考えにとり憑かれた熱狂的な人々が時として示す才能であった。まさしくそれは、熱狂的な人々に例外的な力、危険なまでの力を発揮させる資質の一つであった。ヘルツルは困難を無視し、ゴルディオスの結び目を切断した。東欧のユダヤ人大衆には電撃的な衝撃を与え、西欧の政治家、要人を前にしては、論理と単純さ、想像力と大いなる熱意をもって自らの理念を展開した。ユダヤ人大衆は訳が判らないままに彼に従ったが、遂にここに光明への道が開かれたと意識していた。多くの夢想家と同様、ヘルツルは問題点は理解していたが、人間は理解していなかった。彼に身を捧げようとしている東欧の信奉者たちの文化と感情は、まったく理解していなかった。パリはたしかにミサに値いした。ユダヤ人問題は緊急で絶望的な問題であった。彼は移住できる具体的な土地のためならば、少くともしばらくの間は、ユダヤ人の思想と感情がシオンとパレスチナの偶像と象徴で満されているのを無視するつもりでいた。ユダヤ人の思想、感情が祈禱書と聖書のありのままの言葉にこだわり、執着しているのを無視しようとした。ユダヤ人ほど、書かれた文字によって生きている人々はかつてなかった。このことの決定的な重要性を理解しなかったことは、西欧と東欧を隔てる距離を示す尺度であった。ロシアのシオン主義指導者たちには、この真実を教わる必要はなかった。彼らはそれとともに育ち、それを当然のことと考えていたからである。もっとも古い根、彼らの一切の信仰の唯一の目標である国、つまりパレスチナを抜きにしての国民的存在という見通しは、彼らの大部分にとっては事実上無意味であった。それは、もっと合理的でもっと疲弊した——血の薄い——ユダヤ人である西欧のユダヤ人にだけ承認できることであった。いずれにしろ、この西欧のユダヤ人をもってしては、新しい社会を一夜のうちに形成することは不可能であった。もしロシアのユダヤ人が存在していなかったならば、シオン主義を実現せよという主張も、またそれを実現する可能性もまともな形では生じてこなかったに違いない。

厳格な正統の宗教によって外界から隔離されている限り、ユダヤ人にはいかなる社会問題も生じてこなかったというのは、一理あることである。その時まで、東欧のユダヤ人は貧しく、踏みつけにされ抑圧されてはいたが、互いによりすがって温さと隠れ場を求め、一切の信仰を神にこめ、一切の希望を個人的な救済——神の目から見た不滅性——か、救世主の到来かのいずれかに集中させていた。この救世主の到来は、いかなる俗世の力をもってしても早めたり遅らせたりはできないものであった。ユダヤ人にとって社会、政治問題が生じてきたのは、この大きな氷塊が溶けはじめた時のことであった。ひとたび啓蒙思想——世俗的な学習とより自由な生活様式の可能性——がユダヤ人居住地の町や村に滲み込み、やがて洪水のように流れ込むと、もはやバビロンの水辺に坐って、流浪の身でシオンの歌をうたうだけでは満足できない世代が育ってきた。あるものはより広い生活を求め、父祖の宗教を捨てて洗礼を受け、ロシア社会で高く際立った地位を得るようになった。あるものは、西欧において同じような地位を得た。またあるものは、彼らに加えられた不正は帝政ロシアの専制支配、あるいは資本主義体制が構成しているもっと大きな不正の一部でしかないと信じるようになり、急進主義者、社会主義者になり、その他、ユダヤ人の状況に特有の異常事態は一切の政治、経済問題の全般的解決の一部として消滅するであろうと主張する社会運動に加わっていった。これら急進主義者、社会主義者、「ロシア化」ないし「ヨーロッパ化」の信奉者の中のあるものは、固く結ばれた集団としてのユダヤ人がその隣人たちの間に全面的に解消していくことを願っていた。またあるものは当時の「人民主義《ポピュリズム》」(ロシア郷紳層の「良心に痛みを感じる」令息、令嬢たちの理想主義的な運動、農民の運命を改善しようとした)に感染し、漠然とした感傷的な形でユダヤ人の半ば自立的な共同体を構想するようになった。このユダヤ人社会は彼ら自身のイディシュ語を話し、さまざまな自由な共同体から成る家族の一員としてその中に芸術と科学の成果をあげ、この共同体の間で分権化された半ば社会主義的な、ロシア帝国内の諸民族の自由な連合を構成しようというのであった。また、依然として古い宗教に忠実に、ゲットーの壁をさらに高くして世俗主義の脅威を防ぐという決意を固め、信仰をさらに固く熱狂的に守ってユダヤの法律と伝統をその片言隻句にいたるまで保持するために身を捧げようとするものもいた。彼らは一切の西欧の運動——民族主義的か社会主義的か、保守的か急進的かは問わず——を、同じように嫌悪感ないし恐怖心をもって見ていた。しかし、一八八〇年代、九〇年代の若い世代のロシア系ユダヤ人の大多数は、これらの運動のどれにも参加しなかった。彼らは当時流布していた一般的思想の影響を受け、むしろそれに魅惑されてはいたが、しかし彼らは、父祖の足かせ手かせから半ば解放されたブルジョワ的ユダヤ人の立場にとどまっていた。彼らは、自分たちの正常でない地位を意識し、それに不満を感じていたが、しかしそれを恥じてはいなかった。彼らが育てられた伝統的な生活様式にたいしては、穏やかながらも、誰はばかることなく信奉しており、意識的な異端者でもなければ、いわんや背教者でもなかった。熱烈な信徒でも改革者でもなく、通常の人間であった。法的、社会的に低い地位に苦しんでおり、彼らにできる限りのもっとも自然で挫折のない生活を送りたいと考えており、窮極の目的や基本原則にあまり心を労してはいなかった。彼らは自分の家族、自分の伝統的な文化、自分の職業に専念しようとしていた。迫害に出会うと、彼らは類例のない困難な状況の中にあっても、驚嘆すべき楽観、粘り強さ、手腕、さらには陽気さでもって(しばしば奇怪な逃げ口上と手練手管によって)自らの緊密に結ばれた社会的連帯を保持した。

ワイツマンは、この世代、この堅実な状況に属していた。そして彼は、そのもっとも完全で、もっとも才能のある、そしてもっとも有力な代表者となったのである。彼が語る時、彼が自分の言葉を向けたのは、彼が熟知しているこのような人々であった。生涯の最後の日まで、彼はこのような人々の間にあってもっとも幸福であった。彼がユダヤ人のことを思う時には、彼らのことを思っていた。彼の言葉は彼らの言葉であり、彼らの人生観が彼の人生観であった。彼は彼らから新しい国家の基礎を作った。他のいかなる単一の要因にもましてイスラエル国家の上に刻印されたのは、彼らの人格、理想、習慣、生活様式であった。この理由からして、イスラエル国家は現代世界に現存しているものとしては、おそらくもっとも忠実な十九世紀的民主主義国家であろう。

二

カイム・ワイツマンは、西ロシアのピンスク市に近い完全にユダヤ的な環境に生れ、育った。彼の父は、ささやかな資産を蓄えた材木商で、生き生きとした敬虔な社会の典型的な一員であった。そして多くの子供の中に、彼自身の、精力的で希望に満ちた人生への態度を発展させた。特に教育、完全に形成された人格、あらゆる分野での堅実な業績を尊重し、すべての問題点にしっかり目を開いて具体的に――時には敬意を捨ててでも――対処していくことを教えた。同時に、努力と正直と信念と批判的な能力をもってすれば、地上において良い生活を営むことができるという信念を育てた。現実主義《リアリズム》、楽観的態度、自信、人間の業績にたいする敬意、とりわけ人生が何をもたらそうと、人生そのものにたいする飽くことのない貪欲さ――それにはさらに、起ったことはすべて(あるいはほとんどすべて)遅かれ早かれ、積極的な有利に転じさせることができるという確信が伴っていた。このような積極的に外向的な態度は、ユダヤ的伝統の連綿たる歴史的継続性に自ら属しているという感覚に根ざしていた。この伝統は、人間や情勢の力で解消させたり廃止できない強さを有しているのである。私の思うに、このような特徴はこのもっとも建設的な人――ワイツマン――の物の見方に顕著に見られるようである。さらに彼は、自己憐憫と自己欺瞞ができず、絶対に恐れを知らぬという一枚岩的な堅固な人格の人であった。彼が道徳的、政治的な問題について苦悶し、懐疑に悩まされたという証拠は、いささかも残っていない。

すでに若いころから、彼は、ユダヤ人の悪弊はもっぱらユダヤ人の社会的状況の異常さから生じていると考えていた。彼らが半ば奴隷的な状態にとどまり、従属的で劣った身分に追いやられ、奴隷としての長所欠点を自らの内に生み出しているかぎり、個人的、集団的な意味での彼らの神経症《ノイローゼ》は癒しようがないというのである。あるものはこの運命に威厳を保ちつつ耐え、またあるものはそれに打ち砕かれ、あるいはその重荷に耐えかねて、彼らの原則を裏切り、偽りの役割を演じるであろう。個人としての一貫性と強さだけでは充分ではない。彼らの社会的、政治的立場がいくらか変り、正常になり、他の人々の立場と同等にならなければ、ユダヤ人は永久に道徳的、社会的に片端になり、親切な人々にとっては同情の対象、気難し屋にとっては深い嫌悪の対象となるであろう。これにたいしては、革命、全面的な社会的転換、大衆的な解放以外には、治療法はないというのである。

彼以前にもこの結論に到達した人々がいた。シオン主義誕生以前のパンフレットの中でもっとも有名なもの――レオ・ピンスカーの『自己解放』――の実質的な内容は、まさにそれであった。そしてそれが、パレスチナ定住地の初期開拓民の植民事業に活気を与えていたのである。ヘルツルはそれを西欧の言葉に翻訳し、それに雄弁でよくまとまった政治的な形を与えた。ワイツマンは、知的な意味での革新者ではなかった。彼の独創性は、他人から受け継いだ思想に彼が注ぎ込んだきわめて説得力の強い、そしてどこまでも具体的な内容にあった。彼の政治的天才は、彼の科学における天才と同じく、純粋理論ではなくて応用理論の領域で発揮された。彼と同時代の人レーニンと同様、彼は教義を現実に翻訳し、彼と同様に、教義と現実の双方を変革した。しかしレーニンとは違って、彼には調和的な性質があり、最終的な解決を得るためにはいかなる犠牲も大きすぎはしない——人間の苦悩と死という犠牲である——という信念を生み出すような偏狭な合理主義とは無縁であった。何よりもまず、彼は思想をもっぱら実際的判断のための道具と考える経験論者であったし、非常に強く生き生きとした現実感覚と、それと結びついた歴史的想像力という才能に恵まれていた——つまり何が真実ではありえないか、何はなしえないかについてのほとんど無謬の感覚に恵まれていた。

ワイツマンと彼の世代は、もしユダヤ人が解放されるとすれば、彼らは彼ら自身の土地で自由の中で暮さねばならないということを、いささかも疑うことなく想定していた。そのような土地があってはじめて、彼らはあの忌わしい不断の狡猾さ、追従、そして時として見せる傲慢さの混合物によって基本的人権を失わずに済むことになるであろう。そしてこの土地はパレスチナでなければならなかった。それ以外ではありえなかった。彼の生れ育った環境においては、真面目にこの主要命題を信じている人々は、それ以外の可能性をほとんど考えなかった。彼らにとって、当然のことであったが、精神的な絆はその他の絆よりもはるかに現実的であるように思えた。経済的、政治的な要因は、それと比較すればあまり決定的でないように見えた。もしある国民が信じがたいような不利な条件に抗して、純粋に理想の力によってのみ生き延びてきたとすれば、物質的な考慮によってもーー良かれ悪しかれーーその視線を理想からそらしていくことはないであろう。この視野の中心には聖なる土地があった。ヘルツルやイズラエル・ツァングヴィルや、その他西欧に生れ育った人々は、この点について納得させられる必要があったかもしれない。しかしロシアでは、基本的な前提ーーユダヤ人は同化することも溶けてなくなることもできないし、しかも分離したままでいることもできないという前提は、自明のこととして認められていた。もしこれが正しいとすれば、残りのことは当然の結論であった。

ワイツマンは、彼の生れ育った環境からして他にいくつか、言葉で表明されてはいない想定を認めていた。彼は、未来の国家の政府がどのようなものであろうか、あるいはあるべきかという問題ーー例えばそれは宗教的か世俗的か、社会主義的かブルジョワ的かという問題には、悩まなかった。彼の正義、平等、社会組織についての観念は、非宗派的で、マルクス以前のものであった。彼は、自分の単純で穏健、そして本能的で民主的な民族主義にあれやこれやの厳格に定式化された政治、社会理論を接ぎ木しようとはしなかった。その点では、ガルバルディやコシュート、その他十九世紀の偉大な民族主義指導者と変らなかった。彼らは、人民の再生を信じ、それを特定の理論にもとづく政策としてではなく、疑問の余地なく自然のこととして自ら承認した運動として発展させようとした。モーゼからネルーにいたるこのような人々が運動を創始し、あるいはそれを指導したのは、もっぱら彼らが自分は社会の願望と自然に結びついていると考え、かつ社会を抑圧している秩序が不正であると熱烈に信じ、それにたいする戦いにおいては、自分がその犠牲者である多くの同胞よりも強く、想像力に富み、そして有力な戦士であることを知っていたからであった。彼らは、一般的に言って理論家ではなかった。時として彼らは空理空論に走ったが、大抵の場合、当時の思潮を自らの必要に適応させた。ワイツマンが終生信じていたものの中で、本から、つまり、あれやこれやの社会的、政治的な教師の信念から学んだものは、ほとんどなかった。彼がもっともよく知っている社会以外のところ——その共通の思想のたくわえ、彼が自ら吸収した空気以外のところから学んだものはほとんどなかった。ともあれこの意味では、彼はまさしく彼の人民の真の代表者であった。終生、彼は自分の運動の中の極端な傾向に反対した。彼は(あるロシアの著名な批評家について誰かがかつて言ったように)[(3)]、人民の意識の周辺ではなく、その中心部の近くに立っていた。彼の思想と感情は、ユダヤ人大衆大多数の希望と恐怖と物の感じ方——それは時には口に出して表明されないこともあったが——の常に中心にあるものにたいして、いわば音調が合っていた。彼は終生、ユダヤ人大衆にたいして深くかつ完全に、自然な共感を抱いていたのである。彼の天才たる所以はもっぱら、これらの願望と憧れを明確に表現し、それを実現する道を発見したことにあった。彼は、それをいかなる方向にも誇張することなく、またそれを既存の社会的、政治的図式に押し込むことなく、また何か彼自身が私的に抱いている目標に向って推し進めることもなく、常にそれと同じ方向に向って、彼の天才を発揮した。

彼は偉大な大衆的弁士ではなく、わざと大衆におもねることもなかった。時として突き放した皮肉で人を見下したような行動をとり、誇り高く尊大で忍耐がなかった。完全に独立した自らの軍の指揮官であり、デマゴギーへの傾向はまったくなく、その才能もなかった。にもかかわらず、まさしく右に挙げた理由によって彼は、彼の人民の大多数の信頼を決して失わなかった。彼は感傷的でなく、辛辣で評判の悪いことを言い、常に情熱ではなくて理性に向って話しかけた。にもかかわらず大衆は、彼が自分たちを理解している、自分たちの胸中に何があるかを知っており、それを彼自身が望んでいると、本能的に感じた。彼らは彼を信頼し、それ故に彼に従った。彼らが信頼したのは、彼らにとっての彼は、彼らのもっとも深みにある利益をきわめて強く、自信を持って堅固に代表していたからである。その上、彼は恐れを知らず、同時に理解力があった。彼は、彼らの過去と現在を理解し、しかも未来を恐れていなかった。

この最後の資質は、どこの国でも稀にしか存在していない。そして明白な理由で、打ち砕かれ抑圧された人々の中では、特にめったに存在しないものである。現代の民主主義国家の他の指導者、例えばロイド－ジョージと二人のルーズヴェルトと同様に、ワイツマンは、未来が何をもたらそうと、彼の力、彼の人民の力によって対処できるという無敵の信念を抱いていた。彼は決して希望を捨てなかった。常にバランスを保ち、自信を持ち、人々を代表した。支持者の視界から消え去って私的な夢想、自己中心的な夢に耽けることは決してなかった。彼は、いわば生れながらの大きな権威と威厳と強さを備えた人であった。彼は穏やかで、家父長的で、動じることなく、自分に確信を抱いていた。流れに身を任せることは決してなかった。常に舵を効かせていた。彼は全責任を負った。彼は賞讃や非難には無関心であった。彼には大きな手腕と魅力があった。現代の政治家で、それを越えられるものは誰もいない。しかし、ユダヤ人大衆が彼の生涯のまさに最後の段階にいたるまで彼を慕ったのは、これらの資質――たしかに目も眩むような資質ではあったが――を有していたからだけではなかった。彼は外見的には西欧世界の著名な科学者になり(それによって彼は、財政的に独立できるようになり、したがって政治的にも独立できた)、西欧世界の雲の上の近寄りがたいお歴々とも自由に交際していたが、彼の基本的な人格と思想は変らなかった。彼が慕われたのは、この事実によっていた。彼の言葉、彼の姿、彼の言葉遣いは、ユダヤ的な伝統と敬虔さと学識とに根ざしていた。彼の趣味、身体の動き、彼の歩き方、立ち姿、立ち坐りの仕方、彼の身振り、彼のきわめて印象的な顔の表情、とりわけ彼の声の音調、アクセント、抑揚、彼のきわめて多様な気分は、大衆と同じであった――むしろ大衆自身のものであった。その意味では、彼は彼らの肉体を自らの肉体とした、人民の人であった。彼はこのことを知っていた。しかし彼自身が人民と接する時には、何の自意識もなく振舞った。彼は自分の性格を誇張しなかったし、それを浮かび上らせようともしなかった。彼は役者ではなかった。彼自身や彼の対話の相手を芝居がかりにすることはなかった。彼は、固有の性癖を育てたりはしなかった。彼の揺がしがたい権威は、彼の生れながらの資質、彼における創造力と批判力の結びつき、彼の自己抑制、彼の穏やかさに由来していた。彼が広い視野の人であり、何ものにもとらわれず、彼自身の理想にもとらわれず、したがって情熱や偏見によって目が眩み、彼自身のユダヤ的世界の中のいかなる重要な要因も見落したりすることはなかったという事実に由来していた。

シオン主義運動の失敗——多くの失敗があった——によっても、彼は苦渋を示さなかった。成功によっても、非現実的な見方に走ることはなかった。彼はユダヤ的性格の欠点と馬鹿らしさ——この話題について彼が黙っていることは、めったになかった——についての鋭い、高度に皮肉な意識を、ユダヤ的性格にたいする献身的な愛情、その性格のために行きつくことになった屈辱的ないし危険な境遇からいかなる犠牲を払っても彼の人民を救おうという決意に結びつけていた。彼はこの目的のために、彼の一切の非凡な力を注いだ。彼は長期的な戦略を信じ、その場その場の政策を信じなかった。彼は策謀の達人であったが、彼の批判者の主張に反して、いささかもマキアヴェッリ的なところがなかった。彼は歴史や政治の必然性に訴えることによって、悪しき行いを是としようとはしなかった。彼は暴力や狡猾さによって彼の人民を救おうとはしなかった——レーニンのように、必要とあればきわめて残酷な手段によっても人民をある型に叩き込もうとしたり、ビスマルクのように、人民の利益のために人民を欺そうとしたり、あるいはどこか遠い将来に待ち受けているが、誰かの夢想によってどうにでも変えられるような幸福を約束することによって、人民の頭の向きを変えたりしようとはしなかった。彼はマルクス主義者のように、いつか定っていない時に実現されるはずの何らかの至福のために、恐るべき犠牲を払うとか生命を捧げるとか、犯罪を犯すとか他人の犯罪を許すとかを、決してユダヤ人に求めなかった。また彼自身の運動の中の極端な人々がしばしばやろうとしたように、無節操に彼らの感情に働きかけたり、あれこれ現実ないしは想像上の敵にたいする悪い感情を激化させたりもしなかった。彼は、彼の国民を自由で幸福にしたい(4)と願っていたが、彼と彼らが信奉している人間的価値にたいして罪を犯すという代償を払ってまで、その願いを達成しようとはしなかった。彼は、彼の国民の理想を裏切ることなく、また他の人々の理想を踏みにじることなく、彼らを流浪から人間たるに相応しい生活を送ることができる国へと導きたいと考えていた。

彼は暴力を憎み、唯一の政治的武器として言葉に頼る点では政治的にカヴールによく似ていたが、そのカヴールと同様、あれこれのイギリス、アメリカの政治家、枢機卿、百万長者を懐柔するためにありとあらゆる策略を用い、彼の大きな魅力を使い、こうして彼の目的を達成するための手段を手に入れようとした。彼はある限られた目的を達成する手段としては、事実を匿したり、秘密裡に行動したり、個々人を魅惑して奴隷のように隷従させたり、自分の個人的な支持者や誰か役に立つと思われた人を利用したりしようとした――そしてこれらの人々の必要がなくなると、彼らにたいする関心をすっかり失い、彼らを当惑させ憤激させることになった(この憤激は、時にはきわめて明確で激しかった)。しかし彼は、彼自身の中心的な道徳的、政治的原則は曲げようとはしなかったし、一度も曲げたことはなかった。彼は敵を作ることを恐れなかった。私人の意見も世論も恐れなかったし、後世の判断についてはいささかも恐れることはなかった。彼は人間を理解し、人間に興味を感じていた。彼は、人間に呪文をかけることができる自分の力を楽しんだ。政治的な策動を好んだ。つまり政治家としての天分に加えて、彼は最高度に絶妙な政治の達人であった。

これらの資質の裏側には欠点があった。それはある程度まで、他人の意志と態度――おそらくは権利までも――を無視することになった。時として彼は、自分が共感していない人々の目的や性格にほとんど関心を払わず、そのため彼らは、ないがしろにされたとか無情にも利用されたとか思い、あるいは彼の専制支配にたいして不満を洩らした。彼はある意味であまりにも恐れを知らず、彼の大義、彼の味方は勝つはずだとあまりに強く確信しており、時に自派の内部と世間一般の双方にいる自分に反対の人々が抱いている信念の激しさ、誠実さを過少に評価することになった。これは強さでもあり弱さでもあった。それは、彼の内的な安定感と楽観的感情を測り知れぬ程強め、彼の創造的エネルギーを解き放っていった。しかしそれは、彼自身の社会の外にあってシオン主義に憤激したり動転したりしている人々――公然、隠然の反ユダヤ主義者、アラブ人とその擁護者、イギリス政府の官吏、多くの宗派の教会人、さまざまのお偉方と大物――の恐怖心と抑えがたい敵意の効果にたいして彼の目を閉ざさせた。嫉妬、恐怖、偏見、虚栄心、ささやかな臆病や意趣や裏切りの行為、特に気弱で愚かで怖じ気づいた人々、あるいは悪しかれと願っている役人の妨害戦術――それは積み重なって、おそらくは重要決定にもまして大きく彼の道を塞ぎ、遂には誰もが知っているように流血事態にいたるのであるが――このようなさまざまな人間の弱さを無視してかかることは、彼の積極的でひたむきで活力に溢れ、あまりに非妥協的とでもいうべき建設的な気質においては、必要な一要素であったかもしれない。

同じようにして彼は、人的、イデオロギー的な対立者と敵手を無視しがちであった。それは数多くいたし、彼自身の民族の中にもいた。熱狂的なまでに宗教的なユダヤ人は、彼のことを聖なる救世主の地位を簒奪しようとしている尊大な男と見ていた。西欧諸国の重要な地位についている臆病なユダヤ人たち、特に長く放浪を続け、大いなる犠牲を払ってようやく現代社会における安定した地位と思われているものに到達した富裕な人々、あるいは著名人は、彼のことを悶着を引き起す危険な厄介者と見なしていた。彼らが大いに苦労して包帯して隠してきた傷口を、彼はまた暴き出そうとしていると思ったのである。彼らは精々のところ、彼をきわめて危険な同盟者と見て、神経質な敬意でもって遇した。さまざまな色合いの社会主義者、急進主義者、そして特にマルクス主義者はもちろんのこと、彼を反動的な十九世紀的民族主義者と見なした。つまりユダヤ人たちを、彼らが夢にも見た世界大の社会という広大で陽の当る高地から、後進的な東地中海地域に追いやられた小さな取るに足らぬ民族的地位という息の詰まるような地位に導いていこうとしているというのである。それは奇怪な時代錯誤であり、仮借ない歴史の非人格的な諸力によって一掃される運命にあるはずであった。さらにはロシアとアメリカには、ある種の地方的、地域的なユダヤ的大衆文化——いわば亡命の身にある擬似民族性である——を信じているユダヤ的人民主義者がいた。その文化とは、イディシュ語を話し、平民的、非政治的で、当時のロシア人民主義を戯画化したものであった。これらの人々は、ワイツマンを上にへつらう打算的な政治家、彼らの目指す社会の敵と見ていた。彼らの綱領は、優雅で気取りのない芸術と工芸品に飾られた心暖まる社会的福祉と、非同情的で非感傷的な非ユダヤ的世界の中に古風なユダヤ的生活の中心部を注意深く保存することを目標としていた。そしておまけに、シオン主義を愚かな夢と見なす懐疑論者、あるいはそれを軽蔑する人々がいた。あるものは正気な皮肉屋で、またあるものは苦渋に満ちて冷笑的であった。しかし彼は、自らの対立者にはほとんど注意を払わなかった。彼は、彼らの強さが何であり、弱さが何であるかを自分は知っている——そして彼らは知っていない——と確信し、自分は道徳的、知的に彼らよりも優れているからこそ、彼らを彼ら自身から救おうと決心しているのだと思っていた(先に言ったように、謙虚さは彼の人格的特徴ではなかった)。彼らは彼を憎んだが、彼は彼らを憎まなかった。しかし、共産主義者だけは別であった。彼は終生、共産主義者を心から恐れ、何を公言しているにせよ、創造するよりもはるかに多くを破壊する政治的いいなごの大群として嫌った。彼がいささかでも対立者に注意を払ったとすれば、その時の彼は対立者を羊の群と見ていた。つまり宿命的な懸命さで屠殺への道をとどめようもなく進んでいく羊であり、彼はそれを救わねばならぬと考えていたのである。したがって彼は、ロシア社会主義の指導者たちを(第一次大戦前に少くとも一度、スイスのある公会堂で彼らと正式の討論を行っている)、たんに人々の魂を釣ろうとしている数多くの競争相手としてしか見ていなかった。社会主義は、もっとも有能でもっとも建設的精神のある彼の人民の息子たちをユダヤ解放の運動からそらせ、破滅に追いやるかもしれぬと考えていたのである。

このロシア社会主義指導者たちとの討論の記録が残っていないのは、残念なことである。この辛辣で、特異な意味で興味ある論争において、現代世界を二つに分ける運命にあった二つの人生観――共産主義と民族主義――の指導者たちが相対立したが、およそ二つの運動がこれほどまでに鋭く、かつ明確に衝突したことはかつてなかったことであった。この決定的な討論が当時の特殊にユダヤ的な諸問題という小さくて漠然とした論題をめぐって行われたのは、一つの歴史の皮肉であった。

ワイツマンは自分が勝つと信じていた。このことは、決して疑ったことはなかった。彼自身の力量――たしかにそれは大きな力量ではあったが――にたいして圧倒的な自信を有していたからではない。いくつかの点で彼には、ある型の偉大な人に見られる深い単純さ、信じて疑わないところがあり、それは特にイギリス人との接衝によく示されたが、このような素朴さの故でもない。自分が代表しているユダヤ的生活のさまざまな傾向は決定的に重要で破壊しえざるものであると確信していたからである。他方、彼の敵の主張は歴史の流砂の上に立論されており、小さな経験の領域にしかもとづいておらず、彼自らが代表していると感じている個人の自由、民族の平等、かなりの生活という大きな、あらゆるものの上に立つ人間の願望と比べれば、はるかに私的で党派的、したがって短命に終るはずの問題点から生じていると信じていたからである。彼は、人類の中心的な目標、もっとも深い関心事にたいする信念を持つことによって、そこから大きな道徳的強さを引き出していた。そのような目標と関心事は、決して挫くことができない。そしてそれによってのみ、偉大な革命的事業の最終的な成功が是認され、かつ保障されていると信じたのである。彼は自分の私的な感情と彼が擁護している価値――彼が自ら占めていると感じている歴史的立場――とを区別していなかったに違いないと、私は思っている。

伝記作者が彼と運動の創始者テオドール・ヘルツルとの不和、ルイス・ブランダイス判事と極右シオン主義の指導者ウラディーミル・ヤボチンスキーとにたいする彼の決闘、さらにはソコロフ、ベン・グリオン、その他大勢のような彼自身の穏健な政策を真に支持していた人々との間に生じた意見の相違について考える時には、それがどこまで私的な野心、権力欲、対立者にたいする過小評価、辛棒のない専制的な気質によるものか、またどこまで原理、思想への献身、何が正しくかつ便宜であるかについての合理的な確信によっているかを問うであろうし、[6] また問わざるをえないであろう。私は、この問題が提起されても、何らかの明快な回答はないであろう、おそらく答は全然ないであろうと信じている。ほとんどすべての政治家におけると同様、彼の場合にも、私的な動機はもっとも低くは政治的便宜という観念と、そしてもっとも高くは純粋無私の公的理想と分ちがたく結びついていた。行動の人々、そして後になって彼らの伝記を書く人々は、国家理性と呼ばれるものを根拠にして非道徳的な行為の正当化を求める。この悪名高い国家理性によって、大きな危機に襲われた政治家は世間一般の私的道徳の基準と原則を、国家や社会、教会や党のより高次の要求のために犠牲にすることを許されるというのである。ワイツマンは、このような非道の行為を働いたことはなかった。ワイツマンは、現実政治《レアルポリティーク》の達人という評判があったにもかかわらず、電報の偽造、少数民族の虐殺、政敵の処刑、監禁などは行わなかった。パレスチナでユダヤ人のテロリズムが勃発した時、彼は、反動的な帝政の大臣が理想主義的な革命家に暗殺された時のロシア自由主義者とほとんど同じように感じ、行動した。彼はそれを支持しなかった。私的にはそれを、非常に激しく非難した。しかし彼は、その行為なり行為者なりを公然と非難することは、道徳的に正しいことと考えなかった。彼はあまりに開明的で人間的で、暴力が有効であるとは信じられなかったのである。おそらく彼は間違っていたのであろう。彼は、自分が犯罪的と思ったその行為に反対して、発言しようとはしなかった。その行為は、絶望に駆られた人々、西欧列強の外務省が冷血にも準備した裏切りと破滅――この点については、彼と彼らは同じように強く確信していた――から同胞たちを救うためには自らの生命を犠牲にする覚悟の人々の、懊悩した心から発していた。ワイツマンは、戦後イギリスの外相ベヴィンのパレスチナ政策によって、彼自身の終生のイギリスとイギリス政府にたいする尊敬と忠誠が彼の国民にあまりにも大きい犠牲を強いたのではないかと、遂に思うようになった。彼の大義への献身は、他の何らかの私的な問題への献身よりも深かった。そして彼には虚栄心がなく、また気質的に頑固というわけでもなかったから、自分自身が犯した誤ちの可能性に目を閉ざしてはいなかった。彼は文字通り、希望を捨てなかった。生存そのもののために戦っているユダヤ人定住地を打ち破るには、大臣や役人以上のものが必要だと彼は信じていた。彼はロンドンのホテルの自室であちこち歩きながら、戦後のホワイトホール官庁街のあれこれ反シオン主義的な動きについての報告に耳を傾け、外務省、植民省についてこう言い続けたものであった。「遅すぎた。それでは彼らの役には立つまい。」しかし彼は、自分がかつてイギリスを信頼していたことが、新しいユダヤ国家の陣痛の苦しみをいわれもなく長びかせたのではないかと、考えていた。ユダヤ国家は時期尚早ではなかったかという点については、彼は確信がなかった。彼としては、イギリス連邦内の一自治領国家としての地位を選んだであろう。一九三六年のピール委員会のパレスチナ分割計画は、イギリス政府と彼との間の稔りある協力が頂点に達したことを象徴していた。そして彼は、特に外務省にあってこの計画を破壊した人々を、それに続いて生じた災厄の責任者と見なしていた。彼がこれらの人々を信頼しすぎたがために、彼自身が世界シオン主義者連盟総裁の地位を追われるようになったことを、よく知っていた。しかし、パレスチナのユダヤ人定住地の生死を賭けた戦いを前にしては、イギリス好き、穏健、あるいは偉大な政治家としての彼の終生の名声は、今や彼にとって取るに足りないことであった。彼が暗い悲観論に捕われた時もあった。しかし彼は、正しい大義のために戦っている人々は、最悪の事態がくれば彼らの生命をできるだけ高く売りつけるであろう――必要とあれば、ペリシテ人の寺院の中のサムソンのように高く売りつけるであろうと信じていた。このことは個人だけでなく、民族についても当てはまると考えていたのである。

アラブ－ユダヤ戦争が勃発した時、彼の良心にはやましいところがなかった。彼は平和主義者ではなかった。そしてその戦争は自衛の戦争であった――このことを疑うユダヤ人はいなかった。彼は終生、和解の政策を信じそれを実行してきた。彼はそのために、政治的に苦しむことになった。しかしこの戦争は、彼が起したものではなかった。

故ホームズ判事のように、ワイツマンは終生、何か大きな公的問題について論議が交される時には、各人は先ずどちらかの側につかねばならぬ、何をするかはともかく、中立や態度未決定にとどまってはならない、各人は常に——絶対的義務として——世界の生きている何らかの力と自分を一体化させ、そしてこのことからほとんど不可避的に自分の動機、人格にたいする非難、曲解、誤解を受けることになるのを恐れず、世界の問題に参加しなければならぬと信じていた。したがって彼は、ユダヤ独立戦争においては妥協を求めず、妥協を求めた人々を非難した。自分が従事しており、自分が打ち込んでいる仕事、すべての人がいやでも巻き込まれている芸術的、科学的、社会的、政治的、あるいは純粋に私的な事業——このような営みよりも、自分の人格的一貫性、心の静穏、理想の純粋さの方が大切と考えて、生からの後退を行っている人々を蔑視した。彼は、便宜やその他の事情のために窮極の原理を放棄するのを許さなかった。そして彼には、政治的修道院生活——聖書のアドラムの洞窟、つまり私的なかくれ場を求めて失望や体面を落すのを避け、意識的にユートピア的な立場、ないしは政治的には不可能な立場を選んで、何らかの自らの内なる声、あるいは不愉快な公的世界にとってはあまりに純粋な不変の原則にたいして忠実であろうとする態度は、弱さと自惚れの混合物、愚かで軽蔑すべきものと思われた。彼は、この型の純粋主義者には敬意を持っていないことを隠さなかった。彼らを必ずしも常に公平に扱ったわけでもない。そして彼の見解は、きわめて勇敢で誠実な人々からも反対され、むしろ嫌われている見解であった。しかし私には、その見解はそれと正反対の見解よりも優れているように思えるということを告白しておこう。そうでなければ、私はあまり率直でないということになるであろう。それはともかく、その見解は彼の信念、彼の存在と一体のものであった。

ワイツマンは豊かな内面生活を生きたが、外的世界という次善の現実を避けるために内面生活に逃避したりはしなかった。彼は、広く充実した生命の潮——その中で個々人の力はきわめて豊かに、かつ多様に完全な発展を遂げることができるであろう——に貢献すると思えたものは、何によらず愛した。何にもまして、積極的な人間的才能——知性、想像力、美、強さ、寛大さ、着実さ、人格の一貫性を愛し、特にスタイルの高貴さを愛した。内なる優雅さ、自然な幅と広がりのある自信は、打算と偏狭さと神経症的な自己執着から自由な古くて安定した文化だけが有しているように、彼には思えた。彼にはイギリスが、このような資質をもっとも豊かに示しているように思えた。そして生涯の終りまで、彼はこの国を熱愛していた。この熱愛は片思いに終ったわけではなく、はじめは彼の政治生活を底から支えてはいたが、やがてそれを破滅させることになった。彼はイギリスの独立心、自由、威厳、スタイルを愛した。それは自由人の美徳であり、彼は何よりも先ず、ユダヤ人がそれを学び、発展させ、身に付けることを願っていた。

イギリスとシオン主義の実験との関係、特にバルフォア宣言とパレスチナ委任統治領を手に入れる上でのワイツマンの役割との関係は、普通いささか偶然的なものであったと考えられている。よく言われることだが、もし彼がたまたまマンチェスター大学での教職を得なかったならば、彼はイギリスに定住することはなかったであろうし、そうなれば世紀の初頭にアーサー・バルフォアと出会うこともほとんどありえなかったであろう。その場合、バルフォアやロイドージョージ、あるいはその他ユダヤ人定住地の樹立に決定的な発言権を有しているイギリスの政治家に影響力を及ぼす立場に立つこともできなかったに違いない。その通りである。しかしそれは、歴史における偶然の力を例証する特徴的な事例でもあった。しかしその上で、ワイツマンがヨーロッパ大陸から移住した先がイギリスであったことは、まったくの偶然であったかどうかを、考えていくこともできるであろう。彼にとって、彼のように東欧の出身、東欧の育ちの多くのユダヤ人にとってと同様、イギリスは安定した民主主義、人間的で平和的な文明、市民的自由、法的平等、安定、寛容、個人の権利の尊重、新約とともに旧約にもとづいている宗教的伝統を他のいかなる国にもまして代表していた。イギリスはこれらすべての中産階級的美徳を体現しており、それこそが旧体制《アンシャン・レジーム》の十八世紀のフランスに、そしてまったく同じ理由で十九世紀の東ヨーロッパにイギリス好きの風潮を生み出したのである。とりわけイギリスは、ユダヤ人が人間と市民としての権利を完全に保持して、安全で平和的で進歩的な生存を享受した国であった。要するに、東欧ユダヤ人の中のかなりの教育を受けた人々が何よりも渇望しながら、東欧においてはもっとも深く欠けていたものをすべて享受できる国であった。このような雰囲気の中でワイツマンは育てられた。したがって彼は、彼の全生活環境の態度によって彼の中にすでに育てられていた先入見としての尊敬を抱きながら、イギリスに到着したのであった。(7) 彼の長期にわたるバルフォア卿との交友から、彼の人生の多く、そしてシオン主義運動の多くが発しているが、そのことは、彼がバルフォアの中に自分がいつも魅力的と考えていたもの——最良の形態かつもっともうるさい形態での貴族的資質——と出会ったということを認めずしては、理解できないであろう。

ワイツマンは人を誘惑することにかけては有名であり、むしろその気になれば抵抗しがたい政治的誘惑者であった。しかし彼は、自分が真に尊敬している人々にたいしてしか乗り出していかなかったし、たんなる政治的便宜のために道徳的、政治的——時にはむしろ美的に——反撥している人々と私的な関係を結ぼうとはしなかった。おそらく彼は、ブランダイス判事と喧嘩しない方が、「ピンスクとワシントンとの間に橋を架け渡す」ことに絶望しない方が、賢明であったろう。アラブ指導者やローマ教会のお偉方を無視したり、アーネスト・ベヴィンの乱暴な不機嫌ぶりにあまり強く反応しない方が、賢明であったろう。しかし彼は、彼自身の気質を変えることができなかった。彼は、大きくて想像力に富んだ寛大な人柄だけを好み、彼の人民の将来はこのような人々だけが与えることができるものと結びついている、このような人々とだけ合意に達しうるし、純然たる政治的便宜にもとづく結婚は破綻せざるをえないと、信じていた。彼の対立者はこれをロマン主義にすぎぬとして非難したが、私はそれは誤っていたと信じている。彼は、永続的な合意には交渉者相互間の利益、原則、物の見方の真の調和が大いに必要であると信じており、ユダヤ人とイギリス人の間にはこのような親近性が特異に存在していると信じるようになった。このユダヤ人とイギリス人の間の親近性という一般論は、この種の一般論によくあるように、感傷的な誤りであったかもしれない。事実、双方は、そのために高い代価を支払う破目になった。しかしそれは興味ある魅力的な誤りであり、新国家の性格はそれによって深い影響を受けた。

おそらくワイツマンは、自分の私的な好みに夢中になりすぎたのであろう。彼はイギリスを好きになりすぎたのである。彼は、イギリスの生活、言語、理想が具体的であること——その穏健さ、極端に走ることにたいする洗練された嫌悪感、残酷さと昂奮とけばけばしさが欠如していることを好んだ。その片意地な想像力、奇妙なものと個性的な性癖にたいする愛情、風変りなものにたいする好み、独立という資質は、さらに一層好んだ。彼以前にディズレーリがそうであったように、彼は大いなる魅惑の人であった。そしてイギリス人は、魅惑されることを好む。ディズレーリがヴィクトリア女王にむかって手紙を書いたり話しかけたりした時、おそらく女王も気付いていたように、イギリス人は自分たちが誘惑されていることを意識していたであろう。しかし彼らは——彼らにとって悪い時代がくるまでは——、それを邪推しなかった。彼らは、人を喜ばせる力、空想力の遊び、陽気で時には辛辣なユーモア、穏健に表明された大胆な思想、政治的ロマン主義——それは生彩のある比喩、醒めた節度ある言葉で表現され、目に見える物質的成果にたえず触れながら伝えられていく——は、必ずしも不誠実で悪いものではなく、したがって彼らにとって危険でないと思っていた。彼らは安全だと思っており、したがって丁重であった。他人の意見には耳を傾け、魅惑される機会を歓迎した。フランスの政治家、アメリカの政治家ならば(ヘルツルが話しかけようとしたドイツの政治家については言うまでもなく)、バルフォア、ロイドージョージ、チャーチル、そして多くのイギリスの軍人、政治家、教授、新聞人が喜んでワイツマンの影響を受けたようにしては、深く、しかも進んで彼の政治的想像力と歴史の記憶の影響を受けることはなかったであろう。彼らイギリス人が、たんに利口で楽しい話し相手とともに退屈しのぎをしたというのではない。外国人の化学者ワイツマンと彼のイギリス人の招待者側とが、価値観においては現実に大いに一致していたのである。彼らは、彼が語っている意味での世界を考えるのは、さして難しいこととは思わなかった。ともかくも、そのように考える用意があった。そして、彼らをそのような水準まで高めてくれた人には、誰であれ感謝していた。そして現実には、彼らは正しかったのである。彼の話を狡猾でわざとらしい異国趣味だらけとして片付けた人々は、道徳的、政治的に敏感ではなかった。歴史はワイツマンの堅実な常識、深い歴史的な感情にもとづく展望の通りに展開し、イギリス、フランス、アメリカの政府各省の「リアリスト」たちの通常の範疇に従いはしなかったことが明らかになった。彼が唱えたことは、ほとんど常に実行可能であった。彼の敵が奨めたことは、大部分が現実の事態によって偽りであることが証明された。

先に述べたことであるが、彼の発言は感情ではなくて理性に向けられていた。概して彼の議論の方法は、統計資料やその他細心に準備された文書の証拠にもとづく証明ではなく、情緒的なレトリックでもなく、また情熱に向けられた説教でもなかった。それは特定の状況、事態の進行について、非常に生き生きとした、詳細でまとまりがある具体的な姿を描き出すことから成り立っていた。そして一般に、彼と対話しているものは、彼の描き出す姿が本当に現実と一致しており、人々や事件がどんな状態にあるか、何が起ったのか、何が起ったかもしれないことか、あるいは逆に何が起りえないことなのか、つまり何はなしうることで、何はなしえないことなのかについての対話者自身の経験と合致していると感じた。ワイツマンの印象深い、記録に残っていない対話では、道徳的、歴史的、経済的、社会的、人的な要因は、それらが実際生活で互いに混ざり合っているのと同じようにして混合されていた(したがって彼は、聴衆を前にした時ではなくて、私的なさしの対話でもっともうまく話した)。彼は、分析的な思想家ではなくて総合的な思想家であった。別々の要素の本質を一つずつ取り出してそれ自体として見るのではなく、さまざまな要素が形成している型あるいは合成体を提出した。そのような具体性がイギリスのように思想の習慣的な形式になっている国は、イギリスの他にはなかった。彼の思考と行動の様式がこの国で自然に共感を得たために、彼は——私の思うに——彼が認識していたよりもはるかに大きく、イギリスへの友情に感情的な投資——引っ込みのつかない投資を行うことになった。そして、彼自身の信奉者からか彼の運動の外部からかはともかくとして、彼と彼の思想にたいする反対は、イギリス的な価値にたいする本能的な反撥——反撥した人々は、それ以外の物の見方、それ以外の生活形態により大きな共感を感じていた——によるものであった。

イギリスにたいする彼の情熱という問題にもう一度立ち帰ることを、許していただかねばならない。それは彼の中で、彼の理想の中できわめて中心的な地位を占めていた。と言うのは、彼は新しいユダヤ社会、新しい国家がイギリス的経験——ほとんど完全にイギリスだけの経験の政治的な子供になることを望んでいたからである。特に彼は、イギリスの本能的な妥協への傾向を高く評価していた。たしかにそれによっても、紛争のとげとげしさはなくなりはしない。しかし、紛争があまりに広く社会の網の目を混乱させ、共同生活に必要な最少限の条件を破りかけたならば、その妥協性によって紛争の両当事者は紛争のとげとげしさをほとんど無視するだろう。その上彼は、人間生活にたいする科学的方法の応用——かつてイギリスは、この分野で世界の先頭に立っていた——を、深く信じていた。彼の純粋科学にたいする関心は限られたものであった。しかし彼は素晴らしい発明家であり、人間の基本的必要に答え、新しいもっと進んだ人間の必要を創造していくような発明を望んでいた——彼は、自然科学の限りない変革の力を信じていた。これが彼の楽観主義、未来にたいする希望と信念の核心であった。そして、このような物の見方がイギリスの特徴であると思いたがっていたのである。したがって、一九三〇年代の後半と第二次大戦の間、彼の科学者としての貢献がイギリス政府各省から事実上無視されたことは、彼の生涯におけるもっとも苦々しい失望となった。

一九三九年に戦争が始った時、彼は自分の政治的関心事をさしおいて、第一次大戦における彼の有名な発明によって貢献したようにして、もう一度彼が帰化した国のためにお役に立とうと申し出た。しかし応答はなかった。彼は、問題を論じ合ったイギリスの官吏の大部分について、鈍感、臆病、小心、保守性、未来にたいする恐怖等々の不満を洩らしていた。彼らには国の経済的地位について、ましてや来るべき世界に潜んでいる危険と可能性について把握する能力が、まったく欠けているというのである。戦争中を通じて、彼は憂鬱げにまったく信じられないこととして何度もこの事実に立ち帰った。科学者としての彼にたいして、アメリカではるかに積極的な反応があったことは、彼には納得しにくいことと思われた。彼は、イギリスの想像力と人生にたいする意欲がまさに死につつあるのではないかといぶかった。彼がホワイトホールに見出した新しい世界にたいする恐怖心と古くさくなった世界政治秩序観に執着しようとする絶望的な試みと、パレスチナのユダヤ人にたいするイギリスの公約を取消そうとする卑劣な行いとの中には、同じ否定的な態度——疲労と敗北の徴候が目に見えて存在しているように、彼には思われた。彼にとってそのすべては、パレスチナにおけるアラブの暴力を許し、満州における日本、アビッシニアにおけるムッソリーニ、スペインにおけるフランコの侵略、そしてもちろんヒットラーの侵略を許したことに始る道徳的、政治的原則からの全面的退却と一体をなしているように思えた。そして反シオン主義者については、彼は一九四〇年か四一年かの頃に首相ウィンストン・チャーチルにむかって彼独特の大胆さで語っていた。「銘記していただきたい、首相。われわれの敵は貴方の敵でもあります」と。たしかにこれは、彼の言わんとしたことであった。政治における宥和政策、弱さ、神経質な恐怖心、不愉快な事実にたいして目を閉ざすこと——それは彼にとって、同じ没落という一つの陰鬱な事態の一面に他ならなかった。それが、転落しつつあるイギリスの地位を大胆な政策によって挽回する可能性——むしろ必要性——にイギリスの経済計画立案者の目を閉ざさせていた。彼自身は、例えばアフリカ帝国の資源を豊かな想像力によって利用し、大規模な新しい合成原料産業を創出することによって、イギリスの地位をまだ救うことができると確信していた。それは、化学者としての彼自身が熟知しており、かつ彼が大いに発展させた分野であった。彼は壮大な展望のもとで考えていたから、パレスチナのユダヤ人体制についてもそれと同じ科学的観点から見ていた。彼はその国土の貧しさ、天然資源がないことに思いをめぐらせて、ユダヤ人が持っていると思われるある種の資本——技術的な手腕、器用さ、精力、必死の努力——を利用して科学技術における奇蹟を起し、それによって新しい世界、特にチェムバレン以後の新しいイギリスを建設するのに寄与することに希望を託した。彼はイギリス人はこのことを理解するものと信じていたから、もはやそうではなさそうだということを知って落胆した。彼は背かれたように感じた。彼がかつてあれ程までに断固として無私に愛した国民は、もはや存在していないように思われた。

彼は、自分には不満を言う権利があると感じていた。彼が彼自身の支持者の手によって大きな公的敗北を蒙ったのは二度あるが、二度ともその主要な原因は、彼が熱狂的なまでにイギリス政府の善意を信頼しているように見えたことにあった。彼は一九三一年には、アラブ人の暴力行為の犠牲者を見捨ててそれに譲歩しようとする政策に抵抗して、やむなく辞任した。その政策は、パスフィールド白書を提出した労働党政権によって始められ、その後の政権に引き継がれた。一九四六年にも、非常によく似た状況がまた生じた。もっともらしく論じられることだが、イギリスとの和解というワイツマンの政策は、一九三八年から九年にかけてはユダヤ人の立場にたいする全面的な裏切りとなったし、もしそれを続けるならば(当時の彼は、いわゆるモリソン計画を受諾するよう提唱していた)、さらに一連の公約の破棄に連なり、希望を打破することになったであろうといわれている。遂には彼も、不承不承、大きな苦痛を感じながら、それが正しいのかもしれないと考えるようになった。彼はそれを公然と認める気にはなれなかった。しかし私的には、彼にはチャーチル以後の政治家の安直な愚かさと思えたものについて、激しい軽蔑を込めて語っていた。彼のイギリス人の友人のいく人かが(例えばケインズ卿が)彼にむかって、イギリスはあまりに疲れかつ貧しくなり、ユダヤ人とアラブ人にたいする矛盾した約束という重荷をもはや背負いきれなくなった、したがって両当事者にはそれぞれの思うがままにさせる他はないと言おうとした時には、彼はこの理論は卑怯で、それを唱える人々に相応しからぬもの、何よりも誤った分析であり、いかなる大国にとっても自殺的な政策であるとして、軽蔑と憤怒をこめて拒んだ。

彼自身の立場は、ますます困難になっていった。パレスチナでもその他の地域でも、彼の支持者たちは彼の親イギリス的な政策は破産したと見なし、彼はその政策に——そしてすでに消滅した世界に——あまりに深くはまり込み、もはや威厳だけあっても無益な存在、いわば前代のマンモスでしかなくなったと考えるようになった。イギリスやアメリカの政府閣僚は、彼と会いたがらなくなった。彼は悲劇的で恐るべき存在、政治的には厄介な人物であった。大臣や下僚の役人にとって、ワイツマンの恐ろしい憤激の力にまともに直面するのは、ひどい体験とまで言わずとも、常にいささか心を怯ませられる体験であった。今では、もうそう感じる必要はなくなった。安堵の溜め息がそれと耳に聞こえる程であった。植民省は、彼を氷のように冷ややかな丁重さでもって遇した。外務省からは、時にはその下級官僚から組織的に冷遇された。彼らは、自分たちの強い親アラブ的感情を自由に表明しても構わないと感じたのか、それとも上級者から合図を受けていたのであろう。彼はベヴィン外相からはひどく無礼な扱いを受けた。ベヴィンは、彼と全シオン主義運動にたいして、有名な何ものによっても和げられない私的な敵意を抱いていた。それでいてワイツマンは、自分のもっとも古い政治的愛着を諦めることができなかった。彼にとってイギリスは、他のすべての国を合わせたよりも大きな意味を持っていたのである。

私が一九四七年にパレスチナ——当時はまだパレスチナであった——で彼とともに滞在していた時、当時そこに駐在しているイギリス軍にたいするユダヤ人の軍事、テロ行動が絶頂に達していたが、彼は相も変らず地域のイギリス軍司令官やその他のイギリス軍将校と会うのを好み、また会って喜んでおり、彼の支持者の間で大きな物議をかもすことになった。彼は裏切られたと感じており、彼の現実主義と政治にたいするしたたかな態度にもかかわらず、一体何が起ったのかを理解できずにいた。ロマン的で、いささかチャーチル的なイギリス観——イギリスは窮極のところその道徳的想像力によって動かされており、短期的な国家的利益や一時的な感情によっては動かされていないというイギリス観は、彼を離れようとしなかった。野蛮と悪にたいして唯一国で立ち向ったイギリス、彼の息子が生命を捧げたイギリスは、彼にとってユダヤの過去と将来にたいする彼の見方とほとんど同じくらい現実味があった。彼は目を閉じようとした。科学の仕事にすがろうとした。よく言ったことだが、公的生活にやむを得ず汚染された後では、実験室での研究者という非人格的な仕事ほど道徳的に身を清めてくれるものはない、そこでは真理を欺すことはできないし、人間の悪徳と愚行はほとんど作用しないというのであった。彼は、彼の名を冠しているレホヴォートの研究所での仕事に熱中した。(8) しかしそのような治療法は、あまり有効ではなかった。彼はイギリスの政治家に信をおき、自分の支持者を彼らの手に引き渡したのである。船で送られてきたユダヤ人移民はすべてベヴィンによって送り帰され、サー・ハロルド・マクマイケルは裏切りにおける彼自身の役割を彼に痛感させた。彼はそこから、二度と完全には立ち直らなかった。

イギリス政府、特に労働党政権は深く彼を傷つけた。ユダヤ人は、彼を傷つけることがもっとも少なかった。彼は、彼自身の人民の感謝を求めなかったし、感謝を期待してもいなかった。モーゼの運命が彼にとって自然に思われたし、おそらく彼に相応しかったであろう。彼自身の親しい支持者たちにとっては、彼はどちらかといえばどうにも傷つけようのない人に見えた。特に彼が彼らにたいして(よくあったように)無造作にぶっきら棒に振舞ったり、あけすけに軽蔑したり、あるいはしばしばあったことだが偉大な行動の人特有の仮借なさを突如として示した時には、そう思えた。それでも彼らの人的な忠誠心は、彼から加えられた衝撃《ショック》に耐えて生き続けた。彼の人的な魅力は、きわめて特異であったからである。人々ははるばる彼を訪ねてやってくる。しかし、何故自分が呼び出されたのか。彼の方では完全に忘れているのではないかと思いながらやってくる。そして着いてみると、彼はその人が現れたのに頭をかしげ、せいぜい気持よく驚くくらいである。そして二言三言、無造作で快活で友情のこもった言葉を語って、それで終りなのである。身近かの支持者にたいする彼の関係は、ある意味でイギリス下院でのアイルランド党にたいするパーネルの関係に似ていなくもなかった。人々は彼にたいして、パーネルの場合と同じく熱愛、神経質な敬意、憤慨、崇拝、羨望、誇り、苛立ちの混じり合った感情でもって接した。そして終りにはほとんど常に、自分の前には並の人間以上の大きさの人、新しく解放された囚人たちの強力で、時には恐ろしい指導者が立っている、そしてもっぱら彼の思想と行動によって自分たちの歴史が作られているという、どうしようもない感に打たれるのであった。彼らが叛乱を起すこともあった。しかし結局、彼ら――彼らの大部分はいつも、彼の知性と人格の力に服するのであった。

イギリスについてはそうではなかった。彼のイギリス－シオン主義関係にたいする熱中ぶり――時にはそれは執念にまで高まった(おそらくは彼の唯一の固定観念であった)――は、他の大国、特にヨーロッパの大国の態度、アラブ指導者の態度、パレスチナ定住地そのものの内部に作用している社会的、政治的諸勢力など、状況の中で働いている他のあまりにも多くの要因にたいして彼の目を閉ざさせた。イギリス－シオン主義関係の崩壊は、彼にとっては、彼の生命でもあった運動の中で彼自らが権力を保持できなくなったことと織り合わさっていった。そればかりかそれは、イギリスにたいしては暴力で立ち向うしかない、テロリズムという方向以外ではユダヤ定住地を救えないと唱える人々の主張を支えてもいた。彼は当時も、そして生涯を通じてこのような見解を嫌い、彼の全存在を賭けて情熱的にそれを拒んだ。しかし、さらにそれよりもはるかに重大なものがかかっていた。彼には、彼が設立したいと望んでいた国家、彼がイギリスの保護下におきたいと願っていた国家が、彼が長く一貫して尊敬してきた特殊にイギリス的な道徳的、政治的資質をもはやおそらくは習得しないであろうという思いには、耐えることができなかった。このイギリス的な資質は、いたるところで——彼がもっとも幸福な年月を過したこの島国からさえも消滅しつつあるのではないかと、今や彼は陰鬱げに思い始めていたのであった。

彼はやがて、イスラエル国家の大統領に選出された。輝かしい象徴的価値のある地位ではあったが、権力はほとんどなかった。彼はそれが何を意味するのか、何を意味しないのかを充分に知りながら、ユダヤ人と世界中のユダヤ人のためによかれと願う人々の喝采を受けてその地位を受諾した。彼はどこまでが自分の業績であるかを理解していたが、それについては決して語らなかった。彼は、自分をその真価によって評価し、自分が他人を見るのと同じ真の展望の中で自らを見ることができる稀にみる人間の一人であった。彼の自伝、特にその初めの数章は、驚嘆するほど客観的、迫真的な叙述で、芝居がかったところ、誇張、虚栄、自己憐憫の跡はいささかもなかった。それは、彼の真の本性、豊かで均等に発展し、自立的で誇り高く、確固として築かれた、いささか皮肉な性質を物語っていた。彼の本性には内的な葛藤がなく、自然と社会の諸力に深く本能的に調和しており、したがって自然な知恵と威厳と権威を有していた。

彼の不幸はもっぱら外から来たもので、内から来た不幸はほとんどなかった。彼は生涯の最後の日まで、内的には平静であった。彼は自分の業績には比類がないことを、よく知っていた。彼は、近代史上の誰とも異り、自分が四散した流浪の民から一つの民族、一つの国家を創出し、それが独立で予見不可能なそれ自身の生命を持つまでに発展するのを生きて見たことを知っていた。このことが彼を心配させた。自由と独立だけでは充分ではない。古代の予言者のように――西欧の政治家は、しばしば彼の中に古代の予言者を見ていた――、彼はその上に美徳を求めた。彼はユダヤ的生活の中のいくつかの要素を嫌っており、それが最優位を占めはしないかと不安に思っていた。執念に取りつかれた不均衡な性格に、彼は反撥を感じた。彼は、経験的現実と不断に具体的な接触を保つことなく、教義や理論に耽溺するのを軽蔑した。彼は、知性のための知性だけの業績は評価しなかった。それが人間生活に何らかの貢献をした場合にだけ、その業績を尊敬した。彼は堅実さ、実際的な判断力、活力、陽気さ、人生にたいする理解力、頼りにできるということ、勇気、心の頑健さ、実際的な業績を好んだ。殉教者、挫折、死傷者、状況や自らの愚行の犠牲者――嘲笑的、懐疑的なユダヤ的ユーモアの有りふれた材料である――は、彼の心を苦悩と嫌悪感で満した。このような傷と神経病は、ユダヤ人が根のない状態を強いられたがために彼らの中に生れたのであり、全シオン主義的実験――パレスチナ定住地――の中心的な目的はまさにそれを治療することを意図したものであった。それ故に彼は、有能で典型的に中欧的なユダヤ人ジャーナリストたちが世界の主要新聞の紙面を埋めていた前衛的洗練さ、政治的熱狂、冷笑主義、俗悪さ、利口さ、黒いユーモア《ユムール・ノワール》、知ったかぶり、そして時として見せる苦渋に満ちた洞察力、これらが混じり合ったものは特に嫌った。さらにそれよりも、彼は愚かさを嫌った。そして、そのことを隠そうとしなかった。レホヴォートの家に平和に、そして大きな名誉に包まれて、全世界に尊敬される人物として過した晩年には、彼はイスラエル国家の将来についての悪夢に襲われることがあった。まさにこのような愚かさ――

無邪気で恐れを知らず、しかし盲目の愚かさが、ゲットーにあまりにも長く在ったがために遺伝することになった破壊的で腐敗した奴隷特有の利口さ、無目的で移り気で虚無的な落着きのなさと結びついて、国を危うくしはしないかと夢にまで見たのである。同時に彼は、そのようになりはしないだろうとも見ていた。そして、彼の青年時代、壮年時代の圧倒的に不利な条件に打ち勝って遂に夢が実現したという思い、現に自分は自らの国を持った自由な民族、ユダヤ人の間に住んでいるという思いは、彼を信じがたい幸福感で満したものであった。

彼は宗教的には正統なユダヤ人ではなかったが、ユダヤ人としての完全な生活を送った。聖職者の支配には愛着がなかったが、子供の頃、東欧の村々や小さな町で送った敬虔で宗教儀式に忠実なユダヤ人社会の豊かで伝統的な生活には、その細々とした点についても愛情のこもった親しみを感じていた。私は、彼の宗教的信念について語ることはできない。私に証言できるのは、彼の深い自然の敬虔さについてだけである。彼の晩年、一度ならず私も居合わせたが、彼はユダヤの族長のように——たしかに彼は族長になっていた——、感動的な威厳と高貴さでもって過ぎ越《パスオーヴァー》しの祝のセーダーの礼拝をとり行った。この意味では、彼は常にユダヤ人大衆の生活と近く接して暮していた。そして彼の楽観主義は、彼らがともに抱いている信念——彼らの大義は正しく、彼らの苦しみは永劫に続くはずはない、彼らのもっとも深い願望と希望、つまり人権への要求を遂に満せるような一偶がこの地球のどこかに存在しているに違いないという信念に、その源を発していた。人類はこの地上のもっとも弱くて悲惨な少数者が挙げる正義と平等を求める声に永久に無関心でいるであろうという意見は、彼も、そしてユダヤ人大衆もともに認めようとしなかった。人々は、自らの基本的権利を確保するために自ら働き、戦わねばならない。これが第一の前提条件であった。次いで、これらの要求が人類の公的良心である正義の大法廷で正しいものと認められたならば、彼らは遅かれ早かれ、自らに相応しいものを得るであろう。力も策略も、その役には立ちはしないであろう。真の必要の上に立った信仰と労働のみが役に立つのだ。彼がかつて、私に言ったことがあった。「奇蹟は起る。しかしそのためには、懸命に働かねばならない。」

彼は自分が成功すると信じていた。彼はそれを決して疑わなかった。自分の背後に何百万もの人々の圧力を感じているからというのである。かくも多くの人々が、かくも熱烈にそしてかくも正しいことを願っているからには、永久に得られないなどということはありえないと信じていた。道徳的な力が巧みに組織されたならば、たんなる物理的力を常に打ち破ると信じていた。彼は世界の政治家の間に、彼自身が世界的政治家であり、背後に団結した、強力で明確な大きな社会を控えた亡命政権の代表者であるという奇妙な幻想を作り出したが、彼にそれを可能にしたのは、まさにこの曇りのない絶対的な確信であった。文字通りの意味では、これ以上の嘘はなかった。彼も世界の政治家も、それを充分に承知していた。それでいて双方が、それが本当であるかのように、そして双方が対等であるかのように行動し、交渉したのである。ものを頼む側はよく相手に当惑を生み出すが、彼が当惑を引き起さなかったとすれば、それは彼が非常に威厳に満ち、完全に自由であったからであった。彼は、非常に強い脅迫をかけることができた。壮んな頃の彼は、強く記憶に残る侮辱の言葉を吐いた。大臣たちは、この存在していない国の恐るべき使者の訪問が近いと思うだけでも、神経質にすくんだものであった。その会見があまりにも大きな道徳的体験になりはしないかと心配したからである。大臣たちが下僚からどんなに詳しく事前の報告を受けていたとしても、会談の終った時にはこの手強い訪問客に何か決定的な譲歩をしていた。しかも当の大臣は、何故そんなことをしたのか、後になって説明も理解もできないという有様であった。しかし、彼が発揮した非凡な魔力の本質がたとえ何であったにせよ、そこには一つ目立って欠けている要素があった。それは悲《ペ》哀《ーソス》の情であった。カイム・ワイツマンは、現代世界最初の完全に自由なユダヤ人であった。イスラエル国家は、それが知っているかどうかはともかく、彼の姿に似せて建設された。これに匹敵する記念碑を、自分のために、しかも自分の生存中に建てられた人はかつてなかった。

(1) 「シオン主義者であるには、いくらか狂気であることはおそらく絶対に必要というわけではない。しかしいくらか狂気であれば役に立つ。」ワイツマンがこういったと伝えられている。

(2) このことは一〇〇年以上も前、比類のない正確さでモーゼス・ヘスが彼のもっとも注目すべき著書 *Rome and Jerusalem* (Leipzig, 1862) で予言していた。それは今日にいたるまで、「解放された」ユダヤ人社会なるものについてのもっとも鋭い分析と断罪の書である。

(3) ヴィサリオン・ベリンスキーを指す。

(4) 哲学者ヘルマン・コーエンは古代ストア派の賢人のような軽蔑の口調で、彼にむかってシオン主義の長所を説得しようとしたフランツ・ローゼンツヴァイクにこう語ったといわれている。「おー、では奴等は今では幸福になりたいというのかね。」ワイツマンは、まさしくこの幸福を願っていた。それが何故、恥ずべき屈服の行為と解されるのか、彼には理解できなかった。

(5) 私の記憶するかぎり、この時期、ベルンやその他のところで彼と論戦した人々として彼が名を挙げたものには、プレハーノフ、レーニン、トロツキー、ラデックなどがいた。これらの記録が見い出されたか否かを、私は知らない。

(6) 本章は、一九五八年に執筆した。

(7) 一二歳になる前に彼がかつての教師にあてヘブライ語で書いた手紙で、イギリスはよい、そして自由な国で、ユダヤ人が彼ら自身の国家を設立するのを助けてくれるだろうと語ったのは、意味の深い事実である。この魅惑的な資料は、ボリス・グリエルから得た。彼は、ワイツマンの生涯と活動の記録を保存するために、大きく貢献している。

(8) この研究所は、老年の彼のもっとも深い愛情の対象であった。彼はいつも大きな私的な誇りと愛着をこめてそれについて、彼のすべての同僚について、むしろその仕事に関係したすべての人について語った。そしてそこから、大きな満足——彼にそれと同等の満足感を与えたものは他になかった——を感じていた。この偉大な研究施設の繁栄は、彼が真に信じたすべてのものに伝えられた永続的な活力の証左である。

〔河合秀和訳〕

L・B・ネーミエ

このルイス・ネーミエについての記録は調査にもとづいたものではなく、純粋に記憶から書いたものである。ネーミエは、現代の傑出した歴史家の一人であり、名声と影響力を獲ち得た人であった。彼の異常な生涯だけでなく、彼の歴史家としての業績、さらにはイギリスの歴史研究と歴史の書き方にたいする彼の決定的な影響は、完全で詳細な研究を行うに相応しい。この課題については、私には資格がない。私の目的は唯一つ、私が知ったもっとも注目すべき人々の一人の性格、その意見を私の能力の限りで記すことである。私はいかなる時にも彼の親友ではなかった。しかし彼の直接的な知的、道徳的衝撃は非常に強く、私のように、定期的ではあったが時たま彼に会って、彼が関心を抱いていることについて彼と話した——むしろ彼に話しかけられた——人々は、その衝撃を忘れることはないであろう。彼を知らない人々、そして彼がどのような人であったかに好奇心を抱いている人々のために、私はこの印象を記録しておきたいのである。

私が初めて彼の名と出会ったのは、オックスフォードの学生であった時、一九二九年のことであったと思う。誰かが『ニュー・ステーツマン』誌か『ネーション』誌のどちらかに載っていた彼の論文を見せてくれた。それは、現代ヨーロッパにおけるユダヤ人の状態についての論文で、その問題について私がそれまでに読んだ——誰にとってもそうでないかと思うが——最高のもっとも印象的な文章であった。その当時、この話題について書かれたものは多い。その大部分は有能なジャーナリズムである。ユダヤ人かキリスト教徒かを問わず、この問題について著述する人々の中で、知的な迫力と歴史的な展望と明晰で活力のある散文を書く能力とを結合した人はめったにいるものではなかった。ところがこのエッセイは、抜群に質の高いものであった。それを読むと、突如として第一級の海域に船出したという感じ——その感じに代りうるものはない——を受けた。ネーミエは、東欧のユダヤ人を氷山に譬えた。その一部は水中にあってまだ凍っている。その一部は啓蒙の光を受けて蒸発した。そして残りは溶けて、激しいナショナリズムないし社会主義的ナショナリズムの奔流を形成しているというのである。彼は比類のない想像力と、事実について具体的であると同時に大きな歴史的展望に立った的確な歴史的一般化の迫力とでもってこの命題を発展させ、そこに含まれている不安な意味合いをいささかも抑えようとはしていなかった。筆者は誰なのかと、私はいぶかった。聞いたところでは、彼は歴史家で、その仕事は学問の世界でいくらかの物議をかもしたが、せいぜいのところ尊敬されている専門家といったところで、アレヴィやトレヴェリアンはもちろんのこと、タウトやバーカーやフィシャーとも同じ格の学者ではないとのことであった。彼自身の職業の世界ではかなり高い評判を得た人であるが、その筆者は二流の歴史の専門家だというのが世間の話であった。私が一九三二年にオール・ソールズ・カレッジの研究員《フェロー》に選出される時まで、彼についてそれ以上耳にすることはなかった。

ところがオール・ソールズでは、私の新しい歴史家の同僚たち——G・N・クラーク、リチャード・ペアーズ、A・L・ラウスなど——がネーミエについてもっと高い評価を抱いていることを知った。私は彼らから、ネーミエの真の業績についていくらか学んだ。ネーミエは第一次大戦の数年前に、オール・ソールズの研究員に選出されるのに失敗しており(1)、私が選出されたことは明らかに彼の関心をそそっていた。私は一通の手紙を受け取ったが、そこでは手紙の筆者は大きな大文字で、いつか来週の午後に私を訪ねたいが、私に会う暇があることを望むと申し出ていた。その手紙には、L・B・ネーミエという署名があった。彼はやってくると、ゆっくりした慎重で重々しい声で私に言った。友人のリチャード・ペアーズから私がカール・マルクスについては低い評価を下していると聞いたので、私に会いたいと思ったのだというのである。彼は、マルクスについての本に取組んでいるかを知りたいと思った。そして、私が何故マルクスに関心を持っていると聞いたのでズの研究員にたいしてかなりの敬意を払っていた。そして研究員たちは、彼がその名を口にしたいとも思わぬいく人かの例外を別とすれば、大抵のものが真の研究をやる知的資格があると信じていた。彼には、マルクスはそんなに注目される価値がないように思えた。マルクスは、憎悪に目がくらんだ貧弱な歴史家、貧弱な経済学者だというのである。何故私は、フロイトについて書かないのか。歴史科学と伝記研究の科学にとってのフロイトの重要性は、まだ充分に評価されていない。フロイトの著作はマルクスの著作とは違って、天才の作品であり、はるかにうまく書いてある。それにフロイトはまだ生きており、面接することができる。幸いにしてマルクスはそうでない。マルクスの信奉者たち、特にロシアの信奉者たちは今では知的には死んだも同然であり、あまりにも多くのインクを浪費している。この点では、同様に均衡感覚と文学的な才能と趣味を欠いたドイツの哲学者たちに対比できるというのである。

彼は私の部屋の真中に立ち、ゆっくりしたいくらか催眠術にかかったかのような声で、一語一語を強く強調しながら、切れ目のない低音で話し続けた。文章と文章の間にほとんど間がなく、強い東欧訛りで、顔は凍ったような表情であった。彼は不動の視線を私の上にすえ、時々眉をしかめ、妙な牛の鳴くような声を出した(後になって知ったことだが、これは、彼がそうとは見せないで息を吸い込む方法であった)。その音が彼の文章と文章の間に立ち塞り、割って入ることを文字通り不可能にしていた。私は、口をはさむことを夢にも思っていたわけではない。この現象全体があまりにも奇妙であり、発言の激しさはあまりにも強かった。私は、私が何を企んでいるかを正確に知っている厳しく重々しい学校の先生に睨まれているように感じた。その先生は私を叱り、私を立ち直らせ、自分の指示に従わせようと決意しているかのようであった。とうとう彼は話すのを止めた。そして黙って睨んでいた。私は坐るように奨めた。彼は坐って、睨み続けていた。私は、自分が実際に何をしようとしているのかを口ごもりながら弁明した。彼はまるで聞いていなかった。「マルクス！　マルクス！」彼は吟唱するように続けた。「典型的なユダヤ人の山師めいた男だ。非常によい考えを持っていたが、非ユダヤ人に意趣返しするために、その考えを死なせてしまった。」私は、マルクスの出身が彼の意見と関係していると思うかと尋ねた。これが、彼が自分自身の自伝に突入していくのに必要としていたきっかけとなったのである。次の二時間は興味津々であった。彼はほとんど休みなく話し続けた。

彼の言うには、彼はポーランドの大荘園を管理するベルンシュタイン(あるいはベルンシチャーイン)というユダヤ人の子に生れた。父はローマ・カトリックの信仰に改宗していたが、彼の言うには、それは父の家族の階級と環境ではごく普通のことであった。彼自身はポーランド地主の坊っちゃんとしての教育を与えられたが、それは両親が、ポーランド的カトリックの型への同化は――もし強く望みさえすれば――可能で望ましいことだと信じていたからであった。両親は、ユダヤ人と非ユダヤ人の間の唯一の壁は宗教の差だけであり、これさえ廃止されれば、歴史的にそれがもたらしてきた社会的、文化的障害はそれとともに崩れ去るだろうと考えていた。改宗によって、支配的な社会の網の目へのユダヤ人の全面的な統合が可能になり、ユダヤ人の孤立と曖昧な地位は終り、さらにはこの合理的な道を行こうとするだけの分別のあるユダヤ人にたいする迫害を終らせるだろうというのである。彼の両親の理論は、ベルネとハイネ、ハインリッヒ・マルクスとアイザック・ディズレーリ――二人の有名な息子の父――を動かしてキリスト教を受け入れさせた理論と本質的に同じであった。彼の見解では、この仮説は根拠がなく、人間を堕落させる理論であった。そして当時の彼、ルードヴィッヒ・ベルンシチャーインはまだ非常に若い頃、一六歳か一七歳の時にこのことを理解するようになった。彼は、自分が偽りの立場に立たされていると感じ、彼の周りの改宗したユダヤ人たちは非現実の世界に住んでいることを知った――つまり彼らは、祖先の伝統的な悲惨は捨てたものの、二つの陣営の間の無人地帯におかれ、どちらからも歓迎されていないという立場に立っているのである。いずれにしても、父の通俗的なブルジョワ的世界観は彼を反撥させた。彼はユダヤ人社会に帰る——少くとも彼自身の精神においては——ことを決意した。一つには、自分自身の過去から自分を切り離すことは自己破壊であり恥ずべきことであり、いずれにしても実行不可能であると信じていたからである。また一つには、自分の家族とその無価値な理想にたいする軽蔑を示したいと思ったからであった。父は彼のことを恩知らずで愚かで臍曲りと思って、彼を援助するのを断った。彼はイギリスに渡った。この国は彼にとって、多くの中欧、東欧のユダヤ人にとってと同様、世界でもっとも文明的で人間的な社会であり、彼自身の伝統を含めて伝統を尊重する国と思われていた。父の生活様式は、彼の心中ではオーストリア－ハンガリー帝国を支配している腐敗と偽善と抑圧の混合物を連想させていたが、この生活様式にたいする叛乱の一部として、彼は社会主義に惹かれた。両親と両親の社会が送っている偽りの屈辱的な生活は、もっぱら彼ら自身と彼らの地位についての体系的な自己欺瞞によるもの、特に彼らが一緒に住んでいるポーランド人——オーストリア化されているか民族主義者かを問わず——の彼らに対する態度によるものと、思われた。マルクス主義は、このような自由主義的幻想を、非合理的で不正な社会秩序を隠蔽しようと企む数多くの偽装であることを証明し、かつそれに反駁しようとした指導的な哲学であった。それは現実の(主として経済的な)事実についての無知ないし誤解にもとづいた哲学であった。

ロンドンに着くと、彼はロンドン経済学学校(ロンドン大学の一部)の学生となった。当時この学校は、ウェッブ夫妻、グレアム・ウォーラスと彼らの支持者によって牛耳られていた。彼らはマルクス主義者ではないとしても、ともかく社会主義者であり、自由主義には戦闘的に反対であった。けれども、彼はやがて自分は一つの欺瞞的なイデオロギーを去ってもう一つの欺瞞的イデオロギーについたにすぎないことを自覚した。社会主義の原則と理論的一般化は、それが取って代らんとしたものと同じく馬鹿げていて、非現実的であった。唯一つの現実は、個人と個人の基本的な願望——意識的、無意識的な願望、特に後者——の中にだけ見つけることができる。この願望は、一連の知的な言い抜けによって抑圧され合理化されているが、マルクス主義はこの言い抜けを見抜き、しかしそれに代ってそれ自身の幻想を押し出したというのである。社会学ではなくて、個人的な心理学がここでの鍵であった。人間の行動——そして社会的現実一般は、個々人の行動の根源——基本的な衝動、そして食、住、権力、性的満足、社会的承認等々にたいする人間の永久的な欲求についての、恐れを知らぬ客観的な科学的検討によってのみ説明できるであろう。人間の歴史、特に政治史は、それ以外のやり方では説明できないと考えたのである。

彼はイギリスでは失望しなかった。彼が想像していたように、この国は人間的で文明化された人生観、そして何よりも先ず、醒めて経験的な、自己劇化のない人生観を抱いていた。彼から見たイギリス人は、他の大抵の人々にまして人生の真の目的——喜び、正義、権力、自由、栄光、人間的連帯の感覚——を意識しており、それが愛国心と伝統への執着の基礎となっていた。何はともあれ、イギリス人は抽象的原理と一般的理論を嫌っていた。人間の動機は、いまだ検討されていない隠された理由――フロイトなどの心理学者がそれにたいする研究を始めていた――に注目することによって解明できるであろう。しかし、右に挙げたような平均的イギリス人の心中にある顕在的な目的意識でさえも、例えば平均的なドイツ人、平均的なポーランド人の目的意識よりも、はるかによく人間の行動を説明していた。つまり人間行動のはるかに大きい部分が「イデオロギスト」の説明によるよりも、平均的イギリス人の意識によって説明できるというのである。いわば自制された激烈さでもって語られたこの物語のある地点で、ネーミエは――後年になってよくしたように――思想の影響によって人間の行動を説明しようとする人々の愚かさについて語った。思想とは、深く根を下している衝動、動機について精神が自ら下した解釈にすぎない。しかし精神は臆病で通俗的であるがために、衝動や動機に直視できないというのである。思想史家は、一番役に立たぬ歴史家である。彼は私に尋ねた。「反ユダヤ的なウィーン市長ルューガーが、自然科学にたいする補助金が申請された時に、ウィーン市会に向って何と言ったか憶えているかね。「科学だって？ それはユダヤ人が別のユダヤ人から盗用してくるものだ。」(2) 私はイデーエンゲシヒテ、つまり思想史について同じことを言う。」おそらく彼は、私の顔に不満げな表情を見たのであろう、彼がこの言葉を一層恐ろしげな語調で繰り返し、――後によくやったように――ゆっくりした重々しい、長く引き延ばした声で何度も強調したことを、私はよく憶えている。

ロンドン経済学学校は、彼が遥か彼方から崇拝していたイギリスではなかった。そして彼は、それと面と向って出会うと、このことを一層強く感じた。それは、大陸の最悪のナンセンスから分れ出た憐むべき小枝にすぎぬというのである。そこで彼は、オックスフォード大学のベリオール・カレッジに移り、そこでA・L・スミスなどから歴史学を教わった。オックスフォードはあまりイデオロギーなどにこだわっていなかった(と彼は語り続けた)。ここでは彼は、自分が何を現代史のもっとも深い要因と考えるか——それは歴史的に基礎づけられた民族意識であった——を自由に公言することができた。ユダヤ人か非ユダヤ人かを問わず合理的な人間は、宗教への献身によって(宗教とは組織化された虚偽である——ユダヤ律法博士はキリスト教の聖職者よりも悪い。彼らは欺瞞することによって生きている)か、それとも宗教を放棄することによってか、あるいは海の彼方の土地に移住することによってか、また自らを政治的単位に組織化し、自らの土地を得ることによってか、それとも他のすべての人間の社会が行ってきたこのようなやり方以外の何らかの手段によってか——そのような手段によって充実した生活を送ることができるようになるという観念は、すべて純然たるナンセンスに他ならない。歴史においても個人の生活においても、自己理解がすべてである。そしてこれは、細心な経験主義的態度、自分の仮説を個人と社会の生活の入り組んで曖昧な紆余曲折に不断に適応させていくことによってのみ達成できるというのである。したがって彼は、フロイトをはじめ心理学の理論家を尊敬した。彼は筆跡学者も含めて尊敬しており、筆跡学にたいする彼の信仰は非常に厚かった。同時に彼は、マルクスを尊敬しなかった。たしかにマルクスは病気を正しく診断したが、その後で山師の特効薬を売りに出したというのである。それでもバークやベンサムよりはましであった。この二人は何物にも根ざしていない思想だけを売り歩いたのであって、当然に分別のある実際的な政治家の不信を買ったというのである。

彼は、自分の自伝に立ち帰った。彼は、イギリスからはあまりよい扱いを受けなかった。彼はオックスフォードで終身の地位を得るに値していたが、地位は得られなかった。既存の多くの歴史家からは、ほとんど認められなかった。彼が自分たちの「正体を暴露する」かもしれぬと思っていたからだ、というのである。しかしイギリスは、彼が暮していける唯一つの国であった国よりも熱狂的でなく、経験的な現実に近かった。その政治的伝統にはある種の現実主義——ある人はそれをシニシズムと呼んだ——があり、それは大陸の気の抜けた理想主義と白痴的な自由主義のすべてに匹敵するだけの価値を有していた。イギリス人にも大陸の「——イズム」にいかれているものがいる——当時の著名な人々の名がいくらかここで挙げられた——、しかしその数は比較的少く、影響力もあまり大きくはない。大多数のイギリス人は賢明にも、習慣と多年の試練を受けた実際的な規則にしたがって暮し、理論からは遠ざかり、それによって思想的には多くのナンセンスを避け、行動においては野蛮さを免れている、というのである。彼はイギリス在住のユダヤ人にむかっては、シオン主義について語ることができなかった。イギリスのユダヤ人は憐むべき幻想の犠牲者——非常に劣悪な砂に頭を隠している駝鳥であり、救うに値しない愚かで馬鹿げた生き物である。たしかイギリス人は、シオン主義の訴え、その正しさを理解している。彼がそれまでに出会ったユダヤ人の中で、この点でイギリス人と比較できる唯一人のユダヤ人はワイツマンであった——たしかにワイツマンは、彼が完全な敬意を捧げていた唯一人のシオン主義者であった。このような論調のところで彼は話を終えた。そして――私が時折質問したのにはいささかも注意を払わなかったが――当然予想されるように、私を徹底的に診断した上で、私の部屋を出て、ベリオールのケネス・ベルのところでのお茶にむかって行進していった。「彼の家族は、私を非常に好いているのだ」と、彼は付け加えた。

私は、彼の講義に深い感銘を受け、そしていささか当惑したが、同時に彼の訪問を受けたことを得意に思った。戦争までの五年ばかりの間に、私は一度ならず彼に会った。彼は宥和政策を痛烈に批判した。彼は、イギリス支配階級の現実感覚と経験主義が明らかに失われていると感じていた。ヒットラーは本気で言っている――『我が闘争』は文字通りに解さねばならない――、ヒットラーは征服戦争を計画している――これを理解しようとしないのは、ドイツ人やユダヤ人にふさわしい自己欺瞞である。セシル〔侯爵〕家の人々は「よろしい」、彼らは現実を理解し、イギリスのもっとも特徴的な点を擁護している。ウィンストン・チャーチルもそうである。シオン主義に反対するのと同じ人々が、チャーチルと国民的抵抗の政策に反対している――『タイムズ』紙編集長ジェフリー・ドーソン、チェムバレン、ハリファックス、トインビー、外務省の役人、ラング大主教、保守党の大部分、大抵の労働組合員がそうである。セシル家、チャーチル、真の貴族、誇り、人間の品位にたいする敬意、伝統的価値、抵抗、シオン主義、人的な偉大さ、ナンセンスは受けつけない現実主義――これらが溶け合って、彼の心の中で一つの塊りになっていた。親ドイツ派と親アラブ派は、一つの派になっていた。

彼は私にむかって、シオン主義について大いに語った。私がそれに同情的だと思った(それは正しかった)からに違いない。やがて私は、これは彼の中のもっとも深いところにある気質だと確信するようになった。彼は基本的に、純然たる誇りに駆られてそれに向っていったのである。彼は、ユダヤ人の立場は屈辱的であると感じた。彼は、このような立場に耐えたり、それが存在していないかのような振りをしている人々を嫌った。彼は、自由で威厳のある存在を欲した。彼は知的であったから、ユダヤ教を捨て、保護色をまとって非ユダヤ人世界の中に消えることは可能ではなく、またそれが自己欺瞞の憐むべき形態であることを意識していた。もし彼が同胞たちの多数者(彼は全体としてユダヤ人同胞を軽蔑していた)のレヴェルにまで落ちず、しかもその一人でなければならないとすれば――それは歴史的に不可避のことであった――、同胞たちを彼自身のレヴェルにまで引き上げねばならない。もしそれがゆっくり漸次的で平和的で温和な手段で実現できないとすれば、急速で、必要とあればいささか過激な手段によって実現しなければならない。彼は、ワイツマンに出会うまでは、それがおよそ可能であるとは信じられなかった。ワイツマンにたいする彼の尊敬は、英雄崇拝の域にまで達していた。ここに少くとも彼が交際して当惑を感じない、いやむしろ追従しても当惑を感じない一人のユダヤ人がいた。しかし他のシオン主義指導者たちは、彼にとってはあってなきが如き存在であり、彼はこのことを匿そうともしなかった。彼は、彼らのことを「律法博士《ラーバイ》」と呼び、キリスト教の聖職者と変らない――当時の彼には、それは悪口であった――と言った。彼の仲間のシオン主義者は彼の才能を貴重なものと考えていたが、彼の公然たる、高度に明晰な軽蔑の念を愉快に思うとは到底考えられなかった。ワイツマンの支持があったにもかかわらず、彼は世界シオン主義連盟執行部の常任委員には一度もなれなかった——この事実は、終生彼を苦しめることになった。現実主義について語り、独自の歴史学の方法を有していたにもかかわらず、彼は気質的には政治的ロマン主義者であった。はっきりとは言えないことだが、彼は自分がいわばシオン主義のダヌンツィオになり、トランスヨルダン地方のフィウメを占領すべく白馬にまたがっていくという白昼夢に耽っていたのではないかと思う。彼はユダヤ民族運動をイタリア統一運動《リソルジメント》と見ていた。彼自身がそのガリバルディでないとすれば、そのカヴール——賢明で現実的、威厳がありヨーロッパ化し、ほとんどイギリス人に近いワイツマン——の助言者、擁護者として仕えたいと思ったのであろう。

ネーミエは思想ではなくても人柄においては、彼の仇役カール・マルクスとまったく似ていなくもないと、私はひそかに思っていた。ネーミエも知的には恐ろしく強力で、時には攻撃的な政治意識の強い知識人であった——そして彼の教養にたいする憎悪には、独断的な執拗さがあった。マルクスと同様、彼も虚栄心と誇りが強く、他人を軽蔑し不寛容で、すぐに人を怒らせ自分でも怒った。また自らの職能においては巨匠であり、自らの実力を自負し、いささかの悲哀、自己憐憫がなくもなかった。マルクスと同様、彼もあらゆる形態での弱さ、感傷性、理想主義的自由主義を憎み、中でも奴隷根性を憎んだ。マルクスと同様、彼も対話者を魅惑し、同時に彼らを圧倒した。彼が論じている話題（一八四八年革命関係のポーランドの記録や、イギリスの地方の大邸宅など）にたまたま関心があるならば、幸せであった。その話題について、あれ程の学識、見事さ、独創性のある説明を二度と聞くことは、なさそうだからである。けれどもそれに関心がなくても、逃れるわけにはいかない。こうして彼に出会った人々は、彼を天才的な人、目も眩まんばかりの話し手と見る人と、彼を恐ろしく退屈な男と見て逃げ出そうとする人々との二つに分れることになった。現実には彼は、その両方であった。彼は弟子たちと彼の意見に同感する人々の間では、尊敬と熱意と愛情を引き起し、弟子でもなく同感もしない人々の間では、ぎこちない敬意と当惑混じりの嫌悪を引き起した。彼は潜在的な反ユダヤ主義に出会うと、それをかき立てて炎に燃え上らせた。ロンドンの有名クラブの会員たち(彼は純情にも、彼らにつきまとった)は、彼を嫌悪していた。彼にいじめられた大学人や公務員は、彼を毛嫌いし、彼の悪口を言った。学者は彼を非凡な力量の人と見て、深い敬意、時にはいささか神経質なまでの敬意でもって遇した。

私は、彼と同席している時には――彼がもっとも重苦しい気分でいた時にも――、一度も退屈を経験したことはなかった。彼が論じているすべての問題は、ともかくも彼がそれについて話している間は、私には面白く、また重要であるように思えた。調子のよい時には、彼は見事に話した。彼は他の学者、むしろ大抵の他の人間にたいしては絶対的で、しばしばまったく抑制のない軽蔑でもって話した。全体として彼の毒舌を免れた生存中の人としては、ウィンストン・チャーチル、ワイツマン、バルフォアの姪のブランチ・ダグデールがあるだけであった。チャーチルは間違いを犯すはずがなかった。ワイツマンのいるところでは、ネーミエは純朴で子供のようになり、敬意に溢れて、崇拝に近いばかりに無批判的であった。ダグデールのいるところでは彼は別人のように変ったといわれているが、彼と彼女が一緒にいるところを私は見たことがない。また、権利証書や家族文書の調査のために彼が訪れた地方の大邸宅で、彼がどのように感じ、また何を言ったかについても私は知らない。そのような大邸宅に滞在するのを彼が喜んだことは、終生彼につきまとっていたロマン主義的イギリス好きの現れであった。彼にとってイギリスの貴族制は、天国の光を浴びていた。このような明るい見方を説明するには、彼の歴史にたいする関心というだけでは明らかに不充分であろう。おそらくは、むしろその反対であったのかもしれない。イギリス国会議員の多くが強力で才能のあるウィッグ貴族に属していた(あるいはそれと親密な関係にあった)時代の個々の議員の歴史にたいする彼の関心は、彼らの生活様式を彼が理想化したことによるものであった。彼は時として、貴族にたいしてへつらっているとして非難された。それにはたしかな根拠があった。しかしネーミエの貴族崇拝はプルースト的な性質のものであった。貴族、貴族制の構成員、金持ちで誇り高く、冷静沈着で独立心が強く、風変りと思われるまでに自由を愛す——このようなイギリス人は、彼にとっては芸術的作品であった。彼はそれを、献身的でむしろ熱狂的な細心さと鑑識眼でもって研究した。彼は、オスカー・ワイルド、さらにはヘンリー・ジェームズのようにこの世界に心を奪われたりはしなかった。彼は局外者にとどまることに満足していた。彼は、自分の見たイギリス人の国民性、その強さと欠点を讃美し、終生この人類の中の一つの種族に情熱的に耽溺した。そしてそれを分析することに、さらには——避けがたいことであるが——賞讃することに、彼の生涯を捧げたのである。その心理的理由を理解するには、フロイトが彼の役に立たなかったのは確実である。彼は、マルクスがプロレタリアートを研究したように、イギリス支配階級の生活について細々としたことまで逐一研究した。つまりそれ自身を目的とするのでなく、また魅惑的な観察の対象としてでもなく、一つの社会的構成体として研究したのである。二人の場合、それぞれに局外者としての有利な観察地点からその研究を行った。この事実については、二人はいずれも敢て強調したり、あるいは否定したりしようとはしなかった。

彼は自分の出生について、執念を感じていた。隷従することにたいする彼の病的な憎悪は、ガリシア地方のポーランド人とユダヤ人についての彼の記憶といくらか関係しているであろうが、それは時として猛烈な形で現れた。汽車の通路で私に出会うと、彼は藪から棒にこう言った。「ダービイ卿を訪ねて来たところだ。彼が私に言った。「ネーミエ、君はユダヤ人だ。何故われわれのイギリス史を書くのだ。何故ユダヤ人の歴史を書かないのか。」私は答えた。「ダービイ、近代ユダヤ史といったものはない。ユダヤの殉教者列伝があるだけだ。しかしそれでは私には面白くないのだ。」」彼はユダヤ人のことを「私と同人種の人々」と呼んで、この表現がユダヤ人、非ユダヤ人の双方を当惑させるのを明らかに楽しんでいた。ある日の午後のこと、オール・ソールズ・コレッジで――彼は談話室《コモン・ルーム》にお茶の客として来ていた――誰かが彼の前で、ドイツの植民地にたいする要求を擁護した。それは当時、大いに世間を騒がせていた話題であった。ネーミエは立ち上り、部屋を睨め廻し、客の一人――後で判ったことだが、間違ってドイツ人と思われていたのだ――にむかって伝説の蛇竜《バシリスク》のような眼を向けながら、大声で言った。「われわれユダヤ人と、その他の有色人種はそうは思わない。(3)」彼はこの驚天動地の言葉が与えた効果を、大いに満足しつつ味わっていた。彼は徹底したナショナリストであり、パレスチナのアラブ人にたいするあまり友好的でない彼の感情を匿そうともしなかった。パレスチナ・アラブ人についての彼の立場は、仲間のシオン主義者の多数の立場よりも一層非妥協的であった。イェルサレム大学の英語教師の地位の応募者に面接した時のことを、私はよく憶えている。ネーミエは、ノッティンガムあたりから来た小心な講師を、彼の意地悪そうな取って喰わんばかりの目付きで縮み上らせて、こう言った。「レヴィさん、貴方は銃を射てますか。」応募者は何かぶつぶつ呟いたものである。「この地位に就いたならば、射たねばならないことになるでしょう。わがアラブの従兄弟たちを射たねばならなくなるでしょう。貴方が射たなければ、彼らが貴方を射つでしょう。」阿っ気にとられた沈黙が続いた。「レヴィさん、私の質問に答えてくれますか。貴方には射てますか。」応募者のいく人かは辞退した。誰も採用はされなかった。

一九三〇年代が進み、西側の立場が次第に悪化していくにつれて、ネーミエは次第に陰鬱になり、そしてますます猛烈になっていった。彼は私をオール・ソールズに、そして後にはニュー・コレッジに訪ねて来て、戦争はもう不可避になったとよく言ったものであった。彼は、自分の生命をできるだけ高く売ることを提案した。また多数のナチをありとあらゆる悪魔的手段で絶滅するという想像の絵巻を描いてみせた。シオン主義はこの時期のイギリス外交政策の犠牲にされていたが、その立場は彼を一層陰鬱にさせた。彼の目から見ると、悪役は保守党指導者ではなく――彼らのいく人かは貴族社会の人々であり、そのためにある程度非難を免除されていた――むしろアラブ愛好的な「外務省でペンを使っている能無しども」、「植民省の偽善的な馬鹿者たち」であった。彼はアテネアム・クラブで彼らを――特に後者の植民省の役人たちを――待ち伏せした。それとは知らずにやってきた役人たちを喫煙室の一隅に追い込み、恐るべき説教を喰わしたものであった。犠牲者は、それをすぐに忘れたりはしなかったし、おそらくはすでにそれ以前から強かったシオン主義一般にたいする反感、特にネーミエにたいする反感を募らせることになったであろう。

当時、植民省事務次官であったサー・ジョン・シャックバラは、一再ならず気負い立ったネーミエの標的となった。私は、ネーミエが柔らかいがよく通る、そして情け容赦のない声でシャックバラに話しかけるのに、一度居合わせたことがある。シャックバラは、逃げようとしてあらゆる努力を試みたが無駄であった。ネーミエは彼を追って部屋の外に出て、階段で、そして街路でと追い続け――ヨーク公爵広場の石段へ、そしておそらくは植民省そのものの玄関まで追ったようである。彼は、彼の属している党派にとって知的には財産であり、政治的には負債であった。もっとも厳しい扱いを受けた彼の最後の犠牲者は、当の植民相マルコム・マクドナルドであった。一九三九年、チェムバレン政権のパレスチナ白書が出て、シオン主義の一切の希望を断ったかに見えたが、その頃、ネーミエがレジナルド・クープランドとともにオール・ソールズに昼食にやってきた。クープランドは、パレスチナについてのピール報告書――この苦悶に満ちた問題についてかつて書かれたものの中で、おそらくもっとも貴重な文書であった――の事実上の筆者であった。クープランドは、イギリス政府がパレスチナ・ユダヤ人にたいして恥ずべき裏切りを行ったと痛烈に非難し、チェムバレン、マクドナルド御両人の欠点を指摘した手紙を『タイムズ』紙に投書するつもりだと言った。ネーミエは、このような事例に対処する彼独特の方法があると言った。彼はロンドンのどこかでマルコム・マクドナルドに出会った。「私は彼に話しかけた。私は冗談から始めた。十八世紀には貴族は自分の教師を次官にしたが、二十世紀には次官が自分の教師を貴族にすると、私は言った。彼は判らなかったらしい。私はわざわざ説明したりはしなかった。(4)次に、彼にも判ることを言ってやった。私は彼に言った。「マルコム」――彼は今でも私にはマルコムなんだよ――私は彼をよく知っているのだ――「私は新しい本を書いている。」彼は言う、「何の本かね、ルイス」、私は答えた、「何の本か言ってあげよう。私はそれに「二人のマクドナルド――裏切りの研究」という題をつけた。」」ネーミエが本当にそういったのかどうか、私は知らない。けれども彼は自分で言ったと思い込んでいたし、彼に言う度胸があったことは確実であった。ここでも彼は、もっとも執念深くなった時のマルクスに似ていなくもなかった。そしてマルクスの侮辱と同様に、血を見るのを覚悟した侮辱であった。それでも彼は、自分が非常に多くの人々に恐れられ、嫌われているという事実を知って驚いたのである。

一九四一年に、私は戦時勤務で情報省に入り、ニューヨークへ渡ったが、そこでネーミエの若い頃について大いに明らかにしてくれた一人の男に会った。彼の名はマックス・ハマーリングで、彼の父は第一次大戦前にはネーミエの父、ヨセフ・ベルンシチャーインと提携して、ガリシア地方のレムベルクに近い領地を経営していた。子のハマーリングはイギリスの大義を熱烈に支持しており、イギリスが一国でヒットラーと戦っていたこの時に、私と接触して援助を申し出たのである。とりとめもなく会話を続けているうちに、彼は私に、ネーミエ教授という人を知っているかと尋ね、私が知っていると答えたのを聞いて、大いに驚いた。彼の言うには、以前は二人はよく会ったものだが、それ以後つながりが切れて、かつての父の提携者の息子に何が起ったのか、知りたいと思っていたのだ、とのことであった。息子のハマーリングが私に語ったところでは、父ハマーリングはアメリカに移住し、第一次大戦の数年前にニューヨークの外国語雑誌数誌の支配権を握った。そこへ一九一三年、若いネーミエがごく僅かばかりの――父から与えられた――金をもって、初めてニューヨークにやってきた。彼は、アメリカ独立戦争の研究をするつもりでやってきたのである。ヨセフ・ベルンシチャーインは自分のかつての提携者と話をつけ、ハマーリングはネーミエの書いた論説を自分の出版物の一部に翻訳し、特約記事として掲載するという契約を結んだ。ネーミエはこの記事を夜に書いて、昼間はニューヨーク公共図書館で勉強し、こうしてなんとか生命を繋ぎとめていた。マックス・ハマーリングによると、ネーミエはオーストリアーハンガリー二重帝国の存続をはなはだしく嫌っており、英仏協商(アンタント・コーディアール)を勢いよく擁護した。父のハマーリングには、ローマ・カトリック系の読者が多く、概して親オーストリア的で孤立主義のアメリカのローマ教会と仲違いしたいとはあまり願っていなかった。ネーミエの論説があまりに激烈に開戦を主張するようになると、彼は筆を和げるようにと言われた。しかし彼は、この暗示と要請を無視した。ことは衝突にまで進み、一九一四年の春には彼は首になった。生計をたてる手段らしいものがなかったネーミエがイギリスに戻り、ベリオール・コレッジの奨学金を得て、研究を続けることができるようになったのは、それからのことであった。ネーミエが私に語ったことだが、フランツ・フェルディナンド大公暗殺のニュースは、オール・ソールズでの夕食が終った頃、『タイムズ』紙の編集長ジェフリー・ドーソンのところにもたらされた。たまたまそこに居合わせたネーミエは、ドーソンと彼の友人に向って、今や戦争が間近いという意見を表明した。ドーソンはそうは思わないという意味のことを言って(一九三八年から九年にかけても、彼は同じような幻想のもとでもがいていた)、他の話題に移っていったという。

宣戦が布告されると、ネーミエはイギリス陸軍に志願した。明らかに彼は、完璧な兵士ではなかった。誰か利口な人が彼を陸軍から引き抜いて、外務省の歴史顧問サー・ジョン・ヘドラムーモーレイに配属のポーランド問題顧問として、外務省へ入れた。ネーミエは私に言う、「カール皇帝が講和を求めた一九一八年のあの日のことを、よく憶えている。私はヘドラムーモーレイに「待て」と言った。ヘドラムーモーレイはバルフォア外相に「待て」と言った、バルフォアはロイドージョージ首相に「待て」と言った。ロイドージョージはウィルソン大統領に「待て」と言った。そして彼らが待っている間に、オーストリアーハンガリー帝国は解体した(5)。私がこの手で、それをばらばらにしてしまったのだと言ってよいだろう。」

ネーミエは、ポーランド国民民主党が彼の暗殺を企んでいると思い込んでいたことを別とすれば、外務省での仕事を楽しんでいた。しかし外務省は、戦後になってもネーミエを幹部として引き留めておくという意向を示さなかった。彼が臨時に関係していた大蔵省もそうであった。おまけに、一時彼を臨時講師にしていたオックスフォード大学べリオール・コレッジまでがそうであった。ついでに言うと、オックスフォードの彼のもっとも献身的な弟子たちは、この時期から始っている。そこで彼は、イギリスを離れてウィーンへ行き二、三千ポンドの金を稼いだ。一九二〇年代の初め、彼はこのささやかな資本を携えてロンドンに帰って来た。そしてここで、彼の非凡な人格が全面的に示されるのである。他の人ならばやりそうなこと、つまりできるだけ出費を切り詰めながら、生計の道を探すなどといったことを、彼はやらなかった。彼は、自分には独創的で重要な本を書く使命があると自負しており、それを書くことを決意していた。彼はこのことを友人と同盟者に話した(そのうちのいく人かは、自由党帝国主義者のラウンド・テーブル派に関係しており、戦争中のネーミエは彼らの考えに同調していた)。彼らにむかって彼は、本を書くには金が必要だと言った。返済については何の約束もしなかった。金はただ学問への投資とだけ考えるべきだというのである。このような申込みを受けた人の一人、フィリップ・ケアーが私に語ったところでは(一九四〇年、ワシントンでのことであり、その時の彼はロジアン卿であり駐米イギリス大使であった)、ネーミエのことを性に合う男とは思わなかったが、彼のライオンのような人格に圧倒され、尋常でない知力のある人だと感じたという。彼と彼の友人たちが、ネーミエのために研究資金を手に入れた。少くとも一人の私人からも援助を受けた。このような恩顧を受けることについて、ネーミエは偽りの恥の意識をいささかも感じていなかった。あらゆる時代の中でもあの最善の時代、十八世紀の後半には、こんなことは至極当然のことであった。彼は、自分にはバーク、あるいは誰か他の過去の才能のある著述家の再来であると主張する立派な資格がある、金持ちと有力者はむしろ誇りに思って援助すべきであると、感じていた。そして彼は、彼の「パトロン」たちに魔法をかけてしまったのである。彼らは自分たちの気前のよさを決して後悔することはないと、彼はいつも思っていた。彼が書いた本は、彼が願っていた通りのことを実現した。それは、少くとも四半世紀にわたって、イギリスの歴史研究の水準(そしてある程度まで、歴史著述のスタイル)を一変させた。

この知的な負債を返却すると、一九二〇年代後半のネーミエは、情熱と猛烈さを挙げてシオン主義組織の政治活動に打ち込んだ。これは、彼の恐るべき才能——彼の論争の手腕、彼の歴史の感覚、彼の誇り、彼のナショナリズム、弱さと卑怯と嘘と卑しい動機を暴露しようとする彼の情熱——を全面的に発揮させることとなった。彼は、このような仕事から深い満足感を得た。その間、彼はあまり才能のない協力者を苛立たせ、彼らに屈辱感を味あわせ、いく人かのイギリス知識人には感銘を与え、その他の知識人は驚かせ、かつ怒らせ、外務省と植民省の多くの有力な役人を永遠に狼狽させ、激怒させた。第二次世界大戦が終り、彼が大抵のシオン主義者の同僚を軽蔑し萎縮させていたために、もし独立のユダヤ国家が誕生することがあるとしても、彼は決してその指南役の一人になることはあるまいということが明らかになると、彼はシオン主義の政治活動に背を向けた。しかし、彼の道徳的ないし政治的な確信は変ることはなかった。彼は歴史の研究に戻った。彼は——理由のないことではないが――、自分の母校《アルマ・マータ》で何かの地位に任命されることを希望し、またそれを予想していた。しかしこれは実現されはしなかった。歴史の講座(あるいは国際関係論の講座、これについても彼は指導的な専門家になっていた)が空席になる度に、避けがたいこととして彼の名が挙がり、そしてやがて消えていった。オックスフォードでのそのような任命に責任を有している人々は、他の教授選挙人グループが三つ、四つある講座のどれか一つ――ネーミエの傑出した業績からして、彼は最適任である――に彼を任命しないでおくのは、放置しがたい恥であると、よく言ったものであった。しかし彼らが選挙する番になると、選挙人ないし助言者たちは先の人々とまったく同じように行動するのであった。彼はいつも選ばれなかった。色々な理由が挙げられた。彼の専門領域はあまりに狭い、彼のシオン主義、あるいは戦前のイギリス外交政策にたいする彼の低い評価が端的に示しているように、彼は政治的に節度がない、彼は同僚にはあまりに傲慢、学生にはあまりに厳格であろう。彼はひどく退屈な男で、食事時のあれこれのコレッジの研究員にとっては耐えがたいであろうと、いうのである。彼の天才的な資質については、真面目な反論はなかった。しかしそれだけでは、充分に重味のある要因とは考えられなかったのである。彼は執念深い敵を作っていた。しかも、彼の鋭い判断力にもかかわらず、彼は世俗離れしており、人的な問題については不器用、無邪気で、子供のようであった。彼は簡単に欺された。お世辞を本心と取り違えた。誰が影で敵に廻って動いているかについては、全然見当がつかないでいることが多かった。彼には、策動や陰謀の能力がまるでなかった。彼はすべての成果を、純然たる彼の巨大な知的装備の重さによって達成したのである。彼は他人の動機の判断を誤り、味方と悪しかれと願っているものとの区別がよくつけられなかった。彼は罠にはまり、死ぬ時までこのことに気付かずにいた。彼は一人ならずの小物学者イアーゴウへの信頼を保ったオセロであった。オックスフォードの講座を得られなかったことは、同じ仕打ちを受けた他の人々と同じく、彼の心に深く喰い入った。第二次大戦が終って間もなく、彼がモードリン・コレッジでウェインフレート講義を行っていた時、彼は苦々しげに私に言った。「オックスフォードでは、どうして教授を選ぶか教えてあげよう。十八世紀には、コーラン・クラブという名のクラブがあった。会員資格は、東方を旅したことであった。ところが、クラブの会員にはしたいが東方の旅はしたことがない人が、いろいろいることが判った。そこで規則は、「東方を旅した」から「東方を旅したいという願望を表明する」に変った。これがオックスフォードの教授の選び方だ。」それから彼は付け足した。「この話は、あまり広く言いふらしてはいけない。」彼はマンチェスター大学で教え続けたが、最後にはロンドンに移って彼自身の流儀でイギリス議会史を書くという大きな企画を任されることになった――つまり議員全員の伝記を詳しく顕微鏡的に検討するという方法によって、議会史を書くという企画であった。イギリスでも外国でも、彼には名誉が雨のようにそそがれることになったが、しかしオックスフォードでの失望の埋め合わせにはならなかった。ベリオールは、彼を名誉研究員にした。大学からは二つの名誉博士号が彼に与えられた。彼は、ロマーネス講義を行った。騎士の称号と同様、これも彼を喜ばせたが、しかし古傷は依然残っており、彼を苦しませていた。

彼が二度目の結婚をしたのは、この時期のことであった(彼の最初の結婚は長くは続かなかった——彼の妻は回教徒だったと言われており、第二次大戦中に死んだ)。彼はイギリス国教会の信仰に改宗した。そして彼のジュリア・ド・ボウソーブルとの結婚が、彼にとって第一次大戦後に始った鋭い孤独と苦々しい人的な不幸——時折、誇りと喜びの瞬間によって和げられていたとはいえ——の時代を、遂に終らせたのである。彼がウィーン時代に会った著名なオーストリアの哲学者フリードリッヒ・ヴァイスマンが私に言ったことだが、彼は生涯のうちにネーミエほど知的な才能に恵まれ、鋭くかつ魅惑的な人、しかももっとも希望のない悲惨と孤独にあれほど深く投げ込まれている人に出会ったことがないという。

キリスト教に改宗したために、彼はワイツマンの友情を失うことになった。ワイツマンはこのような挙に出た理由を詮索しようともせず、彼以前の彼の祖先たちと同じように、この背教と考えられる行為にたいして——それにまともな動機などあるはずがない——本能的に反応した。もちろんこれは、ネーミエを深く傷つけた。しかし結婚が彼にとっての新しい生活を作り出しており、彼はそのようなことをもっと容易に耐えるようになっていた。彼はワイツマンの死後にイスラエル国家を訪れ、深い感動を受けたが、律法博士たちにたいしては依然として和解しようもなく反対しており、聖職者の専制支配を批判した。私がこのことで軽口を言うと、彼は厳しい顔で私に向ってこう言った。「君は、私ほどには律法博士たちのことを知らないのだ——彼らはどの国でも破滅させることができる。キリスト教の聖職者は無害である。聖職者に運命を握られているのは、イエズス会士に運命を握られているのとは違う。そして律法博士の支配も違うのだ。」この時期には、私はオックスフォードで度々彼の訪問を受けたものだ。彼は年齢とともに温和になった。彼は前よりも幸せであったが、それは家庭生活が晴れやかであり、また遂に充分な承認が彼に与えられたからであった。批判にたいしては前と同様に苦痛に感じた。彼の友人で弟子でもあったアラン・テーラーが『マンチェスター・ガーディアン』紙に、彼の評論集についてあまり敬意が充分でない書評を書くと、彼はマルクスと同様、これを批判者の側の力が衰えたことの現れと解した。

彼は、自分の僅かばかりの私的な関係にいわば大きく投資しており、そのため関係の破綻は彼にとって特に苦痛であった。彼とテーラーの関係は、オックスフォードの王立歴史学講座教授H・V・ガルブレイスの後継者を選ぶに当ってネーミエが一役果したとテーラーが考えたために、もっぱらその結果として一層悪くなった。つまりテーラーが後任に任命されなかったのである。彼は、ネーミエがする気があればできたのに、彼を充分に支持しなかったのだと非難し、関係を断ってしまった。ネーミエは本当にテーラーを好いており、他の大抵の人々よりも好いていた。彼が私に言ったことだが、彼のもっとも幸せな時間はテーラーの家で過したものだという。しかし、人間関係には注意深くなくてはならない——これまでよりも注意深くなくてはならない。テーラーの才能はきわめて非凡ではあるが、いわゆる大衆ジャーナリズムにのめり込んだのはがっかりである。そして彼は私に言った。「もし私が君の感情を傷つけたとすれば、私はそれについても謝る。私はいつもあまり注意深くないのだ。」これは、ある過去の事実について遠廻しに触れたもので、心のこもった見事な触れ方である。その事実とはこうであった。私がある抽象的な話題についての講義の抜刷りを彼に送ったが、それにたいして彼は次のような言葉の受取りの挨拶をよこした。「自分が何を書いているかを理解しているとすれば、君はたしかに非常に利口な人に違いない。」これは歴史哲学についての彼独特の嘲りであった――歴史哲学が私の講義の話題であったが、彼はその話題をいんちきと信じていたのだ。私は彼の手紙を喜んだ。普通の人ならばそれを無礼だとは思わないであろうし、ましてネーミエを知っており、彼の偏見と馬鹿馬鹿しい点に喜びを感じるものは、一層無礼とは思わないであろう。その手紙を受け取った日に、二人の共通の友人であるE・H・カーが私を訪ねて来たので、私は大いに楽しみながらネーミエの手紙をカーに読んで聞かせた。それから間もなく、このネーミエの批評が『デイリー・エクスプレス』紙のゴシップ欄に現れたのである。ネーミエは慌てて、直ちに私に宛てて、もちろん自分には私と私の講義の話題を侮辱するつもりはなかったことを釈明する手紙を書いた。私は諒解しているという返事を書いたが、彼は納得しなかった。彼はカーに疑いをかけた。まったく根拠のない疑いで、カーはこのこと――つまり先の嘲笑の言葉を『デイリー・エクスプレス』紙に伝えていないと、きっぱりと言っていたのである。もちろん真面目なジャーナリズムは別であった。テーラー、カーのような真面目で博学で才能のある人々、イギリス学士院会員が、つまり歴史研究に大いに貢献することを使命としている人々が、いかに面白くて情報に通じているからといって学問の敵である低級ジャーナリズムと交際し、彼らの職業の威厳、さらには学問生活の威厳をそこなっている。このようなことが、一体どうしてできるのか。しかもあのように公然たる形で。バターフィールドほど間違っているものはまたとないが、少くとも彼はこのようなことには手を出さない。ネーミエの嫌疑にはしばしば(この事件の場合のように)根も葉もなかった。しかし彼はそれにしがみついた。私が弁明しても、彼には聴く耳がなかった。彼が生涯の大半を通じて抱き続けてきた理想化された姿——学者について、そしておそらくはイギリス人についての理想化された姿は、いくらか損われた。そしてこのことは、人的な攻撃を受けることよりも一層苦痛だったのである。

彼はよく学問の威厳について語った。学問の純粋さを保ち、それを三つの大敵——素人主義《アマターリズム》、ジャーナリズムへの売節、理論への妄執から守らねばならぬというのである。彼は、彼独特の警句の一つで言っている。「素人とは、自分の主題よりも自分自身のことを考える人である。」そして彼は、自分の才能をひけらかしたいと思っているのではないかという嫌疑をかけている若い同僚の名を挙げた。彼は、あらゆる分野での職業主義《プロフェショナリズム》を情熱的に信奉していた。彼は美文を非難し、一般の読者か学界の読者かを問わず、およそ読者を驚かせたり、ショックを与えたりしようとするのを、さらに強く非難した。彼自身がジョージ三世の人柄と歴史的影響力を再評価しようとしたのは、ウィッグ派を出し抜き、ウィッグ的価値とその英雄たちを攻撃しようとする意図に出たものであるとして彼を非難した人々については、憤激をこめて反撃した。彼は荘重に、深い誠意をこめて私に言ったものである。彼の唯一つの目的は、事実を再構成し、充分に試された厳格に経験的な方法によってそれを説明することにあった。彼が十八世紀の政党のレッテルと政治的理想の表明に信頼をおかない唯一つの理由は、そのような党のレッテル、理想の表明は真実を隠している、時には当の当事者からも真実を隠しているという彼の確信にあったというのである。この彼の確信は、反駁しがたい記録文書やその他の証拠にもとづいていた。またこのような現実の暴露の一つ一つの基礎になっている彼自身の心理学上の信条は、彼には歴史の証拠――政治家とその代理人、血縁者の間の現実の関係――によって再三再四、確証されているように思われた。この歴史の証拠については、一つの説明、ただ一つの真実の説明しかありえないように思われた。この点で彼が誤っていたかどうかはともかく、彼は自分が理論ではなく、事実によって、そして事実によってのみ導かれていると深く信じていた。事実とは何であるのか、証拠は何によって構成されるのかという問題については、これは哲学の問題であり、彼は彼の抽象嫌い、反哲学的本性の全力をあげてその問題を避けようとした。

ジャーナリズム――人の度胆を抜き《エパテー》、人を楽しませ、頭の良さを見せたいという願望は、学問の人にとっては無責任に他ならない。「無責任」は、彼の単語集の中のもっとも激しい侮蔑のこもった言葉であった。歴史家、学者一般の道徳的義務についての彼の信念は、その厳しさ、真剣さにかけてはカント的であった。理論にたいする妄執については、彼にはこれまた犯罪的な放縦の一形態であるように思われた。「事実」によって構成されている時として複雑で錯綜した経験的な道を、それがどこへ連なろうと綿密に辿るという歴史家の義務を恣いままに逃れ、歴史家がでっち上げた対称的な型に走って、自らの形而上的ないし道徳的傾向に満足することだというのである。他方でそれは、歴史家に「何が本当に起ったのか wie es eigentlich gewesen」をありのままに見ることができなくしてしまう半ば病理的な知的妄想であった。こうしてネーミエは、歴史哲学者を嫌い、彼らをだしにして皮肉を弄した。また物質的な要因を強調して、観念的な要因に信をおかなかった。これは、自ら非常に多くの思想、むしろ偏見に支配されていた人にしては奇妙なことであった。しかし、奇妙ではあるが事実であった。彼を支配していた偏見には、ナショナリズムと国民性、伝統の「根《ルート》」、土地《ラ・テール》と死《レ・モール》にたいする愛着、知識人と理論家にたいする不信、人格と行動を理解する鍵としての個人心理学、さらには筆跡学にたいする信頼などがあった。

彼の本質的にしぼませる傾向を次のように分類しても、決して無茶ではないであろう。それは、歴史家の一般的命題と印象主義的認識をともに固い散弾のような「事実」に還元し、すべてのものを具体的な事実問題に変えていこうとする傾向と言ってよいであろう。それは、彼の時代と環境の支配的な知的傾向であったと考えてよいであろう。結局のところ、それはウィーンであった。そこでエルンスト・マッハは、「思考の経済」という原理を発表し、物理現象を一連の確認可能で、ほとんど個々的に取り上げることができる知覚に還元しようと試みた。フロイトは精神現象について、「物質的」な、経験的に検証可能な原理を探し求めた。ウィーン派の哲学者は、曖昧さ、超越主義、神学、形而上学と戦う武器として証明原理を成立させた。建築におけるバウハウス派の明確で合理的な線は、アドルフ・ロースと彼の弟子の思想に起源を発していた。ウィーンは、新しい反形而上学的、反印象主義的な実証主義の中心であった。彼がこのことを知っていたかどうかはともかく

――このような知的な範疇化にたいしては、彼は誰よりも激しく抗議したに違いない――、これがネーミエが出現してきた世界であった。そのもっとも独創的な思想家たちは、ドイツの形而上学に激しく反撥し、イギリス経験論に共感した。哲学においては、彼らはイギリスの思想と豊かな共棲関係を作り出したことで知られている。ネーミエは、まさしくこの方法を歴史学に適用した点でもっとも勇敢でもっとも革命的な先駆者の一人であった。その方法は――特に彼の弟子たちの研究においては――、あまりに行き過ぎた、「歴史から精神を取り去った」として批判されている。しかしこの種の批判は、歴史学だけでなく、それに対応する哲学、芸術、建築、心理学の学派にたいしても同様にさし向けられていたのである。その批判が正しいかどうかはともかくとして、それにたいするもっとも鋭い批判者にしても、新しい方法がもたらした初期の衝撃の価値と重要性を否定することはできないであろう。それは窓を開き、空気を入れ、新しい地平線を明らかにして、人々がこれまで見なかったものを見させることになった。ネーミエは、この偉大な建設と破壊の運動における主要人物であった。

ネーミエのもっとも顕著な人的特徴は、いささかもゆるむことのない活発な知性の力、独立性、恐れを知らぬこと、そして彼が自ら選んだ方法にたいするひたむきな献身であった。この方法は豊かな成果を挙げたが、それが折衷主義者や俗物に極端で熱狂的と思われたからといって、彼はいささかもそれを修正しようとはしなかった。マルクスやダーウィンやフロイトと同様、彼は厳しく折衷主義に反対した。また彼は、極端という非難を避け、穏健な感覚の人々を喜ばせるというだけの理由で、自分から抑制したり、留保を設けたりできるとは、信じていなかった。むしろ何らかの形で批判者を喜ばせること、ましてや彼らに迎合することは、彼の気質にはないことであった。彼は、客観的真理は発見できる、歴史においてそうする方法を自分は発見したと、信じていた。この方法は、いわば絵画における点描主義《ポアンティイリスム》であった。それは「顕微鏡的方法」であり、社会的事実を詳細な個々人の生活——原子的な実体にまで分割する、その個々人の生涯は正確に実証できるとするものであった。このような原子は、次いでより大きな全体に統合していくことができるであろう。これは歴史学において到達可能なもっとも科学的な方法であった。そして彼は、いかなる犠牲を払おうとも、また一切の批判にもかかわらず内在的な基準によってその不充分さを確信させられるまでは、つまりそれが研究によって実証された結果を生み出していないという理由によらないかぎりは、この方法を信奉し続けようとした。この心理的デカルト主義は、ありとあらゆる印象主義とディレッタンティズムにたいして戦う彼の武器であった。カントは、自然は特定の質問をさし向けられてはじめて、つまり拷問にかけられてはじめてその秘密をあかすと言った。質問は、それにたいして回答できるように定式化しなければならないというのである。ネーミエは歴史についてこれを信じた。質問は回答しうる形で組みたてられねばならない。

彼は、実証主義と反ロマン主義、ことをしぼませる時代の子であった。彼の生れながらの深いロマン主義は、他の——つまり政治の——方向に出現した。彼は献身的な歴史家であったから、自分を意識的に原子的な素材に限定した。たしかに彼は材料を細かく分け、小さな断片に還元し、次いで時代の他のどの歴史家にもまして大きな、想像力による一般化を行う見事な力量によって、その断片を再び統合した。彼は歴史を物語る歴史家ではなかった。そして思想の重要性と影響力を過小に評価した。彼は個人の偉大さを賞讃し、平等と凡庸さと愚かさを軽蔑した。彼は、政治的自由と個人的自由を崇拝した。経済的事実にたいする彼の態度は、よくて曖昧といったところであった。理論的な評論で歴史の決定論について何を言っていようと、彼は歴史記述においては非常に中途半端な決定論者であった。彼にたいしては、物質主義、過度の決定論などという批判が向けられたが、むしろそれは、彼の方法を彼の才分なくして用いて、衒学趣味と臆病に走っている歴史家にもっとよく当てはまるであろう。彼自身は、大胆に建設的で、直観的で、他からの拘束を受けつけなかった。彼は大規模に考えた。彼は細心に個々の木を検討し、それを描写していったが、だからといって森を見る目には曇りがなかった。むしろ森を見るがために、大きな資料の蓄積と微細な分析とが行われたのであった。ともかくも彼の最良の時代の著作においては、終着点は決して見失われることがなかった。読者は、細かい事実で混乱させられなかった。何事も捨てられないような貪欲な事実の収集家、些末なことと重要なこととの区別のつけられない熱狂的な好事家のほしいままにされているとは、決して感じることはなかった。おそらく彼の生涯の終りには、個々の樹木、さらには叢でさえもが彼の森を見る目を曇らせ始めていたようである。彼はマルクスをあまり尊敬していなかったが、現実に彼の方法からは大きな影響を受けていた。そして彼の最良の時にあっては、マルクスにならってこう言ったことであろう、「ともかく私だけは、ネーミエ主義者ではない Surtout, je ne suis pas namieriste」と。

（1）「私はいつも、試験委員として私よりもクラットウェルを好んだグラント・ロバートソンにいくらかの恨みを抱いていた」、ネーミエは、一九三〇年代の後期に私にこう言った。「しかし、彼がドイツからのユダア人難民のためにしたことを思う時には――私は彼を許す。」

（2）彼はこの言葉を、大いに楽しみながらドイツ語で引用した。"was ein Jud' vom andern Juden ab-schreibt."

（3）"Wir Juden und die andere Farbigen denken anders."

（4）何のことを言っているのか平均的な教育を言けたイギリス人（あるいはスコットランド人）に判ると思うのは、ネーミエ位のものであろう。彼は、哲学者ロックが彼のかつての弟子シャフツベリー卿から次官に任命され、そしてオックスフォードのクイーンズ・コレッジでのマルコム・マクドナルドの教師ゴッドフリイ・エルトンが最近になって貴族に昇格されたという事実を指していたのである。

（5）ネーミエはこの「解体」という言葉を非常にゆっくり、音節ごとに発音し、この話の劇的クライマックスを高めた。

［河合秀和訳］

J・L・オースティンと初期のオックスフォード哲学

　後に「オックスフォード哲学」と呼ばれるようになった哲学上の傾向がある。その起源はもっぱら、一九三六年から七年にかけての何時の頃かに始った若いオックスフォードの哲学者の小さなグループ——最年長のもので二七歳であった——の毎週の討論会にあった。この討論会は、J・L・オースティンの提案したものであった。彼は、戦争のために終りになってしまうまで、このグループの指導的な精神であり続けた。オースティンは、一九三三年の秋、オックスフォード大学オール・ソールズ・コレッジの研究員《フェロー》に選出された。そのころは、まだ哲学者としての道を選ぶことについては充分に決心がついていなかった。オックスフォードで教えられている哲学は青年にとって優れた訓練になると、彼はよく言っていたものだが、この点については確信していた。彼らを合理的——当時の彼の最高の賞讃の言葉であった——にするには、それ以上によい方法はない、それというのも、それは青年たちの中に批判的態度、いやむしろ懐疑的態度を発展させるからだというのである。彼の意見では、このような態度こそ彼のいわゆる「低能であること」にたいする唯一の解毒剤であった。後に彼は、この見解を改めることになるであろう。彼の見解では、彼が自ら教える哲学をもってしても、もっとも才能のある学生たちの中に根づいている伝統的な敬虔さ、素朴な信仰にたいしては刃が立たなかった。彼のあらゆる努力によっても、学生たちの通俗的な意見は掘り崩せなかった。それどころか、彼らの多数は依然として度しがたいまでにまっとうで、退屈なまでに有徳であった。彼は、自分には教師としての異例なまでの能力があると自任していた。しかし同時に、何かもっと具体的で実際的なこと、つまり生涯の終りに誇りに思えるような仕事をやりたいという強い願望を抱いていた。技師や建築家になる勉強をしないで、古典に時間を使い過ぎたことを後悔していると、私によく話したものである。しかし、今となってはもう遅い。彼は諦めて、理論家であり続けることにしていた。彼は正確で事実的な情報、厳格な分析、検証可能な結論への情熱を持ち、物事を寄せ集めたり逆にばらばらにする能力に恵まれていた。そして漠然としていること、曖昧さ、抽象、比喩や修辞《レトリック》や専門用語や形而上的夢想に逃避することによって問題を回避するのを嫌っていた。彼は当初から、普通の散文に還元できるものはすべて還元してしまおうと決意していた。彼は実務的な専門家を尊敬していたが、現実には彼自身が純粋に哲学的な問題に没頭しており、初めてオール・ソールズにやって来た時には、それ以外のことはほとんど何も考えていないように見えた。彼がもっとも尊敬した現存の二人の哲学者は、ラッセルとプリチャードであった。ラッセルについては、独創の天分、精神の独立性、説明する力の故に尊敬し、プリチャードについては、当時のオックスフォードで見つけられる限りでもっとも厳格で、些細な点に目を配る思想家と思ったがために尊敬していた。オースティンは、プリチャードの前提も結論も認めはしなかったが彼の議論のひたむきさと緊張ぶり、そしてプリチャードが古今の哲学の曖昧さ、一貫性の欠如を否定する猛烈さ、そのためには偉大な名前にたいする敬意を欠いていたことに感服した。私の思うに、彼自身の単語の「実践的機能 performative function」理論は、例えばプリチャードの約束の論理的性質についての苦痛に満ちた自問自答に大いに負っているようである。「私があれこれのことに「同意する」と言うと、私はそれによって前には存在していなかった権利を創出していると、人々は言う。」プリチャードは続けて言うであろう。「権利を創出するだって。これは何を意味しているのか。私が知っているわけがあるものか。」プリチャードのこの議論、あるいは道徳的義務の性質についての議論を、オースティンは軽視したりまずい定式化と思ったりはしなかった。そして一九三三年から三五年にかけて(私にむかって)それについて大いに語ったものである。

われわれの会話は、普通、朝食の後、オール・ソールズの喫煙室で始った。私が学生に教えねばならない時には、私は午前一一時に彼のもとを去ったが、それ以外の午前中には、よく昼食の時まで話していたように憶えている。当時の彼には一定の哲学上の立場がなく、また人に伝えるべき理論もなかった。たんに日々の時事的な話題、著作家や講演者が述べた何かの命題を取り上げ、高度の手腕と知的集中力でもってそれをますます小さい断片に切り刻んでいったものである。このような手腕と集中力には、私がその後G・E・ムアの講義を聞くまで、他の誰においても出会ったことがなかった。三〇年代のオックスフォードでもっとも尊敬されていた哲学者は、ヘンリー・プライスであったことを述べておかねばならない。彼の明晰で巧妙で見事なまでに優雅な講義は聴衆を魅惑し、この時期のオックスフォードの哲学的関心の中心に知覚の問題をすえる上での大きな原因となった。若い哲学者にかんするかぎり、それに対抗する影響力としては、哲学は宇宙についての知識の根源であるという伝統的な哲学観全体にたいする叛乱の高まりがあった。それはA・J・エイヤーに率いられており、彼のヴィトゲンシュタインの『トラクタツス』についての論文——一九三二年の春に口頭で発表されたと思う——は、実証主義大戦争の開戦を告げる最初の一発であった。彼の『言語、真理、論理』はまだ刊行されていなかった。またライルの意見も、論文「体系的に誤解に導く諸表現」以上のものは——ともかくも公然とは——提出されていなかった。にもかかわらず、実証主義の攻勢——それは特に当時『マインド』誌に連載されていたジョン・ウィズダムの初期の論文という形式で行われていた——は、若い哲学者には啓示と昂奮の源となり、長老連にとってはかなりのスキャンダルの源となった。プライスはいくつかの点でオックスフォード実在論者《レアリスト》であったが、この時期には彼だけが新しい運動と理論に共感を示しており、その運動の参加者からはいわば敵陣営にいる同盟者と見なされていた。

運動は急速に成長した。それは『マインド』誌の紙上に侵略し、それ自身の雑誌『アナリシス』を持つようになった。これはプリチャード、ジョゼフ、ジョアキムなど年長のオックスフォード哲学者の中でももっとも影響力のある人々にとっては、深甚の困惑の種、いやむしろ絶望の種となった。ジョアキムは、穏健な大陸的観念論《アイディアリズム》の最後の、そしてもっとも良心的で洗練された代表者の一人であり、アリストテレス、スピノザ、カント、ヘーゲル、ブラッドレーの棲息する世界に住んでいたが、彼は新しい運動の波を一つの脱線、粗雑な野蛮性と非合理性への一時的な後退であるとして無視した。このような見解は別の形で、しかしもっと情熱的に、コリングウッドとミュアによっても表明されていた。もっともコリングウッド自身は、エイヤーのことをジョゼフ、プリチャード、そしてこの二人の弟子たちよりもはるかに有能で、したがってはるかに危険な敵手であると考えていた。プリチャードについて言うと、彼はことはとっくの昔に暴露された虚偽が再現したにすぎない、それは彼が若いころに実在論哲学に反対した偉大な詭弁論者《ソフィスト》——ブラッドレーとボーザンケト——よりもはるかに粗雑な思考の秩序に属していたものと見て、明白に軽蔑を感じ、何の関心も感じていなかった。しかし彼は、彼のいわゆる「心配しつくすことによって解決する」という彼の努力を続けることにまったく専念しており、しかも彼を苦しめている問題——認識論においてはクック・ウィルソン、倫理学においてはカントとプロテスタント的伝統に由来する諸問題——にたいする答を充分に定式化しえないでいることを痛切に自覚しており、そのため若輩たちの混乱と誤りに対処する暇がなかった。彼は、これら若輩たちは大抵が時間を浪費しているにすぎぬと考え、その中の誰についてもあまり興味を感じなかった。

もっとも深く悩んだのは、おそらくジョゼフであろう。彼は真の伝統なるものについて非常に鋭い感覚を有しており、その伝統——彼はそれを自ら深く尊敬する師クック・ウィルソンの手から継承した——を守ることを自分の義務と感じていた。ウィルソンの名と名声は——それがそもそも生き延びているとすれば——、彼の弟子たちのあらゆる努力にもかかわらず今だにオックスフォードだけに限られている。プラトン、アリストテレス、ある程度までは合理主義者たち、そしていうまでもなくクック・ウィルソン――ジョゼフは、生涯の終りの日までこれらの人々を擁護した。この種の実在論的形而上学にとってのもっとも恐るべき敵は、もはや観念論者たちではなかった。ジョゼフは、観念論者の時代は終ったとする点では弟子のプリチャードの意見に同意していた。むしろその真の敵は経験論者、懐疑論者たちであった。彼らはあらゆる虚偽の父であるヒュームに率いられ、後にはミル、ウィリアム・ジェームズ、ラッセル、その他知的、道徳的に破壊的な研究者たちが続いている。彼らの理論に反駁し、それを根絶することを、ジョゼフは自らの義務と心得ていた。彼は終生、哲学の庭園の雑草を抜くという大事業に携っていた。そして、古来の真理を復興するという彼が召命を受けた大事業は、少くとも英語世界においては遂に達成されつつあると思った時もあったに違いないと、私は信じている。しかし一九二〇年代が過ぎ、三〇年代が始ると、彼は青々とした雑草が再び芽生えつつあるのを戦慄しながら目撃することになった。雑草は他ならぬオックスフォードにも少なからず生えたが、それはもっぱらケンブリッジから飛んできた種子から芽生えたものであった。この図々しい虚偽は、ラムゼイとブレイスウェイト、エイヤーとその同盟者によって宣伝され、合衆国のプラグマティストたちによって教唆されている。これら古来の異端の説が再び拡がり、明らかに若者たちに影響を与えている。その見掛け倒しの浅薄さを繰り返し巻き返し暴露してきたクック・ウィルソンの忠実なる弟子たちの努力は、まったく無駄に終ったかのようであった。ニュー・コレッジの庭で行われた彼の最後の講義は、ラッセルとその一統にたいする猛烈な襲撃であった。彼は知的絶望のうちに死んだのではないかと、私は思っている。真理は虚偽の海に溺れつつあり、この災厄については、彼は自分にむかってもまるで説明できなかった。

オースティンは、彼自身この危険な経験主義者の一人であった。もっともこの段階の彼は、まだ戦闘的な対話者ではなかった。また彼の経験主義は、何か特定の伝統にたいする忠誠心によって拘束されていなかった。彼は教義の人でなかった。哲学上の綱領を抱いてもいなかった。何か既成の理論を打倒して、他の理論を代りに樹立したいとも願っていなかった。彼は、問題が現れてくる毎に一つ一つ対処し、体系的な再解釈をしようとはしなかった。そのような努力が行われたとすれば（もちろん彼も、一貫した哲学的方法論を発展させようとした）、それはもっと後のことであった。何らかの体系的な見解に発したり、あるいは明らかにそれを支持することを意図して彼が発言したのを、この時期、つまり大戦開始以前には、私は一度も聞いたことがないと思う。モードリン・コレッジの彼の学生たちが私に賛成するかどうかは判らないが、当時の彼は特に意識的な革命的意図を持たずにオックスフォードの通常のカリキュラムの話題について教えていたと思う。しかし、もちろん彼は非常に明晰で、鋭く独創的な知性の持主で、話す時には彼と彼の批判ないし解説の対象との間には何物も介在していないように見えた。つまり蓄積されてきた伝統的な注釈や特定の理論から与えられた眼鏡も介在していなかった。そのため彼は、問題がはじめて明確に提出されたという感じをよく生むことになった。それまで漠然としていたり、詰らなかったり、本の中のありきたりの定式遊びとしか思えなかったものが、突如として洗い去られ、問題が明確で重要で、まだ答を与えられていないものとしてくっきりと浮き彫りにされてくる。それを分析するのに用いられた方法は外科的な歯切れの良さを持ち、魅惑的なまでの自信を示しながら、見たところ何の努力もなしに見事に駆使された。

ともかくこの時期の彼は、誰かが彼に言ったことを理解すると、いつもその相手の用語法で答えた。私的には彼は、修辞的なトリックめいたものはまったく使わず、対話者の言うことの中から真実、あるいは興味あるものとそうでないもの——イデオロギー的な台詞、神経質であるために生じた混乱など——とを区別する非凡な力を示した。公開の場ではそうでなかった。反対意見に出会うと彼は戦闘的になり、教室や学会の会合では、明白に勝利を収めたいと願っていた。しかし私自身の経験したかぎりでは、私的な会話——ともかくも彼が気楽に感じ、脅威を受けているとは思っていない人々の前では、そうではなかった。私は、彼が気質的に独断的でなかったといおうとしているのではない。彼は独断的であった。しかし彼は、忍耐強く鄭重に議論し、相手を説得できなければ、新しい想像豊かな例とその場で作った議論でもって何度も何度も同じ話題に立ち帰った。それが説得に成功したかどうかはともかく、知的に快活な雰囲気を生み出した。この時期を通じて、彼は教育の手段としては別としても、哲学の価値についてまだ懐疑的であった。しかし彼は、それと絶縁することはできなかった。一九三〇年代にわれわれが出会うと、彼はいつもその機会を捉えて哲学上の疑問を提出し、相手に堅固で充分に議論された命題を与えるというよりも、その行く手に哲学上の疑問符を巻き散らすという結果を残した。彼に耳を傾けるものは、それによって公認の意見という安らかなベッドに憩うことを妨げられたのである。私は、戦後の彼はもっと権威主義的であったと思う。そしてともかくも公開の席では、全戦争計画を完全に考え抜き、考えうるあらゆる反駁にたいして防備万全と感じなければ、自分の駒を動かさなかった。彼にたいする批判の一つは――私は当っていると思う――、彼は反対の議論が成功する危険性がいささかでもあれば、それに直面するよりもむしろ前進を拒否するということであった。たとえそうではあっても、これは私的には大したことではなかった(私は私自身のことしか語っていない)。一九三〇年代には、彼の誇り、彼自身の立場についての自覚はまだそれ程明瞭に現れていなかった。また無知なもの、誤てるものを自らの教義と方法に改宗するのを自らの使命と考え、哲学とはその教義と方法の体系であるとは理解していなかった。彼の哲学上の活動が真理普及のための意識的に計画された作戦となるのは、もっと後の時期になってからのことであった。

エイヤーの『言語、真理、論理』が一九三六年に刊行された時、オースティンはそれに大きな敬意を現わし、次いでわれわれの午後の散歩の途上、それを各頁ごとに、各文章ごとに批判し始めた。しかしそれで点を稼ごうとはしていなかった(私の憶えているかぎり、彼は第一章より先にはあまり進まなかった)。彼の後年の論争における猛烈さが、まだあまり現れていなかったのは確実である。ともかく彼の同年輩の人々の著作――われわれを養っていた『マインド』誌や『アナリシス』誌上の論文――についてはそうであった。一九三六年、彼がモードリンに移ってから一年ばかりして、ある日の夜、彼はオール・ソールズの私の部屋に来て、私に何を読んでいるのかと訊ねた。ソ連の哲学について読んだか、何か読む価値のあるものはあるかというのである。彼は観光客としてソ連を訪問し、その経験から感銘を受けていた。彼はソ連で見た灰色の非人格的に見える男女の質素さ、厳しさ、献身ぶりに魅力を感じ、ナショナリズムの成長(彼はそれに賛成しなかった)と、例えばマルクスやレーニンなど巨大な不利に抗して働いた偉人にたいする尊敬の高まり(彼はこの点では共通であった)を見て取っていた。共産主義の創始者にたいする彼の尊敬は、短命に終ったと私は思う。後年の彼が好んだ知的美徳の実例は、ダーウィンとフロイトであった。特にこの二人の意見に感服したというのではない。人は、一旦自分の仮説は追求していくだけの価値があるということを確信すれば、その帰結が何であれ、それを論理の終点まで追求し、風変りとか熱狂的とか思われないかと心配してその追求をやめてはならないと信じていたからである。その論理的帰結が実は成り立たないものであれば、それを撤回したり、否定しがたい証拠に照らして修正することができるであろう。しかし、ある仮説をその論理的帰結まで完全に探求しなければ、真理は臆病なまっとうさのために永遠に打ち破られてしまうであろう。不満の呟き、警告、批判などに抗して自らの選んだ道を真直ぐに追求する恐れを知らぬ思想家こそが、適切な敬意と模倣の対象であると、彼は言った。臆病よりは熱狂の方が、退屈な良き感覚よりは想像力の方が、好ましいというのである。

ソ連の思想についてはどうか。ラルフ・フォックス——オースティンが読んで読む価値があると思った唯一人のイギリスのマルクス主義者である——以後は、私が本当に彼に奨めることができる現代共産主義哲学者の作品は、何も読んだことがないというのが、私の答であった。しかし私は、一年か二年前に、C・I・ルイスの『精神と世界秩序』という面白い哲学の本を読んだことがあった。ルイスはハーヴァード大学の教授で、私はそれ以前に彼の名前を聞いたことがなかった。私の同僚と私自身がアメリカの哲学についてそれ程までに知らなかったということは、オックスフォードの(そして当時の他のイギリスの大学の)哲学上の孤立ぶり、自己中心性を大いに物語っている。それはともかく、私はブラックウェル書店の机の上で、まったく偶然にこの本に出会い、開いて見て、面白そうだと思った。私はそれを買って読んだ。そして、カント的範疇のプラグマティズムによる転換は独創的で稔りが大きいと思った。私はオースティンにそれを貸したが、彼はほとんど即刻、私のもとを立ち去った。ヴァイオリンを弾くのをやめて——彼は毎晩、バッハの無伴奏パルティータをさらっていたものである——直ちに読み始めたと、彼は私に語っている。三日後、彼は二人でこの本についてのクラスを開こうと提案した。彼も感銘を受けたのである。

この点について私は間違っているかもしれないが、それは現代の思想家について開かれたクラスあるいはセミナーとしては、オックスフォードで最初のものではなかったかと思う。オースティンの教師としての名声は、すでにこの頃から大したもので、かなり大勢の学生が週に一度、オール・ソールズでのわれわれ二人のクラスにやってきた。私は、共同のクラスはどう運営するものか、まったく見当がつかず、二人の教師がテキストの問題点について対話することで始るのだろうと思っていた。当時、教師間の哲学の討論では普通の形式であったが、そこでは互いにいささか大仰なまでの敬意を示し合うことになっていた。オースティンは、冒頭、私に一つの命題について説明するよう求めた。私は、ルイスの個々の感覚可能な諸特徴——ルイスはそれを *qualia* と呼んだ——についての理論を選んで、私が考えていたことを話した。オースティンは、厳しく私を睨んで、「そこをもう一度言ってくれないか」と言った。私はもう一度言った。するとオースティンは、ゆっくりと言い出した。「私には君がいま言ったことは、完全なナンセンスであるように思える。」私はその時、これは鄭重な形ばかりの剣術ではない、生命を賭けた戦争——死ぬのは私の方である——になりそうだということに気付いた。二人のクラスでのオースティンの話が、少くとも出席者の数人に深く永続的な影響を与えたことについては疑いない。いく人かは、後に著名な職業的哲学者になり、オースティンの話の非凡な迫力と多産性を証明することになった。話としては、たしかにそうであった。ちょうどアリストテレス協会とマインド協会の合同学会で毎年開かれたムアのクラスのようであった。オースティンはゆっくり力強く、そして容赦なく、利口な学生、馬鹿な学生双方の批判と反対意見を着実に片付けていった。そしてこの過程で、クラスに出席していた本物の素質のある哲学者たちを滅入らせたり、あるいは彼らに挫折感を味わわせたりすることなく、むしろ彼がルイスに対抗して擁護した唯名論的命題の単純さ、明晰さによって彼らを刺戟し、昂奮させたのである。「この紙片の上に三つの朱色の斑点がある。朱色の数はどれだけか。」私は「一つ」と言う。「私は三つあると言う」と、オースティンは言った。そしてわれわれは、その学期の残りをこの論点をめぐって費した。オースティンは、ハーヴァード法律学校の恐ろしい教授のようにクラスを進めた。彼はクラスに質問する。恐怖で硬くなって誰もが黙っていると、彼は長くて細い指を一本伸ばし、それを一分ばかりピストルの銃口のようにゆっくり振ってから、突然、出鱈目に選んだ誰かに向ってその指を突き出す。「君、答え給え。」時にはその犠牲者が、恐ろしさのあまり口がきけないでいることもあった。オースティンはそれに気付くと、自分で答えて、そして二人の通常の討論の状態に帰っていく。このようないささか恐ろしい時があったにもかかわらず、クラスの出席者、関心の強さは一向に減らなかった。われわれはその学期を唯名論に費した。それは、私が出席した中では最良のクラスであった。そして私には、オースティンの独立の思想家としての経歴の真の始りを印しているように思えた。

一九三六年の夏の終り、オースティンは、われわれ二人とオックスフォードの哲学者の中のわれわれと同年輩のものに関心のある話題を選んで、定期的な哲学討論をやろうと提案した。彼は、「結果」(もし得られたとすれば)を発表することを考えずに、われわれの精神を明晰にして真理を追求することだけを目的にして、形式ばらないでグループの会合を開くことを希望した。われわれは、エイヤー、マクナップ、ウーズレーを招くことに合意した。ともに当時、オックスフォードで哲学を教えていたのである。さらにオール・ソールズに選出されていたスチュアート・ハムプシャーと、キッブル・コレッジの研究員《フェロー》になっていたドナルド・マッキノンが追加された。会合は、一九三六年から三七年にかけての間に始った(一九三七年の春ではなかったかと思う)。木曜日の夕食後、オール・ソールズの私の部屋で開かれ、二、三度中断しながら、一九三九年の夏まで続いた。思い返してみると、それは、私がかつて出席した哲学の討論会の中でもっとも稔りが大きいものだったと思う。話題を細心に選ぶこともなかったし、いつも前もって発表されたわけでもなかった。

しかし、何について話し合うことになるかは、毎週みんな知っていたように思う。主要な話題は、数で言えば四つあった。知覚——プライスとブロードが論じたような感覚素材の理論。先験的真理、つまり、当然に真理ないし虚偽のように見えるが、しかし原則や定義やその両者に伴うものに還元できそうにはない命題。事実に反する発言の証明とその論理的性格、当時われわれは、それを充足されていない仮説とか反事実とか呼んでいたと思う。そして最後に、個人の主体性の性質とその基準、他人の精神についてわれわれが知るというそれに関連した話題、この四つであった。

われわれの対象の一つとして知覚を挙げるならば、言っておかねばならないのは、われわれが論じたのは主として現象論と、それに密接に結びついている証明の理論であったということである。この話題については、エイヤーは、彼に相応しく明確な、周知の強い意見を持っていた。オースティンは、感覚素材論の用語法を全面的に攻撃した。もしある人の視界に虎の皮のような七つの黄色と黒の縞が含まれているとすれば、いうなればそれには、七つの黒い素材と七つの黄色の素材が含まれているのか(それは、そのような素材から成っているのか)、それとも一つの連続した縞という素材を含んでいるのか(それは、そのような素材から成っているのか)。素材の平均的な大きさはどれ位か。その平均的な寿命はどれ位か。一つの素材が色を変えたとか、その色があせたとか、色が消えたとか言うことができるのはいつか。色に色度や飽和度、音に音色や高さがあるのと同じ数だけの素材があるのか。どのようにしてその数を数えるのか。最少限の感覚素材 *minima sensibilia* はあるのか。それは見る人によって異るのか。見る人という概念それ自身はどのようにして分析で

きるのかという この頃すでによく知られていた疑問は別として、このような問題が提出されたのである。

エイヤーは実証主義を擁護し、もし現象論を捨てねばならないとすれば、何がその後を埋めるのかを知りたいと考えていた。それではオースティンは、触知不可能な本体が存在すると想定していたのか——その本体が古いロック的な粗雑な意味か、それともロックと同じように混乱しているがロックほども一貫していなければ正直でもないいく人かの現代の科学者、哲学者が、同様に実証不可能で形而上的な実体の存在を主張ないし前提している意味でかはともかくとして。オースティンがこのような疑問にたいする何か積極的な答を提出しようとしたか、あるいはともかくも何か彼自身の理論を定式化しはじめたか、私には憶い出せない。疑いもなく彼は、他人が提出した解決にドリルで穴をあける方を好んでいた。このような懐疑論の襲撃を受け、オースティンが純粋現象論の還元論的命題の定式化を四つ、五つも射落した時のことだと、私は思う。エイヤーがこう叫んだ。「君は、自分からは走ろうとしないグレイハウンド競走犬のようだ。他の犬も走れないように、噛みついてばかりいる。(1)」

たしかにオースティンには、このようなところがあった。戦前の彼が、きっぱりと現象論の森から出てきたのを、私は憶えていない。しかしその時すでに彼は、外的世界について用いられている通常の言語はそれ程間違っているとは思えないと言い始めていた。例えば目の錯覚——二重の像、水の中で曲っている棒、遠近法のトリック等——が提起している問題は、哲学者が誤って分析してきた言語の曖昧性によるもので、ありそうもない非経験的な信念によるものではないというのである。彼の見解によると、バークレーはこの点について正しかった。そして彼は、ロックとヒュームに反対して、バークレーを尊敬していた。「本当に」曲っている棒は、もちろん「水の中で曲っている」棒とはまったく違うものである。そして光の反射の法則が発見されてからは、混乱が生じる必要はない。曲っていることと曲って見えることとは別のことであり、むしろ水に入れた棒が曲って見えなければ、それこそ驚くべきことであろう。感覚素材の言語は下位の言語で、印象派画家の作品を形容するなどという特殊な目的のために使われる。あるいは、内科医が患者に徴候を述べるようにと言う時に必要となる。それは通常の言語から切り取られた人口的な用語法で、大抵の日常の目的には通常の言語で充分であり、しかもそれであまり誤解を招いたりはしないものだというのである。

想像されるようにエイヤー――そしておそらく他のいく人かも――は、ムアとラッセル、ブロードとプライスの見解にたいするこの真正面からの攻撃と、イギリス知覚論学派の理論装置と用語を全面的に拒否するこの態度に、頑強に抵抗した。そしてそこでの討論が「オックスフォード的分析」の出現に連っていったのである。それは、オースティンの個々の命題の帰結というよりもむしろ、われわれすべてが用いている共通の言語の用法に訴えることから生れてきた。そして私の憶えているかぎり、当時はヴィトゲンシュタインの後期の理論を意識的に参考にしていなかったと思う。もっとも彼の「ブルー・ブック」はケンブリッジではすでに回覧されており、一九三七年あたりにはオックスフォードにも届いていたように思う。

反事実的発言――実証原理へのその拡張と関係(2)――、さらには個人の主体性とその記憶にたいする関係という問題についての討論にも、同じような方法が用いられた。私の記憶が正しいとすれば、後者の問題の主な例としてわれわれが選んだのは、カフカの小説『変身《メタモルフォシス》』の主人公であった。グレゴール・サムサという名の旅商人は、ある朝目覚めてみると、自分が巨大なゴキブリに変身しているのに気付く。しかし普通の人間としての自分の生活については、明確な記憶を保持している。彼のことをゴキブリの肉体を備えた人間と言うべきであろうか。それとも人間の記憶と意識を持ったゴキブリと言うべきであろうか。「いずれでもない」と、オースティンは宣言する。「そのような場合、何と言えばよいか、われわれは知るべきではない。われわれが「言うべき言葉がない」と言い、まさに文字通りにそう思うのは、このような時である。われわれは新しい言葉を必要としているのだ。古い言葉だけでは当てはまらない。この種の事例には役に立つようにはなっていないのだ。」ここからわれわれは、話者が自分自身について行う命題分析と、話者が他人について行う命題分析との非対称性、あるいは外見的な非対称性という問題に外れていった。オースティンとエイヤーは、これをそれぞれ別の観点から扱い、二人はやがて二つの和解しがたい観点の立役者になっていった。オースティン固有の哲学的立場は、この毎木曜日の夜、エイヤーと彼の支持者の実証主義、還元主義と絶えず対照させられ、それに対立することの中から発展させられていったと、私には思えるのである。オースティンとエイヤーが完全に討論を牛耳ったとか、残りのものは傍聴者同然だったとか言うのではない。われわれはみな、大いに話した。[3] もっとも、実証の原理とカルナップの論理実証主義を批判したことを別にすれば、私自身が何を話したのか、また何を信じていたのかを自問してみると、こうと答えにくいというのが事実である。私が憶い出せるのは、永続的な党派への結晶化はなかったということだけである。エイヤーとオースティンは何につけてもめったに合意することはなかったが、それをさておけば、意見は毎週のように変っていたのである。

つづめて私が先験的発言と呼ぶものについての討論は、ケンブリッジの道徳科学クラブでラッセルが読んだ「経験主義の限界」についての論文から発生した。その会合には、オースティンと私が出席した(一九三五年か三六年のことだったと思う)。その論題は、「同じ物〔あるいは私の視界の表面、あるいはその一部、あるいはそれに代替しているものは何でも〕は同時に同じ場所で赤と緑ではありえない」といった命題は、論駁の余地のない反証不可能な真理であるように見えるが、そこでの矛盾は自己矛盾ではないように思えるというものであった。というのは、この真理は言葉の定義からではなく、色の言葉の意味から生じているように見えるからである。色の言葉の用法は、それを指さす行為によって学び、説明することができる。それは、当時は「表面的な定義」と呼びならわされていたものによって固定されている。そのような命題の矛盾は、したがって形容矛盾と呼ぶよりは、馬鹿げている、無意味である、理解不可能であるなどと呼んだ方がよいというのである。これは、言葉による定義と言葉によらない定義、カルナップにおける構文論と意味論の性質、言葉と言葉の間の関係と言葉と物の間の関係の差異等とをめぐって、長い討論を引き起した。

オースティンとエイヤーの方法の差違が、いま一度、非常に明白に示されることになった。エイヤーは、何らかの理論が自分が偽りないし馬鹿げていると確信しているような結果をもたらしたならば——例えば、触知不可能な実体の存在とか、その他、たとえいわゆる「弱い」形ではあっても実証の原則にあからさまに抵触するとかの結果をもたらしたならば、その議論全体が間違った線に沿って進められているに違いないと感じた。そしてその前提を否定して、そのような望ましくない結果に至らないような新しい前提を考え出そうとした。オースティンは、何によらず自分の前に置かれた物を見つめ、それがどこに至ろうと議論についていこうとしていた。

後になって彼の批判者のいく人かが(少くとも会話で)主張したことであるが、オースティンにおけるこの哲学的内発性と、既存の理論から自由であるように見える点とは、必ずしも真実のものではないと言われた。それは現実には精巧なソクラテス的からくりであって、その背後には、彼がまだ明らかにしていないとしても完全に展開された積極的な理論が匿されているというのである。私は、これは偽りであると信じている。一九三六年から三九年にかけて、彼は哲学的には開かれた精神を持っていた。むしろ当時の彼は、ありきたりの理論にたいしてはすべてきわめて疑い深かった。どちらかと言えば、『エルケントニス』誌や『アナリシス』誌に発表している研究者たちの体系的な思想に大混乱を引き起そうとも、自分にとって真実であるか、ともかくも納得できると思われる命題を提出していくことに、積極的な喜びを感じているようであった。もちろん彼は、入念に構築された哲学の建物を爆破することに意地の悪い喜びをいくらか感じていた——彼は、他の競走犬を走らせないようにするのが好きであった。しかし当時もその後も、彼の主要な目的は特定の真理を確認して、後の段階になってそこから一般化したり、あるいは原則を抽出することを考えていたと、私には思えるのである。彼はたしかに「体面を保ち」たいと思っており、その意味ではプラトンではなくてアリストテレス、ヒュームではなくてバークレーの追随者であった。彼は、例えば普遍的なものと個別的なもの(C・I・ルイスの本で区別されたような)、記述的言語と情緒的言語、経験的真理と論理的真理、実証可能な発言と実証不可能な発言、矯正可能な表現と矯正不可能な表現など、あれかこれかの二分法を嫌った。このように明確ですべてを言い尽しているかのような対照性は、それに期待されている役割、つまり正常な言葉の用法を明確化するという役割を果すことができないでいるように、彼には思われたのである。後になってと同様、当時の彼には、意味の型と区別は通常の言語によく反映されているように思われた。通常の言語は無謬の指針ではない。それはせいぜい、言語を用いて記述ないし表現されている対象、あるいは何か別の仕方で言語と関係している対象における区別を指摘する指針でしかない。そしてこのような重要な区別は、全てか無かの哲学が提出している明確な二分法によってはぼかされてしまうであろう。そしてさらには、何が存在しているのか、人々は何を意味しているのかについて、承認しがたい理論に至ることになるであろう。したがって、ラッセルやその他の人々がルイスの *qualia*――色、音、味といった――の間に還元不可能な矛盾があるという命題の例として分析的でも経験的でもない命題を挙げるのにたいして、――もう一つ例を挙げて言えば、個々の反事実的な発言は理解できるだけでなく、どうして証明できるかは判らないとしても現実に信じられてもいると主張されるのにたいしては、オースティンはそのような例に飛びつき、大いに力強くまた見事にそれを発展させた。それは一つには、複雑で厄介な事物の本性にたいして、それを歪める鋳型としてあまりに安直に押しつけられている一般的命題を爆破するような否定的な例を発見しておきたいと考えたからではないかと思う。彼は自然科学には大きな尊敬を払っていたが、行動、知識、信念、経験などの型について知る唯一の信頼できる方法は、現実の用語法についての資料を辛棒強く集めることにあると信じていた。たしかに彼は、用語法が現実を誤りなく反映しているとか、あるいは混乱や誤謬にたいする保証つきの特効薬であるとかの意味で、用語法が神聖不可侵とは考えていなかった。しかし、それを無視すれば無視したものが痛い目に会うと考えていた。オースティンは、用語法上の差異は一般に意味の差異、さらには概念上の差異を反映しているというバーク的な信念を抱いていた。したがって用語法上の差異は、意味、概念、ありうる事態の区別を確認する貴重な道——比較的無視されているが——になり、そのことによってもたもたした混乱を一掃し、真理の発見への障害を取り除くのに役立つというのである。何はともあれ哲学は機械ではない——素朴な表現を入れると、それが分類化、明確化、整理され、欺瞞的な性質を洗い流されて出てくるといった機械ではない。この意味ではオースティンは、特殊に哲学的な技術——困難に対処するための道具を色々作ることには、あまり信をおいていなかった。彼の言語と言語学そのものにたいする飽くなき関心がこのことと関連していたことは疑いない。そして彼の古典学者としての最高級の学識は、時には真の哲学的問題点を犠牲にしながらも、彼の言葉の収集家としての法外なまでの好奇心を育てたのである。にもかかわらず、彼が論理的に完全な言語――それは現実の構造を反映できる――という理論を暗に否定したのは、ヴィトゲンシュタインの哲学観に似ていなくもない一つの哲学観に発していた。私が憶えているかぎりでは、ヴィトゲンシュタインの未公刊の意見――それは例えば「ブルー・ブック」、「ブラウン・ブック」として密かに回覧されていた――は、戦前にはわれわれのグループの誰にも届いていなかった。オースティンの最初の哲学への公刊された貢献は先験的概念についての論文で、そこには彼の積極的理論の多くが体現されていたが、[4] 私の知るかぎり、それはいささかもヴィトゲンシュタインの見解を知っていたことに負うものではなかった。彼はたしかにジョン・ウィズダムの論文は読んでおり、それを通じて非常に間接的にヴィトゲンシュタインの見解を知っていたことはあるかもしれないが。

　木曜日の夜に集ったわれわれは、時には道徳の問題についても話し合ったが、これは本題の厳しい要求からの逃避と見られており、あまり何度もやってはならないことと考えられていた。意志の自由という問題を論じたのはたしかである。それを論じている間にオースティンは、当時は確信に満ちた決定論者であったフレディ・エイヤーを挑発しないよう、低い声で《ソット・ヴォーチェ》私に言った。「彼らはみな決定論について語り、そしてそれを信じていると言う。私は、これまで一度も決定論者に会ったことがない。君と私が人間はいつかは死ぬと信じているのと同じような意味で、それを本当に信じている人という意味だがね。君は会ったことがあるかね。」私はこの発言で、彼が非常に好きになった。ある時、散歩しながら彼に質問を出したが、それにたいする彼の答によっても同じく私は彼が好きになった。私は彼に尋ねる。「ある子供が、オーステリッツの戦いの時のナポレオンに会いたいというとしよう。私はいう、「それはできないよ」、すると子供は言う、「何故できないのか」、それにたいして、「それは過去に起ったことだからだ。いま生きていて、同時に一三〇年前に生き、同じ年齢でいることはできない」といったことを、私が言う。その子はしつこく続けて、「何故できないのか」と言う。私は、「同時に二つの場所にいることができるとか、過去に〝帰る〟ことができるとか言うのは、われわれの言葉の使い方では意味をなさないからだ」等々のことを言う。するとこの高度に洗練された子は言う、「もしそれがたんなる言葉の問題ならば、われわれの言葉の用法を変えさえすればよいではないか。そうすれば私はオーステリッツの戦いのナポレオンに会えて、しかももちろん場所と時間では今居るところに居られるようになるではないか。」私はオースティンに尋ねた。「その子に何と言うべきなのか。それは、いわば物質論と形式論を混同しているとでも言えばよいのか。」オースティンは答えた。「そうは言うな。その子には、過去に帰ることを試してごらんと言えばよい。法則に反しているわけではないと言いたまえ。やらせてごらん。やらせて、どうなるか見させてごらん。」戦前にも思ったが、いま思っても、オースティンがいかに過度に学者振り、過度に慎重で、闘技場に突入する前に防備を過度に完全にしようとしたとしても、彼は哲学の本性を理解していた——大抵の人よりもよく、哲学とは何であるかを理解していたと思う。

このような討論は、いくつかの理由で成果が大きかった。参加した人々の数が少なかった——七人を越えることはなかったし、普通はそれよりも少なかった。参加者はお互いによく知りあっており、非常に自由に話した。またいかなる意味でも見栄をはらなかった。完全に自発的で、断崖や沼地に続く誤った道を進んでもかまわない、次の何週間かのうちに、いつでも好きな時にもどってくればよいのだからと考えていた。その上、オースティンとエイヤーの知的な新鮮さと力の程は見事なもので、二人はほとんど絶えず衝突状態にあったが――エイヤーは抑えがたい飛道具、オースティンは不動の障害物のようであった――、結果は行詰りではなかった。私の知っている哲学の討論としては、もっとも面白く自由で生き生きとした討論であった。

このような会の欠点の一つは、少くとも当時のオックスフォード哲学全般に当てはまると思う。われわれは過度に自己中心的であった。われわれが説得したいと思った人々は、われわれが尊敬している同僚たちだけであった。公表せよという圧力もかかっていなかった。その結果、われわれの哲学上の同輩の一人から承認を得るのに成功すると、あるいは独創的で重要と考えられている何かの点について理解できただけでも、それが正当なものか、あるいはともかくも私についてはよくそうであったように幸福な妄想の状態におけるものかはともかく、それだけでわれわれを完全に、あまりにも完全に満足させてしまった。われわれは、自分たちの意見を公表する必要を感じていなかった。満足させる価値のある聴衆は、自分たちの近くに住み、かなり定期的に会っていたごく少数の人々だけだったからである。ケインズは、彼の初期の思想を回想しながら、今世紀初頭のムアの弟子たちについて語っている。われわれは彼らと違って、知識の性質とか何か他のことについて、われわれ以前には誰も真理を発見したものはないなどと、誰一人として思っていなかった。しかし彼らと同じく、魔法のサークル――われわれの場合にはオックスフォード、ケンブリッジ、ウィーンであった――の外にいる人々は、誰もわれわれに教えることは大して持っていないと思っていた。これは虚栄であり、愚かなことであったし、他の人々には苛立たしく感じられたに違いない。しかし、この種の幻想の呪縛に――ほんの束の間でも――一度もかかったことのない人は、真の知的な幸福を知らないのではないだろうかと、私は思っている。

（1） これは、われわれの討論会ほど（おそらくは真理を求めて）大声で吼えている犬の群を思い出させるものはないという意味の、ドナルド・マクナップの発言に刺戟されたものであろう。

（2） 例えば私がこう言うとしよう。「シルヴィアという名の馬がこのレースに出場すれば、必ず勝つだろう。」その馬が出場しなかったか、あるいはもともと存在していなかったとして、そこで私が何故それが勝つと思ったかと尋ねられるとしよう。それにたいして私が、次のように答える。私は非合理的な命題ではあるが――むしろそれ故に――それを信じた。私は賭けるのが好きだから、その真理性に賭ける気になったのだ。その命題にいかなる根拠があるか、あるいはありうるかについては、私はいささかも知りたいと思わない。その時、この反事実命題の意味はいささか弱い意味ではあるが「証明の手段」と切り離されていることになるであろう――たとえその真理性という問題は切り離されていないとしても。

（3） そして儀式ばらずに、お互いの話に割り込んだ。そのため秩序を熱愛しているオースティンは、規律を導入するために「ブザーを入手すること」を提案した程である。この提案は採用されなかった。

（4） 'Are There A Priori Concepts?', *Proceedings of the Aristotelian Society* supplementary vol. 18 (1939), 83–105; repr. in *Philosophical Papers* (3rd ed., Oxford, 1979).

〔河合秀和訳〕

アインシュタインとイスラエル

アルベルト・アインシュタインが不滅の名声を得たのは、もっぱら彼の卓越した科学的天才によっているが、私は人類の大多数と同様、この科学的天才なるものについてはまったく語る資格がない。アインシュタインは、ニュートン以後の物理学の分野でもっとも革命的な革新を成し遂げた人として世界的に尊敬された。彼の人格、そして物理学以外の話題についても彼の意見に、いたるところで例外的なまでの敬意と注目が寄せられたのは、この事実から生じた。彼自身、このことを知っていた。そして彼は真に控え目な人で、自分の引き起した阿諛追従に困惑し、売名を嫌ったが、それでも、もし個々人に讃辞を送らねばならないとすれば、権力と征服ではなく知性と文化の領域で業績を挙げた人に送られるべきだと考え、その考えには喜びを表明していた。たしかに、数学的物理学者が世界的人物になったことは、それ自体が注目すべき事実であり、人類の誇りにしてよいであろう。

理論的物理学、あるいは物理哲学の領域の外でのアインシュタインの思想の衝撃を、他の偉大な科学の先駆者たちの思想が起した衝撃と比較すると、一つの奇妙な結論が現れてくるようである。ガリレオまで遡るとして、彼の方法と自然主義は十七世紀の思想的発展に決定的な役割を果し、専門的な哲学をはるかに越えて拡がった。ニュートンの思想の衝撃は絶大であった。それが正しく理解されたのかどうかはともかく、特にフランスにおける啓蒙思想の全体系は、意識的にニュートンの原理と方法の上に築かれており、その信頼性、その大きな影響力は、彼の画期的な業績に由来していた。そしてこれが、やがて西欧の近代文化の――道徳的、政治的、技術的、歴史的、社会的な――中心概念と方向を転換させ、むしろそれを大きく創造していくことになった。思想ないし生活の他の分野で、この文化的変異の帰結を免れたものはなかった。

このことは、ダーウィンについてはあまり当てはまらない。進化の概念は、生物学以外の多くの思想分野に拡がった。それは神学者を動転させ、歴史学、倫理学、政治学、社会学、人類学に影響を及ぼした。社会ダーウィン主義は、ダーウィン、ハックスレーの説の応用を誤ったものであるが、その優生学的、時には人種主義的な意味合いのために社会的、政治的に害を成した。フロイトを自然科学者と呼ぶのには、私はもちろん躊躇するが、彼の教義が心理学を遠く離れた分野――歴史、伝記、美学、社会学、教育――に影響を与えたことは疑いない。

しかしアインシュタインはどうであろうか。彼の科学的業績は科学哲学にかかわっていた。彼の哲学説――彼は初めマッハの現象論を承認し、やがてそれを捨てるが――は、彼が哲学者としての天分を有していたこと、そして実際にスピノザ、ヒューム、カント、ラッセルの中心的な理論について彼自身の意見を持っていたことを示している。この点では、アインシュタインとプランクは今世紀の傑出した物理学者の中で、事実上特異な存在であった。しかし、時代の全般的な思想、あるいは教育のある世論にたいして、彼は影響を及ぼしたであろうか。たしかに彼は、純粋な心、高貴な精神、非凡なまでの道徳的、政治的な勇気を持ち、まっしぐらに真理の追求に携った人として英雄的な人物像を打ち出している。彼は個人の自由と社会的平等を信じ、社会主義に共感を感じ、ナショナリズム、軍国主義、抑圧、暴力、物質主義的な人生観を憎んだ。しかし、多くの人々が正反対の価値によって生きているように思える社会にあって、社会的正義と知的な力にたいする情熱を人間的な善良さとともに一身に結合していたことを別とすれば、つまり彼の模範的な生活ぶり、時代のもっとも洗練された名誉心と人間性のある人の一人であること、またそうと見られていたことを別とすれば、アインシュタインはどのような衝撃を与えたのか。

たしかに「相対性」という言葉は、今日でも相対主義――真理の客観性、道徳的価値やその他の価値の客観性にたいする否定ないしは懐疑のことであると広く誤解されている。しかしこれは、非常に古くからのよく知られた異端の説である。ギリシアのソフィスト、ローマの懐疑論者、フランス、イギリスの主観主義者、ドイツのロマン主義者とナショナリストが表明した意味での相対主義――現代では神学者と歴史家、そして通常の人々がそれによって苦しめられているが――、これはアインシュタインが信じたものとは正反対のものであった。彼は、単純で絶対的な道徳的確信を有した人であり、そのことは彼の人物、彼の行動を通じて明らかに表明されていた。外的自然にたいする彼の観念は、それは科学的に分析可能な合理的秩序ないしは体系であるとするものであった。科学の目標は独立に存在する現実――たとえそれを分析し記述する概念は、人間が自由に恣意的に作ったものであるとしても——についての客観的知識であると考えていた。

彼の理論は、どのような一般的衝撃を与えたであろうか。例えばヴォルテールはニュートンの中心的学説をうまく通俗的な言葉に置き直したが、現代の理論物理学については、ほんの外形についてもこれまでうまく置き換えられてこなかったし、またそれに成功してもいない。ホールデンやハーバート・サムエルのようなイギリスの献身的な公人が、一般相対性理論から——やや陳腐なものではあったが——一般的な形而上学的ないし神学的な真理を引き出そうとしたが、このような努力は彼らの天分は他の領域にあることを証明したにすぎなかった。

しかし、時代の一般的思想にたいするアインシュタインの科学的思想の衝撃力についてはいくらかの疑いがあるとしても、現代のもっとも積極的な政治現象の一つにたいする彼の非科学的見解の重要性については、いささかの疑いもありえない。アインシュタインは、イスラエル国家を創出する運動に彼の偉大な名前の世俗的権威を貸した。むしろそれに心を捧げた。人々と諸民族はそれ自身についての現実的な自己像を良い方向にむかって転換させた人々にたいして、多くのものを負っている。いささかでも自尊心のあるシオン主義者ならば、その機会が与えられたならば彼に讃辞を拒むことはできないであろう。シオン主義運動にたいするアインシュタインの支持と、ヒブルー大学にたいする彼の関心は、終生のものであった。彼は、一度ならずワイツマンと喧嘩した。彼はヒブルー大学、特にその初代学長についてはきわめて批判的であった。彼は、シオン主義者の対アラブ人政策の欠点を嘆いた。しかし彼は、シオン主義の中心的原理にたいする信念は決して捨てなかった。もし今日の青年(あるいは青年でなくても)が、ユダヤ人かどうかを問わず、若きアインシュタインと同じくナショナリズムと宗派主義を嫌い、社会的正義を求め、普遍的な人間的価値を信じるならば——、そしてドイツ・バイエルン州のキリスト教に同化したユダヤ人の子である彼が、何故ユダヤ人のパレスチナ復帰、シオン主義、ユダヤ人国家を支持したのか、しかも無批判的にではなく、ユダヤ人の名において行われた不正と愚行にまっとうで敏感な人ならば当然に感じる苦悶を抱きながら、何故それを生涯の終りまで支持したのかを知りたいと思うならば——、もしこの点を理解したいと思うのならば、この問題について彼が書いたものを読むべきであろう。アインシュタインは彼の普段の明晰さで、そして科学の問題であろうと人生の問題であろうといかなる問題にもその核心にまで突き入る才能を発揮しながら、単純に、かつ真実に即して言わねばならないことを言った。彼が言ったこと、行ったことのいくつか、特にそれに至る道程を想起しておきたい。

彼は、非宗教的な両親の子としてウルムに生れた。彼はミュンヘンで教育を受けたが、そこでは差別に出会わなかったようである。彼が学校にたいして強い反撥を示し、神経衰弱らしいものにかかったとしても、それは反ユダヤ的感情によるものではなかったらしい。彼が反撥したのは、おそらく一八九〇年代のドイツの教育における半ば軍隊的規律と民族主義的熱狂であろう。彼は時をおいてミラノ、チューリッヒで研究し、チューリッヒで教師になり、ベルンの特許局に就職した。次いでプラハとチューリッヒで大学の地位を得たが、一九一三年に、当時名声の頂点に達していたプランクはじめネルンスト、ハーバーなどに説得されて、ベルリンの研究職に就くことを承諾した。

第一次大戦前夜のプロイセンの雰囲気については、述べるまでもあるまい。アインシュタインは、一九二九年にあるドイツの大臣に宛てて次のように書いている。「一五年前〔つまり一九一四年〕にドイツに来た時、私は初めて自分がユダヤ人であることを発見した。この発見は、ユダヤ人よりも非ユダヤ人のおかげであった。」それにもかかわらず、いく人かの初期のドイツ系シオン主義者、特にドイツ系ユダヤ人の伝道者であったクルト・ブルーメンフェルトの影響が、ここで大きな役割を果していた――そしてアインシュタインは、終生彼と温かい友情を交すことになった。しかしヘルツルの場合と同様、彼のユダヤ人としての覚醒における決定的な要因は、一つの未知の理論(彼はプラハにおいてもその理論の信奉者と会っていたが、当時はそれに関心を持たなかったようである)との出会いではなく、むしろこの場合にはベルリンの支配層の排外主義と外国人嫌いにあった。それによって彼は、文明化された西欧においてもユダヤ人社会は不安定な苦境にあることを自覚するのである。彼は言う。「人は、自分を社会の中に見失う時にはじめて、発展することができる。ここに、自らの民族との接触を失い、同時に帰化した国の人々からは外国人と見なされるという、ユダヤ人の道徳的危機が生じる。」「ユダヤ人の悲劇は……彼らを結束させるだけの社会の支持を欠いていることにある。その結果は、個人に確固たる基盤がなくなることであり、それは極端な形では道徳的な不安定性にまで至るであろう。」

彼の主張によれば、それにたいする唯一の対策は生きた社会との密接なつながりを発展させて、個々のユダヤ人がしばしば人類の他の部分から受けている憎悪と屈辱に耐えられるようにすることであった。「あらん限りの声を張り上げ」、パレスチナに民族の故郷を樹立することだけがこの悪を治癒することができると叫んだが故に、ヘルツルは尊敬しなければならないと、アインシュタインは言う。この悪は、同化によっては除去できない。古いドイツのゲットーに住むユダヤ人は貧しく、市民的、政治的権利を奪われており、ヨーロッパの進歩から隔離されていた。しかし、

これらしがなく慎ましい人々も、われわれと比べて一つの大きな利点を有していた――つまり各人はどこまでも一つの社会に属しており、そこに丸ごと組み込まれていた。そこでは、各人は完全に特権を持った一員と感じた。その社会は、彼の年来の思考の習慣に反するものは何も要求しなかった。当時のわれわれの祖先は、知的に肉体的にきわめて哀れな種属ではあったが、社会的には羨むべき精神的安定性を享受していたのである。

次いで解放が来た。新しい開かれた世界に急速に適応して、他人に合わせて作られた着物を身につけようとして熱心な努力が行われた。こうして自己が失われ、集団としての消滅という見通しが現れてきた。しかし、事実はそうであるはずがなかった。

いかにユダヤ人が、言語、作法において、さらに大きく宗教の形式においても、その中に住んでいるヨーロッパ諸国民に適応したとしても、彼らと彼らを受け入れた人々との間に存在しているよそよそしさは、決して消えなかった。これが、反ユダヤ主義の窮極の原因である。それは善意の宣伝によっても取り除くことができない。民族性はそれぞれの目標を追求することを望んでいる。互いに混じり合うことを望んでいない。

感情的な偏見や公然たる敵意を無視したり、それに反論したりしてもまったく無駄であると、アインシュタインは言う。キリスト教の洗礼を受けたユダヤ人のドイツ枢密顧問官は、彼にとっては哀れむべき存在でしかなかった。彼は、国境や軍隊は悪であると考えたが、民族としての存在そのものについては、そう思わなかった。平和的な諸民族が互いに尊敬し合い、それぞれの相違に寛容な態度をとって生活することは、文明であり正義であった。次いでシオン主義についての発言が行われている。それは、一八六〇年代、もう一人の国際主義者で社会主義者モーゼス・ヘスが同じような苦境にたいして示した反応と似ていなくもない。一九三三年におけるアインシュタインの言葉を引用しよう。「個人として人類の文化的発展に役割を果すだけでは、われわれには充分でない。全体としての民族だけが達成することができる課題も、果すように努めねばならない。そうすることによってユダヤ人は社会的健康を回復できるであろう。」したがって、「パレスチナは、東欧のユダヤ人にとっての避難の場所であるだけではない。それは、全ユダヤ民族の集団的精神が再び覚醒するのを体現しているのだ。」

これは私には、アハド・ハームの非政治的な文化的ナショナリズムに似ており、シオン主義の信条を古典的に定式化しているように思われる。アインシュタインが提唱したのは、本質においては社会的、精神的中心を創設することであった。しかしイギリスの政策とアラブの抵抗のために、彼の判断では国家の創設が不可避になると、彼はそれを承認した。全滅を避けるための武力行使は、おそらくは一つの必要悪として承認された。にもかかわらずそれは、慢心することなく、品位と臨機応変の対応能力を保ちながら担わねばならない負担、責任として承認された。すべてのまっとうなシオン主義者と同様、彼はパレスチナのアラブ人との関係についてますます心配するようになった。彼は、ユダヤ人とアラブ人が充分に協力できるような国家を願っていた。しかし彼は、残念ながら事態は、しばらくはそれをあり得ないことにしていることを認めた。彼は、イスラエルというユダヤ国家を一貫して支持した。しかしその国では、ユダヤの理想を追求しなければならない。「知識それ自身のための知識、ほとんど熱狂的な正義にたいする愛情、個人の独立への願望」、この三点を特に追求しなければならないと、彼は主張した。

このような態度が、西欧の他の国での彼と同じ出生、彼と同じ社会的、知的な成長を持つ人々はもちろん、彼と同じ環境の教育のあるドイツ系ユダヤ人の一般的態度とはどんなに鋭く違っていたかについては、ほとんど述べる必要はないであろう。ユダヤ人問題とは無縁であったアインシュタインの若い頃の生活、彼の終生の理想主義的な国際主義、人々を対立させる一切のものにたいする彼の憎悪を想起するならば、私にはそれが、瞠目すべき洞察力、現実主義、道徳的勇気を証明しているように思えるのである。この点については、今日の彼の同胞ユダヤ人は誇りに思ってよいであろう。結局のところ、フリッツ・ハーバー、マックス・ボルン、ジェームズ・フランクなど他の著名なドイツ系ユダヤ人の科学者——彼らも非の打ちどころのない人格的一貫性を備えた名誉ある人々であった——は、アインシュタインとは非常に違った反応を示した。シュニッツラー、シュテファン・ツワイク、マーラー、カール・クラウス、ヴェルフェルなどの作家、芸術家も、すべてウィーンの反ユダヤ主義について充分に知っていたが、それでも違った反応を示していた。

アインシュタインが、多数者の文化への同化を常に不名誉なもの、あるいは失敗に終る運命にあるものとして非難したというのではない。ユダヤ人を両親とする子が両親の社会とその伝統からきわめて疎遠に感じ、それとの真のつながりを再建することを考えたとしても、心理的に不可能になっていたというのは、実際によくあることであった。アインシュタインは、文明社会では各人が自分に最善と思われるやり方で自由に自分自身の道を追求しなければならない――それが他の人々に積極的な害を与えなければ――と確信していた。彼は、先に挙げた科学者、作家、芸術家について名誉心がないとか臆病とかの動機を非難したりはしなかった。彼にとって、彼らの人間的品位は自明のことと考えられていた。ただ彼らの自己理解の深さが問題にされていたのである。

アインシュタインがニュートン的体系の中心的要素を大胆に拒否したのは、彼が自己欺瞞や問題回避をできなかったこと、つまり彼が常に――事実がそれを要求すれば――真理に直面しようとしていたことによるものであった。そして他の分野における彼の行動の特徴も、まさしくこの独立性にあった。彼は通俗的な意味での知恵を拒否した。かつて彼は、「常識とは、一八歳以前に心にたまった偏見の沈澱物である」と言ったことがある。数学においてはもちろんのこと、道徳的、社会的に何かが自分に合っていないと思われた場合、彼はそれを無視したり、それから逃れようとしたり、また忘れようとしたりはしなかった。それを調整したり組みかえたり、一、二ヵ所に継ぎを当てて、自分の生きている間はもつだろうなどと考えはしなかった。救世主――世界革命――理性と正義の普遍的支配が現れて、困難を解消してくれるのを待とうとはしなかった。靴が合わない場合、履いていれば楽になるだろうとか、足の形が変ってくるだろうなどと言っても無駄である。あるいは痛みは幻想であり――現実は調和しており、したがって対立、不正、野蛮は外見だけのことにすぎぬ、優れた精神は外見を超越すべきであると言っても、無駄である。彼の哲学の師ヒュームとマッハが正しいとすれば、唯一つの世界、人間の経験の世界があるだけであった。それだけが現実的であり、それを越えたところには神秘があるかもしれない。むしろ彼は、宇宙は神秘のもっとも偉大なものとして理解できるという事実を凝視した。この事実については完全に確信していた。直接的な人間の経験をいささかなりとも無視する理論は、有効でないというのである。そして彼は、この人間の経験の中に、しばしば意識的な方法以外の道を辿って到達できる想像力による洞察をも含ませていた。

深い確信を有していたにもかかわらず、彼が独断的になることから救ったのは、この現実感覚であった。彼が知っていること、直接的に理解していることが正統の教義と対立する場合、彼は自分の道徳的、社会的、政治的な感覚から得られた直接証拠を無視しなかった。彼は確信のある平和主義者であった。第一次大戦中は、この戦争を非難してドイツで不人気になった。しかし一九三三年には、必要とあれば力によってもヒットラーとナチに抵抗する必要があることを承認して、平和主義者の友人たちの反撥を買った。彼は、社会主義への傾きのある平等主義者、民主主義者であった。しかし、個々人を国家から保護する必要があるという彼の感覚は非常に強かった。他方で、権威の座にある教育と経験のあるエリートが、時として巧みに多数者の願望に抵抗しないならば、権利の章典は蹂躙されてしまうであろうと信じていた。彼はアメリカ憲法、特にその大統領、議会、世論の間の勢力均衡を賞讃した(彼のかっての政治の師、オーストリア社会党のフリッツ・アドラーは、おそらくそれを是認しなかったことであろう)。彼は人類の間の壁、排他性を憎んだ。しかし、ユダヤ人学生がドイツやポーランドの大学で国家主義的学生から迫害された時には、彼はワイツマンは正しいと断言した。自由主義者や社会主義者の決議では役に立たない。ユダヤ人は行動し、イェルサレムに彼ら自身の大学を創立しなければならぬというのである。

彼は終生、ナショナリズムを憎んだ。しかし彼は、ユダヤ人は何らかの形態の民族的存在を痛切に必要としていることを承認した。取り分け彼は、民族的な一体感とナショナリズムは同じものではないと考えていた。彼が政治的忠誠なるものを真面目に考えていたことは、明らかである。彼は、ドイツ国籍を二度捨てた。明白な理由でドイツ旅券を保持するのは自分には耐えられないと考えた時、彼は民主主義国家に彼の完全な忠誠を移すことができると感じたに違いない。そうでなければ、青年期の彼がスイス市民権を得たり、ヒットラー以後にアメリカ市民権を得たりはしなかったであろう。社会的感受性と、人は何によって生きているのかについての具体的な洞察をこのように結合することによって、彼は独断的な熱狂から救われたのである。彼の道徳的に信服させる力も、まさにこれによっていた。

彼は邪心のない人であった。時には愚か者や悪者に欺されたのではないかと、私は思っている。

しかし、邪心のないことにもそれなりの知覚の様式がある。それは通俗的な知恵や何か無批判に受け入れられた教養の眼鏡ではなくて、自らの目でもって見ることが多い。物理学者と哲学者の抵抗を押し切って公認の物理的な時間‐空間観念を拒否し、重力波と光量子という仮説を大胆に提出するにいたったのとまさに同じ独立心によって、彼は道徳的、政治的にも解放されたのである。

この人物はプライヴァシーを求めた。五つの大陸の阿諛と比類のない名声によっても、まったく腐敗させられなかった。自然の秘密――この秘密は、人間の理性による分析と解決を奇蹟的に受け入れる――を解きほぐす仕事、さらに一層の仕事を続けることの中に救済があると信じていた。しかし、この温和ではにかみ屋で控え目な人物が、まさにそのために多くの既存の権威に不快な思いをさせたのである。ドイツ国家主義者、ドイツ嫌いのフランス人、絶対的平和主義者、ユダヤ人同化主義者、ユダヤ正教の律法博士、ソ連のマルクス主義者、さらには絶対的な道徳的価値を擁護する人々の不快感を買った。現実に彼自身は、絶対的な道徳的価値を確固として信じていたのである。

彼は、主観主義者でも懐疑論者でもなかった。彼は科学の概念と理論は、ベーコンやミルやマッハが考えたようにそれ自体経験素材から抽象されたものではなく、人間の想像力が自由に創出したものであると信じていた。しかし、これら理論と概念によって科学者が分析し記述しようとしているものは、それ自体が客観的構造であり、科学的に見れば、人間もまたその一部分である。道徳的、美学的な価値、規則、基準、原理は、科学からは抽き出せない。科学はあるものを扱い、あるべきものを扱わないからである。しかしアインシュタインにとっては、そのいずれもが階級や文化や人種の差によって発生したり、規定されたりはしていない。道徳的、美学的価値は自然法からも抽き出すことができないが、しかしそれは自然法と同様、普遍的で、常にすべての人々にとって真実である。それは、すべての人に共通な道徳的、美学的洞察によって発見され、いくつかの世界的宗教の基本原理(その神話学ではなく)の中に体現されていると、いうのである。

このことを否定する人々については、彼はスピノザと同じく、情熱のために盲目になっているにすぎないと考えた。むしろ彼は、スピノザは自分と同類の精神であると感じていた。スピノザと同様、彼は神を自然の中に体現されている理性、文字通りの意味での神的な調和、Deus sive Naturaと把握した。そしてこれまたスピノザと同じく、彼は自分の悪口を言う人々にたいして苦々しい感情を示すこともなく、また彼らと妥協することもなかった——彼は常に晴れやかで合理的、人間的で寛容で、独断を排していた。彼は人を支配したいとは思わず、自分の支持者に盲目的な忠誠を要求したりはしなかった。彼は概して良いことをしているもの、少くとも害よりは善の方が多いと考えられるものならば、どのような運動でも——例えば国際連盟運動とか、アメリカの左翼グループとかの運動を支持した。

ユダヤ人居住のパレスチナについてもそうであった。彼は排外主義者を憎んだ。彼は、シオン主義指導者層の対アラブ人政策に批判的で、時には現実的でないまでに批判的であったが、だからといってよく他の人々に見られたように、逆の極端に走ることもなかった。彼はアイゼンハウアー政権にたいしては、イスラエルを犠牲にしてアラブ人の好意を買おうとしているとして非難した。その政策は、アメリカ帝国主義が原因になっていると考えた。彼は、ヒブルー大学のいくつかの政策に批判的であった。例えば彼は、ファシスト・ヨーロッパからの亡命学者の中から、年寄りで有名な学者ではなく若い学者に地位を提供すべきだと考えた。しかし、彼の忠誠心が弱まったわけではない。彼は、シオン主義指導者のいく人かに欠点があるからといって、シオン主義運動を捨てようとはしなかった。彼のシオン主義は、基本的な人間の必要はそれを満すことを要求する権利を生み出す、人は衣食住、安全、正義、そして故郷《ホーム》にたいする不可譲の権利を持っているという信念にもとづいていた。

彼自身が、いささか故郷《ホーム》のない人《ホームレス》であった。友人マックス・ボルン宛ての手紙で、彼は自分には根《ルート》がない、どこへ行っても異邦人であると書いている。自ら認めているように、彼は孤独な人で、親密さを本能的に避けた。孤高の思想家で、人間として知ることは容易ではなかった。政治的抑圧、社会的差別、経済的搾取の犠牲者にたいする深い人間性と同情は、彼の思想の中心部に位置していたが、それについては特に説明する必要はないであろう。おそらくそれは、彼にとって親密な人間関係を形成しにくかったことにたいする埋め合わせであった。

原子爆弾製造にいくらかでもかかわっていた多くの物理学者と同じく、彼も晩年には、新しい恐るべき破壊手段を世界に導入したことにたいする科学者の責任感を思って、ふさぎ込んでいた。彼は、自分が帰化した国の原子爆弾の使い方を非難した。彼には、アメリカが危険なまでに帝国主義的な方向に傾いているように思えた。反動とファシズムの残酷さ、野蛮さにたいする憎しみにかられて、彼は時として、左翼には敵はいないと信じた――多くのまっとうで寛大な人々がとらわれる幻想であり、いく人かはその幻想のために生命を犠牲にした。

おそらくは、まさしく彼の科学者としての天分のために、彼は複雑な政治的、文化的な問題も含めて実際問題を――それにはもともと明快な解決はありえない――、図式化したり極度に単純化する傾向があった。あまりに一面的な態度《スウィーピング》をとり、日常生活のひだと凸凹を無視した。そのようなものは、正確な数量的分析を受けつけないのである。私には、科学者としての天分と人文学者としての天分にはいささかの差異があるように思われる。しばしば指摘されたことだが、大きな発見や発明は(その有効性の証明とは逆に)どこに正しい解決があるかについての大きな想像力と直観的な感覚――それは合理的に分析できない――を必要としており、そのような能力は芸術家のヴィジョンや、才能に恵まれた歴史家や学者の過去にたいする共感的な洞察と似ていなくもない。おそらくそう考えて正しいであろう。しかし、人間と人間の問題を扱う人々は一切の人間の経験と行動の本質的な性質について何らかの意識を持ち、人間にとって可能であるものの限界についての感覚を持つ必要がある。自然によって課せられているそのような限界についての意識がなければ、論理的には可能であるが、しかし現実にはおよそありえない、馬鹿げた歴史的、心理的仮説(それは無数に存在している)を切捨てていく基準がなくなってしまうであろう。

人間が何故合理的であるのかについては、アリストテレスとカントとヴォルテールとヒュームは正しいかもしれない。しかし実際には、人間の合理性、さらには人間の正気さでさえもが、人間の問題について何が事実でありうるのか、何は明白に事実でありえないかについてのこの感覚に依存している。つまり、いくつかの理念の間の通常の連想関係――過去と未来、物と人、因果関係と論理的関係などの基本概念と、緊密に織り合わされた範疇と概念の網の目に、依存している。そこからの逸脱は――例えばシュールレアリストの画家や詩人、あるいは偶然性によって作曲する作曲家などが試みたが――、興味深いものではあっても、意図的に反合理的である。

しかし数学や理論物理学においては、このような現実感覚は必ずしも要求されていないようである。むしろその正反対に近いものが、時には必要とされるようである。例えば虚数や非ユークリッド幾何学や量子理論などが最初に発見された場合には、必要とされたのはまさしく、普通は連想されている理念を非連想化すること、つまり通常の人間の経験には不可欠な範疇から逸脱することであった。それは、原則としては想像しえないことを構想する才能、人間生活の事実と必要についての日常のコミュニケーションにかかわっている通常の言語によっては表現しえないことを構想する才能である。この日々の現実からの現実離れ、むしろそれを軽蔑する態度が、抽象的思想家についての大衆的イメージ――井戸に落ちるターレス、玉子の代りに時計をうでる放心の教授といった――を生み出す。

この種の抽象への逃避――つまり普通の生活の不規則性、不斉合性から自由に、時にはその基本的想定からも自由に、特にそのために発明された象徴体系によって表現される純粋形式の理想世界への逃亡は、時として精神障害に関連した一種の幼時体験の移転なのかもしれない。ミュンヘンの学校時代におけるアインシュタインの神経衰弱は、ニュートンとダーウィンの同じような幼時体験に対応している。この二人もまた、情緒的にはやや寄りつきがたい人物であった。この二人の思想家も、アインシュタインが深く宗教的な感情と呼んだ型の経験について語っている。この深く宗教的な感情とは、全体包括的な統一性と厳格に因果的な自然の構造に見られる合理的調和とに啓示される神のヴィジョンを前にした感情である。これもまた現実についての一つのヴィジョンであるが、何をもってしてもそれを揺がすことはできないであろう。したがってアインシュタインは、不屈の決定論者であった。客観的自然についてのわれわれの仮説的で不完全な分析の一部としてだけ不確実性原理を認めたが、自然についての窮極的な範疇として、あるいは客観的自然の属性としては、決して不確実性原理を承認しなかった。

このような純粋な抽象と一般化への傾倒は、他人と親密な人的関係を作りえないこと、つまり充分に社会的な生活を営みえないことと関連しているのかもしれない。これは私には、もっともらしい仮説のように思える。アルベルト・アインシュタインについてもそうだったのかもしれない。彼は、私的生活においては人に与えなかったものを、世界に与えていたのかもしれない。彼の業績の名声だけでなく、彼の姿、彼の顔は何百万の人々に知られている。彼の外見は、目に見える象徴――人々が天才的科学者とはどんな様子の人かを考える時の原型となった。ちょうど理想化されたベートーヴェンが、霊感を受けた芸術家のいわば商業化された像となったのと同じである。他の天才的科学者——プランク、ボーア、ラザフォード——が、さらに言えばニュートンやガリレオ、さらにはダーウィンが、どのような様子の人であったか、どれだけの人が知っているであろうか。単純で優しく、いささか放心気味で憂鬱げな表現をたたえたアインシュタインの顔は、いたるところで人々の心を打った。彼は非常に有名で、いわば民話の英雄であった。そして彼の外見は、アメリカの切手やイスラエルの紙幣に描かれるはるか以前に、チャーリー・チャプリンの外見と同じく親しみ深く、かつ深く愛されるようになっていた。

結論として、イスラエル国家について簡単に立ち帰っておきたい。シオン主義運動は、イスラエル国家と同じくその国境の外の国々だけでなく、その内側からもしばしば攻撃された。今日、その攻撃はかつてなく激しい。理性ないし正義に適った攻撃もあるが、そうでない攻撃も多いようである。アインシュタインは、人間の品位からの逸脱を許さず、何よりも彼自身の国民による逸脱を許さなかった。彼はこの運動とこの国家を信じ、時として個々の政治家と政策についていかに批判的であっても、生涯の終りにいたるまで万難を排してそれを擁護した。この事実は、今世紀の国家や運動が誇りにできる資格証明としては、おそらく最後の道徳的資格証明の一つとなるであろう。彼と同じ社会的、知的環境にある人々(一般的な道徳的、政治的見解については、彼はこれらの人々と大きく共通していた)の側ではそれにたいする同情がほとんど完全に欠けていたのにたいして、このきわめて善良な(そしかなり事情に通じていた)一人の人物からひたすらな公的支持を受けたという事実は、それ自体ではある理論、ある政策を正しいとするには不充分であるかもしれない。しかしそれを無視することもできないであろう。それには何らかの意味がある。そしてこの場合には、大きな意味があるのである。

［河合秀和訳］

ロシアの詩人たちとの会話

一

一九四五年の夏、モスクワのイギリス大使館が人手不足になっていること、特にロシア語を知っている職員が不足していることを報告してきた。そこで私が四、五ヵ月の間その穴を埋めてはどうかという提案があった。私はこの申し出を喜んで受諾した。白状しておかねばならないが、それはもっぱら私が、ロシアの文学と芸術の状態について学びたいと大いに願っていたからであった。当時の西側では、ロシアの文学、芸術の現状についてはあまり知られていなかった。もちろん私は、二〇年代、三〇年代のロシアの作家、芸術家に何が起ったかについていくらか知っていた。革命は、ロシアの芸術のあらゆる分野で創造的エネルギーの大波をかきたてた。どこでも大胆な実験主義が奨励された。新しい文化の統制者たちは、マルクス主義的であるかどうかを問わず、およそブルジョワ的趣味の横面に「平手打ち」を喰わせていると考えられるものには一切干渉しなかった。視覚芸術における新しい運動——カンディンスキー、シャガール、スーティン、マレーヴィッチ、クリューン、タトリンなどの画家、彫刻家のアルヒペンコ、ペヴスネル、ガボー、リフシッツ、ザトキン、演劇と映画の監督のメイエルホルト、ヴァフタンゴフ、タイロフ、エイゼンシュテイン、プドフキンなどの仕事——は次々に傑作を生み出し、西側に大きな衝撃を与えていた。文学と文学批評の分野でも、それと同じ上向きの動きがあった。内戦の暴力と破壊、それによってもたらされた荒廃と混乱にもかかわらず、異常なまでの活力に溢れた革命的芸術が依然として生み出されていたのである。

私は、一九四五年のセルゲイ・エイゼンシュテインとの出会いを想い出す。彼はひどい鬱状態にあった。それは、彼の映画『イワン雷帝』の原作をスターリンが非難したからであった。スターリンはイワン雷帝に一体感を感じていたが、映画では、貴族《ボナール》の裏切りを抑圧しなければならない事態に立ち至ったこの野蛮な支配者が、神経衰弱に苦しんだように描かれていた。スターリンはこれは誤りだと文句をつけたのである。私はエイゼンシュテインに、生涯の最良の年はいつだったと思うかと尋ねた。彼は躊躇なく答えた。「二〇年代の初期だ。あの時のことだ。われわれは若く、劇場で素晴らしいことをやった。一度、脂を塗った豚を劇場の観客の中に放したことを憶えている。お客は客席に跳び上って悲鳴を挙げた。あれは凄かった。ああ、どんなに楽しんだことか。」

明らかにこれは、よすぎて長続きするはずがなかった。それにたいして、集団的プロレタリア芸術を要求する熱狂的左翼から攻撃がかかった。次いでスターリンが、この政治–文学上の争いを純然たる精力の浪費、五ヵ年計画には全然必要でないものとして始末してしまうことを決定した。三〇年代半ばには作家同盟が設立され、正統思想を押しつけた。もはや議論はなくなり、人々の心をかき乱すこともなくなった。同調主義の横這いの時代が続いた。次いで最後の恐怖が来た——大粛清、公開の政治裁判、一九三七年—三八年の高まりゆくテロル、個々人と集団が、そして後には個々の民族全体が乱暴かつ無差別に薙ぎ倒されていった。この恐ろしい時期の事実について詳しく述べる必要はないであろう。それはロシア史の上で最初のことではなく、おそらくは最後のことでもないであろう。この時期のインテリゲンチャの生活の真の記録は、例えばナジェージダ・マンデリシュタム、リディア・チュコフスカヤの回顧録、別の意味ではアフマートヴァの詩『レクエム』の中に見ることができる。一九三九年には、スターリンは追放の停止を命じた。ロシアの文学、芸術、思想は砲撃にさらされた地帯のようであった。高貴な建物はまだ比較的無傷で残っていたが、荒廃し住む人もいなくなった街の風景の中に裸でひっそりと立っているといった有様であった。

次いでドイツの侵略が始り、異常なことが起った。敵を前に国民の統一を達成する必要から、政治統制がいくらか緩むことになった。かつてなかったことだが、ロシア愛国主義の感情の大波の中で、作家、特に詩人で、読者が自分に代って自分の感情と信念を語ってくれていると感じた詩人は、老いも若きも偶像化された。当局の不興を蒙り、したがってほとんど作品を出版していなかった詩人たちが、突然に前線の兵士から手紙を受けとるようになった。その手紙にはよく、彼らの詩の中でもっとも非政治的で、もっとも私的なものが引用されていた。ボリス・パステルナークとアンナ・アフマートヴァは、長い間いわば国内亡命の状態で暮していたが、彼らの公表、未公表の詩を引用した兵士からの驚くべき数の手紙を受け取りはじめた。署名を求めたり、詩文が本物かどうかの確認を求めたり、あるいはあれこれの問題についての筆者の態度表明を求めたりする手紙が流れのようにやってきた。遂にはそれが、いく人かの党指導者の心に生々しい印象を与えた。これまで睨まれてきた詩人たちの地位と身体の安全は、その結果、にわかによくなった。革命前のロシアでも、詩人による公開の朗読や詩を暗誦する私的な会合がよく開かれていた。それと違う点は、パステルナークやアフマートヴァが自分の詩の朗読で、時として言葉に詰ると、何人もの聴衆が直ちにその言葉をいって助けてくれたことであった。その詩には出版されたものも未発表のものもあったが、いずれにしても一般に入手が困難なものであった。このようにきわめて真実味のある敬意を示されて、作家たちは感動し、そこから力を引き出さずにはいられなかった。

明らかに他から抜きんでていた数人の詩人の地位には独特のものがあったと、私は思った。画家、作曲家、散文作家にせよ、さらには一番の人気俳優、雄弁な愛国的新聞記者にせよ、彼らほど深くまた広く、愛され尊敬されてはいなかった。私が電車や汽車や地下鉄の中で話しかけたような人々については、特にそうであった。彼らの中には、それまでこれら詩人の作品を読んだことがないことを認めるものもいた。ロシアの全詩人の中でもっとも有名でもっとも広く崇拝されていたのは、ボリス・パステルナークであった。私は、ソ連の誰にもまして彼に会うことを願った。公式の歓迎会では、外国人は当局が注意深く選んだソ連市民にしか会えなかったが、そこに出席を許されていない人々と会うのは非常に難しいと、私は注意を受けていた。その他のソ連市民は、外国人と会う、特に私的に会うのは望ましいことでなく、彼らにとって安全なことでもないということを、きわめて強く叩き込まれていた。しかし私は運がよかった。偶然の事情が鎖のように連なって、私はソ連滞在のごく初めの頃に、モスクワ近郊ペレデールキノの作家村にある田舎家にパステルナークを訪問するのに成功したのである。

二

彼に会いに行ったのは、一九四五年九月の暑い太陽のさすある午後のことであった。詩人と彼の妻、息子のレオニードは、別荘《ダーチャ》の裏で粗末な木のテーブルの囲りに坐っていた。パステルナークは暖く私を迎えてくれた。彼はかつて、友人の詩人マリーナ・ツヴェタエヴァからアラブ人とその馬に似ているといわれたことがある。彼は、多くの写真と父親の描いた絵でお馴じみの、暗くて憂鬱そうで、表情と気品のある顔をしていた。彼は単調な低いテノールで、鼻歌と唸り声の中間あたりの平坦で連続的な音声でゆっくりと話した。それは、彼と会った人がほとんど必ずといってよいほど気付いている点であった。母音は一つ一つ長く、まるでチャイコフスキー歌劇の何か物悲しいアリアのようであったが、同時にそれよりもはるかに力と緊張がこもっていた。

ほとんど直ぐにパステルナークが言った。「あなたはイギリスから来た。私は三〇年代——一九三五年——に、パリの反ファシズム大会の帰りにロンドンに寄った。」それから彼は言った。その年の夏、突然にソ連当局から電話がかかってきて、パリで作家大会が開会中だが、直ちにそれに出席するようにと言われた。適当な服がないと言うと、担当者たちは「われわれが面倒を見る」と言った。彼らは、正装のモーニングと縞のズボン、固いカフスと先が開いたシャツ、黒のエナメル靴を彼に着せようとしたが、みなぴったりと身体に合った。しかし結局は、平服で行くことを許された。後で聞いたところでは、大会の組織者アンドレ・マルローが彼を招待するよう頑張ったとのことであった。マルローはソ連当局者に、彼を出席させたくない気持はよく判るが、パステルナークとバーベリをパリに呼ばなければ、不必要な推測が生じるかもしれない、二人は非常に有名なソ連作家で、このごろは西欧のリベラルに人気のありそうなソ連作家はそう多くはいないのだと言った。「有名人がどんなに沢山きたか、あなたには想像もできないでしょう」と、パステルナークが言った。「ドライサー、ジード、マルロー、アラゴン、オーデン、フォースター、ロザモンド・レーマン、その他ひどく有名な人が沢山いた。私は演説した。私は彼らにこう言った。「この作家の会は、ファシズムにたいする抵抗を組織するためのものであると、私は諒解している。私には、あなた方に言うことは唯一つしかない。組織してはならない。組織は芸術の死である。大切なのは、個人の独立だけである。一七八九年、一八四八年、一九一七年には、作家は何かに賛成、反対で組織されてはいなかった。お願いする、組織しないでください。」

「彼らは驚いたと思う。しかし、他に私に言えることがあったろうか。これで帰国すれば厄介なことになるとは思ったが、その時も今も、私にそのことについて一言でも話した人は誰もいない。それからロンドンに行って、ソ連の船で帰ったが、帰りの船室はシチェルバコフと一緒だった。彼は当時の作家同盟の書記で、恐ろしく影響力があり、後には政治局員にもなった。私は休みなく、昼も夜も話した。彼は私に話すのをやめて、眠らせてくれと頼んだ。しかし私は話し続けた。パリとロンドンが私の目をさましたのだ。私は話をとめることができなかった。彼はどうかやめてくれと頼んだが、私は容赦しなかった。私がまるで狂っていると思ったに違いない。このおかげで、後に私が助かったのかもしれない。」私の思うに、いくらか狂っていると思われること、少くとも極端に風変りだと思われることが、大粛清期に自分を救ったのだといわんばかりであった。

それからパステルナークは、彼の散文、特に『リュヴェルスの幼年時代』を読んだかと私に尋ねた。きわめて不当なことに、「あなたの表情で判る」と、彼は言った。「あのような作品は無理で歪んでいて、自意識が強く、ひどく近代主義的《モダニスト》だと思うでしょう――いや、いや、否定しないで下さい。あなたはそう思っている。そして絶対に正しい。私は恥しく思っている、詩ではなく散文については。あのころ流行していた象徴主義運動の中のもっとも弱く、もっとももたもたしたものの影響を受け、神秘的な混乱に溢れている。もちろんアンドレイ・ベールィは天才です。『ペテルブルク』『コーティク・レターエフ』には、素晴らしい点が沢山にある。それは知っています。いって下さるには及びません。しかし彼の影響は致命的だった。ジョイスは別の問題です。当時私の書いたものはみな、執念にとらわれ無理をして、破産し人工的、役立たず〔*negodno*〕です。しかし今私は、まったく違ったものを書いています。何か新しいもの、まったく新しくて明るく、優雅で均衡があり〔*stroinoe*〕、古典的なまでに純粋で単純なものです。ヴィンケルマンがそうです、ゲーテが望んでいたものです。そしてこれが世界へ残す私の最後の言葉、私のもっとも重要な言葉になるでしょう。

そうです。私はそれによって記憶されたいのです。これからの生涯をそれに捧げるつもりです。」

このような言葉がすべて完全に正確であると保証することはできない。ともかく私は、このように記憶している。この計画中の作品が、後の『ドクトル・ジヴァゴ』になった。彼は一九四五年には初めの方の数章の原稿を書き上げており、私にそれを読んで、オックスフォードにいる彼の姉妹たちのところに送るように頼んだ。私はその通りにしたが、この小説全体の計画について知ったのは、もっと後のことであった。それからしばらく、パステルナークは黙っていた。誰も話さなかった。やがて彼は、グルジアとグルジア人作家のヤシヴィリとタビーゼとグルジアの酒が大好きなこと、グルジアでは自分がいつも大歓迎を受けることを話してくれた。その後で、彼は私にむかって西側で何が起っているかを鄭重に尋ねた。私はハーバート・リードと彼の人格主義の理論を知っているか。ここで彼は、人格の自由についての彼の信念はカントの個人主義に由来していることを説明した。ブロークは、彼の詩「カント」ではカントを完全に誤解しているともいった。また、ここロシアでは彼が私に話せるようなことは何もない、ロシア(彼にしろ私の会った他の作家にせよ、誰も「ソ連」という言葉を使わないことに私は気付いていた)では外界との関係が事実上断ち切られた一九二八年あたりで、時計が止ってしまっていると言った。例えばソヴェト百科辞典の中での彼と彼の作品についての記述は、後年の彼の生活や著作にはまったく触れていないと言うのである。

年輩の有名な女流作家であるリディア・セイフーリナが口をはさんだ。彼女は、パステルナークが話している最中に割り込んできた。「私の運命もまったく同じです」と、彼女はいった。「私についての百科辞典の記事は、最後の数行のところで、「セイフーリナは現在、心理的、芸術的な危機にある」と言っている。そしてこの記事は、この二〇年間そのままになっているのです。ソ連の読者にかんするかぎり、私はいまも危機状態、映画のフィルムを中途で止めたような状態にあります。われわれはポンペイの人々のようです。ボリス・レオニードヴィッチ、あなたと私は話している最中に灰に埋もれてしまったのです。それに私たちは、ほとんど知りません。メーテルリンクとキプリングが死んだことは知っています。しかしウェルズ、シンクレア・ルイス、ジョイス、ブーニン、ホダセーヴィッチ——彼らは生きているのでしょうか。」パステルナークは当惑したような顔をして、話題を変えた。彼はプルーストを読んでいたところだ、フランス共産党の友人たちがこの傑作を全巻揃えて送ってくれたのだ、傑作であることは知っており、最近になってもう一度読んだのだと、彼は言った。当時の彼は、サルトルやカミュのことを聞いていなかった。またヘミングウェイは高く買っていなかった(「アンナ・アンドレーヴナ〔アフマートヴァ〕が何故高く買うのか、私には想像もつかない」と、彼は言った)。

彼は、荘重なゆっくりと流れる美しい言葉で語った。時として言葉が激しくほとばしり出た。彼の話はよく、文法構造の土手を越えて氾濫した。明晰な文章に続いて、荒々しい、しかし常に見事なまでに生き生きとした具体的な譬喩が現れ、それに暗い言葉が続くこともあった。そうなると、話を追うのが難しくなった。そして突如として、再び明るい天地にもどってくるのである。彼の話し言葉は、彼の書いたものと同様にいつも詩人の言葉であった。詩を書く時には詩人で、散文を書く時には散文作家になる詩人がいるが、何を書いても詩人であるものもいると、誰かがかつて言った。パステルナークは、何をしても何であっても、そのすべてにおいて天才的な詩人であった。彼の会話については、私にはその質を形容しようがない。彼のように話す人で他に私の出会ったのは、ヴァージニア・ウルフだけであった。彼女も彼と同様、聞くものの心を全速で走らせ、同じく快活で、時には凄まじいやり方で、聞くものの念頭から正常の現実観を消し去った。

私は、わざと「天才」という言葉を使っている。この非常に連想に豊かであるが不正確な言葉でもって、私は何をいわんとしているかをよく尋ねられる。その答としては、私はこうとしか言えない。舞踏家のニジンスキーが、どうしてそんなに高く跳び上れるのかと訊かれたことがある。彼は、そこには大した問題はないと答えたそうである。大抵の人は、空中に跳び上ると直ぐに降りてくる。「何故、直ちに降りてこなければならないのか、もどってくる前に、しばらく空中にとどまっていたらよいではないか。」こういったと、伝えられているのである。天才であることの基準の一つは、まさにこれであると私は思う。普通の人にはできないこと、できないということを普通人が知っていること——またどうやったらよいのか、何故自分にはできないのかも判っていないこと、そのようなきわめて単純で目に見えることをやってのける能力のことである。パステルナークは、時には大飛躍を混じえて話した。彼の言葉の使い方は、私の知っているかぎりでもっとも想像力に富んだものであった。荒々しく、非常に感動的であった。もちろん、文章の天才には大きな多様性がある。しかし(私の経験では)、エリオット、ジョイス、イエーツ、オーデン、ラッセルは、このようには話さなかった。私は、好意に甘えて長居はしたくなかった。私は詩人のもとを去ったが、彼の言葉、彼の人格に昂奮し、そして圧倒されていた。

パステルナークがモスクワに帰ると、私はほとんど毎週のように彼を訪問し、彼をよく知るようになった。彼の存在、彼の声と身振りが聞くものを変えていく力を形容することは、私には望むべくもないことである。彼は本と作家について話した。プルーストを愛しており、彼の著作に傾倒していた。『ユリシーズ』についてはともかく、当時の彼はジョイスの後期の作品を読んでいなかった。彼はフランス象徴主義について、ヴェルハーレンとリルケについて話した。この二人とも以前に会っており、リルケを人間としても作家としても大いに尊敬していた。彼はシェイクスピアに夢中であったが、自分自身の翻訳には不満であった。「私は、シェイクスピアに私に代って仕事をさせようとした。しかし成功ではなかった」と、彼は言った。彼のいうには、彼はトルストイの影の中で育った——トルストイは、彼にとっては比較を絶した天才で、ディッケンズやドストエフスキーよりも偉大で、シェイクスピア、ゲーテ、プーシキンと並ぶ作家であった。画家であった彼の父は、一九一〇年、死の床にあったトルストイと会わせるために彼をアスターポヴォに連れていった。彼にとって、トルストイにたいして批判的になるのは不可能になった。ロシアとトルストイは一つであった。ロシアの詩人については、もちろんブロークが時代の支配的な天才であったが、彼は共感を感じていなかった。ベールィの方が彼に近かった。ベールィは奇妙な、今まで聞いたことがないような魔術的洞察力のある男で、ロシア正統教会の伝統における聖なる愚者とでもいうべき人物であった。ブリューソフについては、器用な御手製の自動音楽機械、利口で打算的な策動家で、まるきり詩人でないと考えていた。彼はマンデリシュタムには触れなかった。彼の妻マリーナ・ツヴェタエヴァにはきわめて深い親しみを感じていた。彼女とは長年の友情で結ばれていたのである。マヤコフスキーにたいする感情は、もっと矛盾していた。彼はマヤコフスキーをよく知っていたし、二人は親友であった。そしてパステルナークは、彼から多くを学んでいた。もちろんマヤコフスキーは、古い形式を破壊した巨人であった。しかしパステルナークが付け加えていうには、他の共産党員と違っていつも人間であった——いや、大詩人であったわけではない、チュッチェフやブロークのような不滅の神ではなく、フェトやベールィのような半ば神といった存在でもなかった。時が経つにつれて、彼は小さくなっていった。彼は時代——むしろその日その日によって必要とされていたのだ。彼は時代が要求していたものだった。パステルナークは言う。アセーエフ、粛清された可哀相なクリューエフ、セリヴィンスキー、それにエセーニンもそうだが、それぞれの時を持った詩人たちがいた。彼らは、その日々の緊急の必要を満した。彼らの才能はロシアにおける詩の発展にとって決定的に重要であったが、その時が過ぎると彼らはもはや存在しなかった。マヤコフスキーは、彼らの中のもっとも偉大な詩人であった。『ズボンをはいた雲』には歴史的な重要性があるが、その絶叫は聞くに耐えない。彼は自分の才能を膨らませ痛めつけ、遂には破裂させてしまった。あの多彩な風船の残骸は、いまも人の——その人がロシア人であるかぎり——前途に横たわっている。彼は才能があり、重要な存在だったが、粗く、まだ大人になっていなかった。そしてポスター芸術家で終った。マヤコフスキーの情事は、人間として詩人としての彼にとって破滅的であった。パステルナークは、人間としてのマヤコフスキーを愛した。マヤコフスキーの自殺の日は、彼自身の生涯のもっとも暗黒の日であった。

パステルナークは、ロシアの愛国者であった――自分が国と歴史的につながっているという意識が、非常に深かった。彼が何度も私に語ったことだが、彼はペレデールキノの作家村で夏を過すことを非常に喜んでいた。その村がかつて、偉大なスラブ主義者ユーリ・サマーリンの領地の一部であったからである。この伝統の糸は、伝説のサトコからストロガノフ家、コチューベフ家へ、そしてジェルジャーヴィン、ジュコフスキー、チュッチェフ、プーシキン、バラトゥィンスキー、レールモントフ、フェト、アンネンスキーへ、さらにアクサコフ家、トルストイ、ブーニンへとつながっている。つまり自由主義的知識人ではなく、スラブ主義者につながっている。トルストイがいったように、自由主義的知識人は人々は何によって生きるかを知らないというのである。このように、ロシアの土に深く根を下した真のロシア的作家と思われたいという情熱的な――ほとんど執念に近い――願望は、自分がユダヤ人出身であることにたいする彼の否定的な感情の中に特に強く現れていた。彼はこの話題について論じようとはしなかった――それに当惑したというのではないが、彼はそれを嫌っていた。彼は、一つの国民としてのユダヤ人が消滅することを願っていた。

彼の芸術家としての嗜好は青年時代に形成された。そして彼は、その時代の巨匠たちにいまも忠実であった。彼は作曲家になることを考えたことがあるが、スクリアビンの想い出は彼にとって神聖であった。私は、パステルナークとノイハウス(有名な音楽家で、パステルナークの妻ジナイダのかつての夫)の二人がスクリアビンと象徴主義画家ヴルーベリに捧げた讃辞の歌を簡単には忘れないであろう。二人は、このヴルーベリをニコラス・リョエリッヒとともに、一切の現代画家よりも高く評価していた。二人にとって、ピカソとマチス、ブラックとボナール、クレーとモンドリアンは、カンディンスキーやマレーヴィッチと同様、あまり意味がないようであった。

アフマートヴァと、彼女とは同時代のグミリョーフ、マリーナ・ツヴェタエヴァが十九世紀の最後の声であるというのには、一理がある。おそらくパステルナークは、二つの世紀の中間に位置しているのである。おそらくは、マンデリシュタムもそうであろう。二人は、ロシアの第二のルネッサンスとしか呼びようのない気運の最後の代表者であった。二人は、たとえピカソ、ストラヴィンスキー、エリオット、ジョイス、シェーンベルクなどを尊敬していたとしても、基本的に近代的運動の影響を蒙っていなかった。ロシアの近代的運動は政治的な出来事のために流産に終っていたからである(マンデリシュタムの詩については別である)。パステルナークはロシアを愛した。彼は、自分の国のすべての欠点——スターリン治政下の蛮行を除いて、すべての欠点を許す覚悟であった。しかし一九四五年には彼はこのスターリン治政についても、曙光の前の暗黒と見て、この曙光を探って目をこらしていた。その希望は、『ドクトル・ジヴァゴ』の最後の数章の中で表現されていた。彼は、自分がロシア国民の内的生活と交り、その希望と恐怖と夢を共有し、チュッチェフ、トルストイ、ドストエフスキー、チェーホフ、ブロークがそれぞれの仕方でその声であったように、自分もそうであると信じていた(私が知り合った頃には、彼はネクラーソフをまったく認めていなかった)。

私がモスクワで彼を訪ねて語り合った時には、われわれはいつも二人きりで、本一冊、紙一枚ない磨き上げた机を前に坐っていたが、彼は自分が国の心臓の近くに生きているという信念を繰り返して強調した。そして厳しく繰り返して、ゴーリキーとマヤコフスキー——特に前者はこの役割を果さなかったと言った。彼は、自分にはロシアの支配者に向っていわねばならぬことがある、自分にだけいえるきわめて重要なことがあると感じていた。彼はよくそのことについて話したが、それが何であるかは私には漠然としてまとまりがないように思えた。それは、私の理解が至らなかったからかもしれない。しかしアンナ・アフマートヴァが私に語ったところでは、彼がこのように予言者風に話すと、彼女にも理解できなかったそうである。

彼がマンデリシュタム逮捕の件についてスターリンと電話で話したことについて私に話してくれたのは、彼がこのような陶酔的な気分でいる時であった。この有名な会話については多くの異説が流布したし、いまも流布している。私としては、彼が一九四五年に私に話してくれたのを、私の記憶しているかぎりで再現できるだけである。彼の話によると、モスクワのフラットで妻と息子、その他には誰もいないでいる時に電話が鳴り、こちらはクレムリンですが、同志スターリンが彼と話したいと言っていると告げた。彼は、これは馬鹿げた悪戯だと思って、受話器をおいた。すると電話がまた鳴って、電話の声の主は何とか、それが本物であることを彼に納得させた。次いでスターリンが、ボリス・レオニードヴィッチ・パステルナークですかと尋ねた。パステルナークは、たしかに自分ですという、スターリンは、マンデリシュタムが彼スターリンについての風刺詩を読んだ時、パステルナークはその場に居合わせたのかと訊いた。パステルナークはこう答えた。自分がそこに居合わせたかどうかは、自分にとって重要であるとは思えない。しかしスターリンが電話をかけてくれたことは、非常に幸せである、こういうことが起るといつも思っていた。二人は是非会って、最高度に重要なことについて話し合わねばならない、と答えたのである。そこでスターリンは、マンデリシュタムは巨匠なのかと尋ねた。パステルナークは、二人は詩人としては非常に異ってお り、自分はマンデリシュタムの詩を尊敬しているが、親近感は感じていない、しかしともかく、それは全然重要なことではないと答えた。

このエピソードを私に向って語っている時、ここでパステルナークは、またもや世界史の宇宙的転換点についての例の形而上的大飛躍に乗り出していった。彼がスターリンと論じたいと思っていた点であり、そうすることが最高に重要なことだったのである。彼がスターリンにも同じ調子で話したことは、私には容易に想像できた。ともかくスターリンは、マンデリシュタムが風刺詩を読んだ時に居合わせたかどうかをもう一度尋ねた。パステルナークは再び、もっとも重大なことは彼とスターリンとの会見がなければならないということ、そして直ぐに会わねばならないし、万事はそれにかかっている、二人は生と死について、究極の論点について話し合わねばならぬと答えた。スターリンは、「もし私がマンデリシュタムの友人ならば、彼をいかにして守るかをもっとよく知っているであろう」といって、受話器をおいた。パステルナークは呼びもどそうとした。驚くべきことではないが、国の最高指導者への電話はもう通じることはなかった。明らかにこのエピソードは、彼の心に深く喰い入っていた。彼は、私がいま述べたままの話を少くとも他に二度、私に繰り返したし、他の形のようであるが、他の訪問者にもこの話をしている。マンデリシュタムを救出しようとする彼の努力、特にブハーリンへの訴えは、少くともしばらくの間、彼を生かせておくのに役立ったようである。マンデリシュタムが最終的に殺されたのは、数年後のことであった。しかし明らかにパステルナークは、おそらく別の応答の仕方をしておれば、あの死刑判決を受けた詩人のためにもう少しのことはできたかもしれないと感じていた(1)。それには充分な根拠がなかったかもしれない。しかし、自己満足か愚かさで目が眩んでいない人ならば、誰しもそう感じるであろう。

彼はこの話に続いて、他の犠牲者たちのことを話した。ピリニャークは、一九三六年の叛逆罪で告発された人々の一人を非難する文書に彼が署名することを求めて、使者が訪ねてくるのを今か今かと待っていたが(「いつも窓の外を見ていた」)、誰も来なかったので、自分の運命も決ったことを遂に悟った。一九四一年のツヴェタエヴァの自殺の事情についても話した。文学官僚たちが彼女にあれ程までに恐ろしく心ない仕打ちをしなければ、自殺は防げたのではないかと彼は考えていた。またトゥハチェフスキー元帥を非難する公開状に署名するよう彼に頼んだ男についても、話してくれた。パステルナークが署名を断って、断った理由を説明すると、この男はやにわに泣き出し、詩人はそれまで出会った中でもっとも高貴で聖人のような人間であるといって、彼を熱烈に抱擁した。

そしてそこから、真直ぐに秘密警察へ出頭して、彼のことを非難したのである。

パステルナークは、話し続けた。共産党は戦時中は積極的な役割を果したし、それはロシアだけのことではないが、党と何らかの関係を持つことにはますます強い反撥を感じるようになった。ロシアはガレー船、奴隷船であり、党員は漕ぎ手を鞭打つ役をしている。当時モスクワに、ロシア語をいくらか知っていて詩人を自称しているあるイギリス連邦外交官がいた。もちろん私は彼を知っていたが、彼はよくパステルナークを訪問し、あらゆる機会——およそありえないような機会までとらえて、彼パステルナークはもっと党に近寄るべきだと主張していた。彼は、何故そんなことをするのかを知りたがっていた。外の世界からやって来て、自分に何をなすべきかを語る紳士方は御無用である——私からその男に、訪問はお断りしたいと言ってくれないものであろうか。私はそういうと約束したが、しかしその約束は守らなかった。一つには、パステルナークのただでさえ危険な立場をさらに一層不安定にしはしないかと心配したからである。

パステルナークは、私も叱責した。政治やその他のことについての私の意見を、彼に押しつけようとしているからではない——しかし、彼にとってはそれ同様に悪いことのためであった。われわれ二人はともにロシアにいて、どちらを向いても、すべては吐気をもよおすほどいまいましく、ぞっとする状態、ロシアそのものが汚らしい豚小屋である。それでも私は、進んで浮かれているようだというのである。「あなたはあちこち歩き回って、すべてをうっとりした目付きで見ている」と、彼は言った。私は、何も見ずに愚かな幻想にとらわれている外国からの他の訪問者と変らない(と彼は言い切った)、哀れな現地人にとっては腹が立つのだと、言うのである。

パステルナークは、彼が党ないし国家と妥協しようとしているという非難にはきわめて敏感であった。彼が生き残っているだけでも、当局者を丸めこもうとする何か不名誉な努力、迫害を逃れるために人格を落すような何か汚いやり方のせいと解されはしないかと心配していた。彼はいつもこの点に立ち帰り、彼の知人がいささかも非の打ちどころがないと考えるような行動は自分にはできないのだと、くどくどと語った。ある時、彼は私に、彼の戦時詩集『朝の汽車で』は支配的な正統思想に同調しようとするゼスチュアだという話を聞いたことがないかと尋ねた。私はそんな話は聞いたことがない、馬鹿げた話だと心から答えた。

アンナ・アフマートヴァは、彼にたいしてきわめて深い友情と尊敬で結ばれていたが、彼女が私にこの話をしてくれた。戦争の末期、彼女はタシケント――レニングラードからそこに疎開していた――から帰る道でモスクワに滞在して、ペレデールキノを訪ねた。着いてから二、三時間と経たないうちに、彼女はパステルナークから、熱が出て寝ている、会うのは不可能だという伝言を受け取った。次の日、同じ伝言が来た。三日目、彼は彼女の前に、病気をした様子などいささかもなく、普段になく元気に現れ出てきた。何はともあれ、彼は先ず、これ、つまり最近になって出た彼の詩集を読んだかと尋ねた。彼は非常に辛そうな表情を浮かべてそう訊いたので、彼女は機転をきかして、読んでいない、まだ読んでいないと答えた。そう聞くと、彼の顔が晴れた。彼は大いに安心したようで、それからは幸せそうに話した。その必要はなかったのだが、彼は明らかにこの詩を恥じていた。公民的《シヴィク》な詩を書くのは、彼にはあまり気乗りしない努力のように思えた。彼がこのジャンルほど激しく嫌ったものは、他になかったのである。

けれどもまだ一九四五年には、彼は、嵐がすべてを洗い清めた結果として――彼には、戦争はそのような嵐と思われた――、ロシア的生活の偉大な再生の希望があると考えていた。その嵐は、それなりの恐ろしい仕方で革命そのものと同じような変革を起す。われわれのちっぽけな道徳範疇をはるかに超えた壮大な激動をもたらすと考えていた。このように大きな変異については、人は判断できないと彼は主張した。人は一生を通じて、それについて考え抜き、できる限りそれを理解しようとしなければならない、それは善と悪、受容と拒絶、疑惑と同意を超えたもので、基本的な変化、地震、津波、あらゆる倫理的、歴史的範疇を超越した変革として受容しなければならない。そして、裏切り、粛清、無実の人々の大量殺害、それに続いて生じた凄絶な戦争という暗い悪夢も、彼にとっては、何か不可避的なかつて聞いたこともない精神の勝利への必然的な序曲のように思われたのであった。

それ以後一一年間、私は彼と再会することはなかった。一九五六年には、国の政治体制との関係は完全に悪くなっていた。彼は体制について、あるいはその代表者について語る時には身震いしていた。その頃、彼の友人オリガ・イヴィンスカヤが逮捕、審問、虐待を受けて、五年間の労働収容所送りになった。国家安全相のアバクーモフが、彼女にむかって「あなたのボリスはわれわれを嫌っているのでしょう」と言った。「彼らは正しい」と、パステルナークは言う。「彼女はそれを否定できなかったし、また否定しなかった。」私は、ノイハウスと彼が先妻――今ではパステルナークと結婚している――との間に設けた息子の一人と一緒に、ペレデールキノまでの旅をしたことがある。彼は、パステルナークは聖者だと何度も繰り返して言った。彼はあまりにも世間を知らない。ソヴェト当局が『ドクトル・ジヴァゴ』の刊行を許すだろうという彼の楽観は、明らかに馬鹿げている。著者の迫害の方が、はるかにありそうなことだ。パステルナークは、過去数十年のロシアが生み出したもっとも偉大な作家で、これまでの非常に多くの作家と同様、彼も国家に破滅させられることになるだろう。これは、帝政からの遺産だ。新旧のロシアにどんな違いがあろうと、作家、芸術家にたいする警戒と迫害は両方に共通だ。私の先妻ジナイダ――今はパステルナークの妻――は、パステルナークは自分の小説をどこかで出版しようと決心していることを教えてくれた。自分は思いとどまらせようとしたが、説得の言葉は無駄だった。これは重要なこと、いやそれ以上のこと、生死にかかわることだ。このような時世になっても、誰もそうでないとはいい切れまい。ともかくもしパステルナークが私にそのことを話したら、私からも彼にむかって行動を控えるよう説得してもらえまいか。私には、ノイハウスは正しいと思えた。おそらくパステルナークは、彼自身による肉体の破壊から守る必要があった。

その頃、われわれはパステルナークの家に着いた。彼は門のところでわれわれを待っており、ノイハウスを中に入れて、私を温く抱擁し、会わなかった一一年間に多くのことが起り、大抵は悪いことだと言った。それから立止って、「あなたにも私に言いたいことがあるでしょう」と付け足した。私は、まさに記念碑ものの機転のなさ(許しがたい愚かさとまでいわずとも)でこう言った。「ボリス・レオニードヴィッチ、お元気そうで私は幸せです。しかし大事なことは、あなたが生き延びられたことです。われわれには、これはほとんど奇蹟的なことのように思えます」(私は、スターリンの晩年の反ユダヤ人迫害のことを思っていたのだ)。彼の顔は暗くなり、本物の怒りをこめて私を見た。「あなたが何を考えているか、私は知っている」と、彼は言った。「私は何を考えているのでしょう、ボリス・レオニードヴィッチ。」「私は知っている、私は知っている。あなたの胸の中に何があるか、私は正確に知っている」、彼は声を荒らげながら答えた。それは非常に怖かった。「云い訳しなくてよろしい。私は、自分の心よりもはっきり、あなたの心が見抜けるのだ。」「私は何を考えているのですか」、私は彼の語勢にますますうろたえながら、もう一度尋ねた。「あなたは思っている、あなたがそう思っているのは私に判っている。私が彼らのために何かしたと思っているのだ。」私は答える。「ボリス・レオニードヴィッチ、私はそんなことを考えたこともありません。誰かが言っているのを聞いたこともありません。たとえ馬鹿げた冗談としても。」やがて彼は、私を信じたようであった。しかし彼は、目に見えて動転していた。作家としてだけでなく自由で独立の人間としての彼にたいする尊敬は、文明諸国民の間では世界的に拡がっていると私が彼に断言すると、ようやく普通の状態にもどり始めた。彼は言った。「少くとも私は、ハイネのようにこういうことができる。「私は詩人として記憶されるには値いしないかもしれぬ。しかし、人間の自由のための戦いにおける一人の兵士としてはたしかに記憶されるであろう。」

彼は私を、書斎に連れていった。そして分厚い封筒を私の手に押しつけた。「私の本です」、彼は言った。「すべてがそこにある、それは私の最後の言葉です。どうか読んで下さい。」私は次の一昼夜の間に、『ドクトル・ジヴァゴ』を読んだ。二、三日して彼にまた会った時、それをどうするつもりなのかと彼に尋ねた。彼の言うには、彼はそれを、ソ連放送のイタリア部で働いているが、同時にイタリア共産党の出版社フェルトリネリの代理人もやっているあるイタリア共産党員に渡した。世界での出版権も、フェルトリネリ社に委譲した。彼は自分の小説、彼の遺書、彼の一切の著作の中でもっとも真実で完全なもの――それと比べれば彼の詩は物の数ではない(もっとも、この小説の中の詩はおそらく自分の書いたものでは最高だと、彼は思っていた)――彼はこの作品が全世界を旅し、火でもって焼きつくし(彼はプーシキンの、有名な聖書的な一行を引用した)、人々の心を廃墟に化することを願っていた。

昼食が終ると、彼の妻ジナイダ・ニコラエヴナが私を傍へ呼んで、目に涙をためて『ドクトル・ジヴァゴ』の国外出版を思いとどまらせてくれと懇願した。彼女は、子供たちが迫害を受けないことを願っていた。もちろん、「彼ら」には迫害できることは御存知でしょう。この懇願に心を動かされて、私は最初の機会をとらえて詩人に話した。私は、彼の小説のマイクロ・フィルムを取って、地球のいたる所に埋めておく、オックスフォード、タスマニア、ヴァルパライソ、ケープ・タウン、ハイチ、ヴァンクーヴァー、日本に埋めておくことを約束した。そうすれば、もし核戦争が勃発しても、原稿は生き残るであろう――彼はソ連当局に反抗する決意なのか、どのような結果になるかを考えたのか。

その週で二度目のことであったが、私に話す語調の中に、彼はいくらか真の怒りを示した。彼は私に言った。私の言ったのはもちろん善意から出たことで、彼自身の安全、彼の家族の安全(これはいくらかの皮肉をこめていわれた)にたいする私の配慮には心を動かされた。しかし彼は、自分が何をしようとしているかを知っていると言うのである。私は、一一年前のあのしつこいイギリス連邦外交官よりも悪い。彼は息子たちとは話した。彼らは迫害を覚悟している。私は、二度とこのことを口にしてはならないとも言った。私は彼の本を読んでいた。それが、何よりもそれが流布することが彼にとって何を意味するかは、もちろん承知していた。私は、恥じ入って沈黙した。

しばらく間をおいて、われわれは以前にもよく話し合ったように、フランス文学について話した。前に会ってから後、彼はサルトルの『嘔吐』を手に入れ、それが読むに耐えない、その猥雑さは吐き気を催す程だと考えていた。偉大なフランス国民は、四世紀にわたって創造的天才を生み出しながら文学の創造をやめることができるのであろうか。アラゴンは時流にへつらっている。デュアメルとゲーノの退屈さは、考えられもしない。マルローはまだ書いているのか。私が返事する前に、彼の客の一人、優しい物静かな婦人が口をはさんだ。彼女は教師であったが、英語を教えたという理由だけで労働収容所送りになり、一五年経ってようやく帰ってきたばかりであった。彼女は、『ポイント・カウンター・ポイント』以後、オルダス・ハックスレーは何かを書いたかとおずおずと尋ねた。ヴァージニア・ウルフは、まだ書いているか――彼女は、ウルフの本は一度も読んだことがない。しかし、何か謎めいた方法で彼女の収容所に届いたフランスの古新聞の記事を読んで、彼女はウルフの作品が好きになるかも知れないと思ったのである。

外界の芸術と文学についてのニュースを、これ程までに真に渇望し、しかも他の情報源からは手に入れられそうにない人々にむかって伝えること——その喜びをいい現わすのは難しい。私は彼女と一座の人々に、私にできる限りでイギリス、アメリカ、フランスの著作について語った。それは、無人島に難破して何十年も文明から切り離されていた人々に話しているかのようであった。聞くものすべてを、彼らは心躍る楽しいニュースとして受け取った。パステルナークの親友のグルジアの詩人ティツィアン・タビーゼは、大粛清の中で消えたが、彼の未亡人ニーナ・タビーゼもその場にいた。彼女はシェイクスピア、イプセン、ショウは今でも西欧の演劇界の大物であるかどうかを知りたがった。彼女はショウにたいする関心は下り坂だが、チェーホフは大いに尊敬されていてよく上演されていると話した。そしてついでに、アフマートヴァが彼女にはこのチェーホフ崇拝は理解できない、と私に言ったことを付け加えた。チェーホフの世界は、そろいもそろって単調だ、太陽は決して輝かない、剣が光ったこともない、すべては、恐るべき灰色の霧で蔽われている、チェーホフの宇宙は泥の海で、哀れな人間たちがその中でもがいている、それは人生の戯画だ(私は、イエーツが同じような感情を表現したのを聞いた。「チェーホフは、生と死については何も知らない」と、彼は言った。「彼は、階上の天国は剣と剣が打ち合う音で満ちていることを知らないのだ」)。パステルナークは、アフマートヴァはまったく誤っていると言った。「彼女にあったら伝えてください。われわれは、あなた程には自由にレニングラードへは行けないのだから。彼女に、ここにわれわれ皆からと言って伝えて下さい。ロシアの作家は誰もが読者に説教している。ツルゲーネフさえもが、時は偉大な治療師だなどという。説教しなかったのはチェーホフだけだ。彼は純粋な芸術家だ。すべてのものが融解して芸術になっている。彼は、フローベールにたいするわれわれロシア人の解答なのだと。」彼は続けて言った。アフマートヴァはきっとドストエフスキーについて語り、トルストイを攻撃するだろう。しかし、ドストエフスキーの小説はひどく混乱している、排外主義とヒステリー的宗教の混合物だといった点では、トルストイは正しい。「アンナ・アフマートヴァに、これは私の意見だといって伝えて下さい。」しかし、一九六五年にオックスフォードでアフマートヴァと再会した時、私はこの彼の判断を伝えない方がよろしいと思った。彼女は彼に答えたいと思うかもしれない。しかしパステルナークは墓の中であった。現実に彼女は、きわめて情熱的な敬意をこめてドストエフスキーについて私に語ったのである。

三

そしてこのようなきっかけから、私は詩人アンナ・アフマートヴァと会うことになった。私は、モーリス・バウラから彼女の詩を教えられたが、彼女に会うことを望んでいた。一九四五年一一月、私はモスクワからレニングラードへ行った。私がこの都市を見たのは、一九一九年以来のことであった。そのころ私は一〇歳で、私の家族は生れ故郷であるリガ——当時は独立共和国の首都であった――に帰ることを許されたところであった。レニングラードに来ると、私の子供の頃の記憶がお伽噺のように生き生きとしてきた。私は、街路、家、銅像、海岸通り、市場などの光景、サモワールを修繕する小さな店――私たちの住んでいた家のすぐ下にあった――の今も壊れている柵という突如として現れた懐かしい光景に、口にはいえない程に感動していた。その家の内庭は、革命後の最初の数年と同じように、汚く見捨てられているように見えた。個々の事件、エピソード、経験についての私の記憶が、私自身とこの物理的現実との間に介在していた。伝説の都市の中へ足を進めているかのようであった。私自身が生き生きとして半ば記憶されている伝説の一部となり、しかも同時にそれをどこか外側の観察地点から見ているように感じられた。その都市は大きな戦争の痛手を受けていたが、それでも一九四五年には、依然として形容しがたいまでに美しかった(それから一一年後、私が二度目に見た時には、全面的に復興していたようである)。私は、ネフスキー大通《プロスペクト》の「作家たちの書店」に足を向けた。本を見ていると、詩集の本の頁をぱらぱら見ていた一人の男とたまたま会話を始めることになった。彼は、よく知られている批評家、文学史家であることが判った。われわれは、最近の出来事について話した。彼は、レニングラード包囲戦の恐ろしい試練、多くの住民の自己犠牲と英雄主義について語り、あるものは寒さと飢えで死に、残りのもの――大抵が若い人々であったが――は生き残ったと言った。またあるものは疎開した。私は、レニングラードの作家たちの運命について尋ねた。彼はいった。「ゾシチェンコとアフマートヴァのことですか。」アフマートヴァは、私にとっては遠い過去の人物であった。彼女の詩をいくつか翻訳したモーリス・バウラは、彼女のことを第一次大戦以後、誰も消息を知らない人だと私に語っていた。「アフマートヴァはまだ現存なのですか」と、私が尋ねた。「アフマートヴァ？　アンナ・アンドレーヴナのことですね」と、彼は言う。「そうです。もちろんです。彼女はここからあまり遠くないフォンタンカ通の、フォンタンヌイ・ドーム〔泉の家〕に住んでいます。彼女に会いたいのですか。」それは、突然にクリスチーナ・ロゼッティ嬢に会うよう招待されたかのようであった。私はほとんど口がきけなかった。私は、たしかに会いたいと口ごもりながら言った。「彼女に電話をかけましょう」、私のこの新しい知人がいった。彼はもどってきて、彼女は午後三時にわれわれと会うと告げた。私が書店にまできて、そこから一緒に行くことになった。

　約束の時間に、私は書店にもどって来た。批評家と私は書店を出て左に曲り、アニチコフ橋を渡り、フォンタンカ海岸通りにそってもう一度左に曲った。シェレメーチェフ家の邸宅であった泉の家は壮大な後期バロック建築で、レニングラードを有名にしている精巧な鉄細工の門戸があり、広い内庭の周りに建てられていた――オックスフォードやケンブリッジの大きなカレッジの内庭に似ていなくもなかった。二人は、急で暗い階段をつたって上の階に昇り、アフマートヴァの部屋に入った。それはほとんど家具のない部屋であった。そこにあったものは皆、包囲戦の間に取り去られたのか――掠奪されたか、売られたか――と、私は思った。小さいテーブル、三つか四つの椅子、木の箱《チェスト》、ソファがあり、火の入っていないストーヴの上にはモディリアーニの絵があった。堂々とした銀髪の婦人が、肩に白いショールを巻き、ゆっくりとわれわれを迎えるために立ち上った。

アンナ・アンドレーヴナ・アフマートヴァには、途方もない威厳があった。ゆったりした身振り、高貴な頭、美しいがややいかめしい顔そしてこれまた途方もない悲しみの表情をたたえた婦人であった。私は頭を下げて礼をした。それが適当だと思った。彼女が悲劇の女王のように見え、またそのように振舞ったからである。私は彼女に、会ってくれたことに感謝し、西側の人々は彼女のことについて長い間何も聞かなかったから、彼女が元気でいることを知って喜ぶだろうといった。「そうですか。しかし私についての論文が『ダブリン・レヴュー』に載っていました」と、彼女は言う。「そしてボローニアで、私の作品についての学位論文を書いている人がいると聞きました。」彼女のところに一人の友人がいた。何かの学問をしている婦人だったが、数分の間、丁重な会話が続いた。するとアフマートヴァが、空襲下のロンドンの試練について尋ねた。私はできる限りうまく答えようとしたが、彼女の間遠い、やや女王のような態度のためにひどく内気でぎごちなく感じていた。突然、私の名らしいものが窓の外で叫ばれたのを聞いた。しばらくはそれを気に懸けなかった――幻覚だったに違いない。しかし叫びは大きくなり、「アイザィア」という言葉がはっきりと聞きとれた。私は窓のところに行って外を見た。一人の男がいた。彼は、ランドルフ・チャーチルであった。彼は大きな庭の中央に立って、酔っぱらいの大学生のようであった。そして私の名を大声で呼んでいたのである。私は何秒間か、床に根を下したように立っていた。やがて気を取り直し、詫びの言葉を呟くようにいってから、階段を駆け降りた。考えていたのは、チャーチルを部屋に入れないことだけであった。私の連れの批評家も、心配そうに私の後を追ってきた。われわれ二人が庭に現れると、チャーチルは私の方に駆けより、いくらか大仰に挨拶した。私は機械のようにいった。「Xさん、ランドルフ・チャーチル氏とはお会いになったことはないかと思います。」批評家は凍ったように立ち止った。表情は戸惑いから恐怖に代り、そそくさと立ち去っていった。私は自分が秘密警察につけられているかどうかはさっぱり判らなかったが、ランドルフ・チャーチルがつけられていることは疑いようもなかった。この厄介な事件のために、馬鹿馬鹿しい噂さ話がレニングラードに拡がることとなった。ロシアから出国するようアフマートヴァを説得するために、外国の代表団が到着したとか、終生この詩人を尊敬しているウィンストン・チャーチルがアフマートヴァをイギリスに連れていくための特別機を送ろうとしているとかの噂さである。

ランドルフとは、われわれ二人がオックスフォードの学生であった時以来、会ったことがなかった。彼がやがて説明してくれたところでは、彼は北米新聞連合の記者としてモスクワに滞在していた。レニングラードには、仕事で来ていた。ホテル・アストリアに着いた時、彼が真先に心配したのは手に入れたキャヴィアの壺を冷蔵庫に入れることであった。しかし彼はロシア語を知らなかったし、彼の通訳は消えていなくなっていた。彼は救いを求める声を挙げて、遂にイギリス文化振興会の代表の婦人を呼び出した。彼女がキャヴィアの面倒を見ることになったが、何となく彼と話を交しているうちに、私がこの都市にいることを話してしまった。彼は、私は恰好の通訳の代りになるといって、不幸にもこの文化振興会の婦人から私がどこにいるかを聞き出してしまった。そして先のような事件となったのである。彼は泉の家に着くと、クライスト・チャーチ(2)時代に大いに役立った方法——そして私にいわせれば、その他の場合にも大いに役立った方法を採った。彼は勝ち誇ったような笑みを浮かべて言った。「そして、うまくいったのだ。」私は、できるだけ早く彼から離れた。そして書店から彼女の電話番号を訊いて、アフマートヴァに電話をかけ、急に立ち去った事情を説明し、それを詫びた。そして私は、もう一度彼女を訪ねてもよいかと尋ねた。「今夜九時にお待ちしております」と、彼女は答えた。

その夜、私が再び訪れると、あの学問のある婦人——アッシリア学の研究者であった——も居合わせ、私にイギリスの大学とその組織について多くの質問をした。アフマートヴァはまったく無関心で、その間ほとんど黙っていた。真夜中少し前に、アッシリア学者が立ち去った。するとアフマートヴァは、亡命した旧友たちについて私に尋ね始めた——その中の誰かを、私が知ってはいまいか(後に彼女が私に語ったことだが、彼女は私が知っているはずだと確信していたという。人的関係においては、彼女の直観——それはほとんど第二の視覚とでもいうべきものであった——は一度も間違ったことがないというのである)。たしかに私は、そのいく人かを知っていた。われわれは、私が戦時中にアメリカで会った作曲家のアルトゥール・ルリエについて話した。彼は彼女の親友で、彼女とマンデリシュタムのいくつかの詩に曲をつけたことがあった。彼女はモザイク師のボリス・アンレープのことを尋ねた(私は彼には一度も会ったことがなかった)。私は彼のことはほとんど知らなかった。知っていたのは、彼がナショナル・ギャラリーの入口の床に有名人——バートランド・ラッセル、ヴァージニア・ウルフ、グレタ・ガルボ、クライヴ・ベル、リディア・ロポホーヴァなどの人物像で装飾を施したことぐらいであった。それから二〇年後になって、私は彼女に、アンレープによって彼女自身の像がこれらの人々に付け加えられたと語ることができた。彼女は私に、アンレープが一九一七年に彼女に贈った黒い石のついた指輪を見せてくれた。

彼女の言うには、彼女は第一次大戦この方、外国人には一人――それはポーランド人だった――しか会ったことがなかった。彼女は、その他さまざまな友人について、マンデリシュタムが彼のもっとも有名な詩の一つを献じたサロメ・アンドロニコヴァ、ストラヴィンスキーの妻ヴェーラ、詩人のヴャチェスラフ・イヴァノフとゲオルギー・アダモヴィッチについて尋ねた。私は、私にできるかぎりで答えた。彼女は、第一次世界大戦前にパリに行ったこと、アメデオ・モディリアーニとの交友について話した。モディリアーニの画いた彼女の絵は、炉の上にかかっていた。数多くあったものの中の一つである(残りは包囲中に消滅した)。彼女は、黒海海岸での子供時代を描写した。彼女は黒海海岸のことを異教の、洗礼を受けざる土地と呼んだ。そこでは、古代の半ギリシア的、半野蛮的、深く非ロシア的な文化に近くいるのを感じるというのである。また彼女の最初の夫、有名な詩人のグミリョーフについても語った。彼は王党派の陰謀に加担したとして処刑されたが、彼女は彼がそれに加わっていないと確信していた。ゴーリキーは、多くの作家から彼のために仲介に入るよう要請を受けたが、彼を救うためのことは何もしなかったようである。彼女は、死刑判決の前、しばらくの間は彼と会っていなかった――二人は離婚して数年になっていた。彼の死の痛ましい事情を描く時には、彼女の目には涙が溢れていた。

しばらく沈黙してから、彼女は自分の詩を聞きたいかと私に尋ねた。しかし聞かせる前に、バイロンの『ドン・ジュアン』から二篇を朗読しておきたい、その次の自分の詩と深く関係しているからだと言った。私がその詩をよく知っていたとしても、彼女がどの篇を選んだのかをいうことはできなかったであろう。彼女は英語はかなり自由に読めたが、発音の方は二、三語以上理解するのは不可能だったからである。彼女は目を閉じ、激しい感情をこめて詩を暗誦して言った。私は立ち上り、私の当惑を隠すために窓から外を見ていた。私が後で思ったことだが、われわれが今、古典のギリシア語やラテン語を読むのもこのようなものかもしれない。しかし、われわれの発音がこれら古典の著者や聴衆にまったく理解不可能であっても、われわれもまたその言葉に感動するのである。次いで彼女は、彼女の詩集「アンノ・ドミニ」、「白い群れ」、「六冊の本から」の詩を朗読した。彼女はいった。「このような詩、そして私の詩よりずっとよい詩が、われわれの時代の最良の詩人たち、私が愛し、そして私を愛した詩人たちの死の原因になったのです……。」彼女がグミリョーフかマンデリシュタムか、そのいずれのことを言っているかは、私には判らなかった。彼女は泣き崩れ、読み続けることができなくなったからである。

彼女の朗読の録音があるから、私はそれについて記述しないでおこう。彼女は、(その時は)まだ未完成であった「英雄のいない詩」を読んだ。私はすでにその時に、自分が天才の作品に耳を傾けていることを自覚していた。私は、自分があの多くの顔がある、もっとも魔術的な詩とその深く人格的な引喩を、それを今読んでいる時よりもよく理解していたとは思わない。彼女は、その詩が彼女の詩人としての生涯、彼女の存在の一部となっているあの都市サンクト・ペテルブルクの過去、そして戯画化した仮面の人物像が十二夜のカーニヴァルで行列するという形での彼女の友人たち、彼らと彼女自身の生涯と運命——これらのものに捧げられた最後の記念となるよう意図したという事実を隠さなかった。それは、やがて来るはずの避けがたい死を前にした芸術的ないまわの言葉——nunc dimittis——であった。それは神秘的で、深く連想を誘う作品であった。学識のある注釈が、いやがおうにもこの詩の上に古墳のように高く積もりつつある。まもなくその詩は、その重みのために埋もれてしまうかもしれない。

次に彼女は、手稿から「レクエム」を読んだ。彼女は読むのを中断して、一九三七年—三八年のことを話した。この年、彼女の夫と息子の両方が逮捕されて、監獄の収容所に送られた(これはもう一度、起ることとなった)。また女たちが、昼も夜も、来る週もまた次の週も、来る月もまた次の月も、夫や兄弟や父や子についての知らせ、彼らに食物や手紙を送る許可を求めて、行列して待ったことを話した。知らせは来なかった。伝言は彼らに届かなかった。死の幕が生きながらにソ連の都市の上におり、他方で無実の何百万の人々にたいする拷問と殺戮が続けられていった。彼女は乾いた淡々たる声で話し、時としてこう言って自ら話を中断させた。「いいえ、こう言ってはなりません。よくありません。あなたは人間たちの社会から来ましたが、ここでは私たちは人間と……とに分裂しています……。」次いで長い沈黙がある。「そして今になっても……。」彼女は再び口をつぐむ。私はマンデリシュタムについて尋ねた。彼女は息を呑んで、目に涙を一杯にためた。そして私に、彼のことについては話さないでくれと乞うた。「彼がアレクセイ・トルストイの顔を平手打ちしてからというもの、すべては終ったのです……。」彼女が気を取り直すにはしばらく時間がかかった。次いでまったく一変した声で、彼女は言った。「私たちがタシケントにいた時、アレクセイ・トルストイはロシア風のライラック色のシャツを着ていた。彼は、彼と私がこちらにもどって来た時、一緒に素晴らしい暮しができるだろうと言った。彼は非常に才能のある面白い作家だった。悪党だったのです。魅力に満ちた、嵐のような気質の男でした。もう死にました。何でも、何でもできました。粗暴な冒険家だったのです。彼が好きだったのは、青春と権力と活力だけでした。彼の『ピョートル一世』は未完でしたが、それは青年のピョートルしか書くことができなかったからです。人々が年老いることになったら、彼にはこのような人々をどう扱ったらよかったのでしょう。彼は一種のドローホフでした。彼は私を、アンヌシカと呼びました。私は縮み上りましたが、それでも彼が大変好きでした。たとえ彼が、私の愛した、そして私を愛したわれわれの時代の最良の詩人の死の原因であったとしても。」(彼女の言葉は、彼女が先に使ったものと同じであった。その両方で彼女が誰を指していたのか、今では私には明らかであった。)

もう朝の三時頃であったと思う。彼女は、私に帰ってほしいという様子ではなかったし、私はあまりに感動し夢中になって、身動きもできなかった。彼女は部屋を出て、蒸したジャガ芋の皿を持って帰ってきた。それが彼女にありたけのものであった。そして彼女は、歓待の貧しさに当惑していた。私は彼女に、「英雄のいない詩」と「レクエム」を書き写させてくれと頼んだ。彼女はその必要はないと言った。彼女の詩集が来年二月に出ることになっている。みんな校正刷になっており、出れば一冊送るというのである。しかし今ではよく知られているように、党は別の決定を下した。彼女はジダーノフから「半分は尼、半分は娼婦」という非難を受けた(彼が発明した言葉ではない)。これによって、彼女は公認の枠から外された。

われわれはロシア文学について語った。チェーホフについては、彼の世界には英雄主義と自己犠牲、深さと暗さと崇高さが不在であるとして片付けてから、われわれは『アンナ・カレーニナ』について話した。「何故トルストイは、彼女を自殺させたのでしょう。彼女がカレーニンの許を離れると、すべてが一変します。彼女は突如として堕落した女、トラヴィアタ、売春婦に変ります。誰がアンナに罰を与えるのでしょう。神でしょうか、いえ神ではなくて、トルストイがいつも偽善振りを非難していた社会です。終りには、アンナはヴロンスキーさえも拒否したと、彼はいいます。トルストイは嘘をついているのです。彼はもっとよく知っているはずです。アンナ・カレーニナの道徳は、トルストイのモスクワの伯母たち、俗物的な通俗性の道徳です。すべてが彼個人の浮き沈みに関連しています。トルストイは、幸せな結婚生活を送っている時には、家族を祝福した『戦争と平和』を書きました。ソフィア・アンドレーヴナを憎み始めたが、離婚はできない、離婚は社会から非難されており、おそらく農民からも非難されているからとなると、『アンナ・カレーニナ』を書き、夫を捨てたが故にアンナを罰しました。老人になり、それでも農民の娘たちに激しい情欲を抱いていることを罪に感じると、『クロイツェル・ソナタ』を書いて、性をまったく禁じてしまいました。」

これが彼女の言葉であった。どこまで真面目だったのか私には判らないが、トルストイの説教にたいするアフマートヴァの嫌悪は本物であった。彼女は、彼のことを虚栄心の化物、自由の敵と見なしていた。彼女はドストエフスキーを崇拝し、そして彼と同様、ツルゲーネフを軽蔑していた。そしてドストエフスキーに次ぐのは、彼女が英訳で読んだカフカであった。(「彼は私のために、そして私について書いた」、何年も経ってから、オックスフォードで彼女は私に言った。「カフカは、ジョイス、エリオットよりさえも偉大な作家です。彼はすべてを理解していたわけではありません。すべてを理解したのはプーシキンだけです。」)それから彼女は、プーシキンの『エジプトの夜』について、その話に出てくる蒼白い異邦人について私に話した。この男は、観客が注文したテーマについてその場で詩を即興で作る。彼女の意見では、この詩の達人はポーランドの詩人アダム・ミッケヴィッチであった。彼にたいするプーシキンの関係は矛盾したものになっていた。ポーランド問題が二人を対立させたのである。しかしプーシキンは、いつも自分と同時代の人々の中の天才を認めていた。ブロークも彼に似ていた。彼は気狂いめいた目をした素晴らしい天才で、彼もまた例の即興詩人になることができたであろう。彼女の言うには、ブロークは決して彼女を好いていなかったが、二人の間に情事があったことはロシアのすべての女教師が信じており、疑いもなく今後も信じ続けるであろう。文学史家もそれを信じている。彼女の意見では、これはブロークに献じられた彼女の詩「詩人を訪ねて」にもとづいていた。あるいはブロークの死ぬ一〇年前に書いたものだが

「灰色の目をした王」の死についての詩にもとづいているのかもしれない。ブロークは、芸術至上主義の運動アクメに属しているアクメイストは誰一人として好いていなかった。彼女もその一人であった。彼はパステルナークも好きでなかった。

それから彼女は、パステルナークについて話した。彼女はパステルナークに一度も恋したことはなかったが、彼を深く愛していた。マンデリシュタムとツヴェタエヴァが死んでからは、二人は孤立していた。他の人々も生きていて仕事をしていることを知るのが、二人にとっては限りない慰めであった。二人は自由にお互いに批判しあったが、他の誰にもそんなことはさせなかった。ソ連の無数の男女が、二人の詩を暗記し、書き写して回覧していたが、この彼らの情熱的な献身ぶりは二人の誇りであった。しかし二人は、ともにいわば亡命の状態にあった。二人には、国を出ることはいとわしいことであった。西欧を訪れることは熱望していたが、帰国できなくなるのであれば、国を出るつもりはなかった。彼らの深い愛国主義には、ナショナリズムの色彩がなくはなかった。アフマートヴァは動くつもりはなかった。どのように恐ろしいことが待っていようと、ロシアを見捨てようとはしなかった。

彼女は、自分の子供時代、結婚、他の人々との関係、第一次大戦前のペテルブルクの豊かな芸術生活について語った。西欧の文化は――特に一九四五年の今では――それよりもはるかに優れていると、彼女は確信していた。彼女は、偉大な詩人アンネンスキーについても語った。彼は、グリリエフよりも多くのことを彼女に教えたが、編集者や批評家からはほとんど無視され、忘れられた巨匠として死んだ。彼女は、自分の淋しさ、孤立について語った。戦後のレニングラードは、彼女にとっては友人たちの墓場に他ならなかった。まるで山火事の後のようであった。二、三本の焼け焦げた樹が残っているが、それが荒涼とした光景を一層荒涼にしていた。彼女は翻訳で生活していた。ロマン・ロランの手紙ではなくてルーベンスの詩を訳させてくれるように頼み、聞いたこともないような妨害を受けてから、ようやく許可が下りた。私は、彼女にとってルネッサンスは何を意味しているかを問うた。それは現実の歴史的過去なのか、それとも理想化された、想像上の世界なのか。彼女は後者であると答えた。彼女はそれにノスタルジアを感じていた。それは、マンデリシュタムが語り、ゲーテとシュレーゲルが思索をこらした世界文化にたいする憧れであった。自然、愛、死、絶望、殉教など、芸術と思想に転換されたものにたいする憧れであった。それは歴史のない現実、それ以外の何物でもない現実であった。彼女は、穏やかで平坦な声で話した。誇り高く不幸で近寄り難い亡命の天女を、間遠に見ているようであった。彼女の語る言葉は、時としてきわめて感動的な雄弁となった。

彼女の生涯の救いようもない悲劇の物語は、これまで私に話し言葉で語ってくれた誰彼の話をはるかに越えていた。その記憶は、私にとっていまも生き生きと、苦痛に満ちたものとして残っている。私は彼女に、彼女の文学生活の記録を書くつもりはないかと尋ねた。彼女は自分の詩、特に「英雄のいない詩」がその記録であると答え、その詩をもう一度私に読んでくれた。私はもう一度、それを書き写させてくれと頼んだ。そして彼女は、もう一度断った。われわれの会話は文学と芸術を離れて、彼女と私自身の両方の生活の細々とした事実にも及び、翌日の早朝にまで続いた。私がその次に彼女に会ったのは、私がレニングラード、ヘルシンキ経由でソ連を出発して帰国する時のことであった。私は一九四六年一月五日の午後、彼女に別れを告げに行った。その時彼女は、彼女の詩集の見返しの頁に新しい詩を書いて、私に呉れた。それは後に、「サンク」という表題の詩集の中の二番目の詩になったものである。この詩、この見返しに書かれたままのものは、われわれ二人が出会ったことから直接に発想を得たものであることを、私は知った。「サンク」やその他の詩には、他にも二人の会合に直接間接に触れたところがある。

次にソ連を訪ねた一九五六年には、私は彼女と会わなかった。彼女の息子がまた逮捕され、その年の初めに監獄収容所から釈放されたところであった。パステルナークの言うには、彼女は当局の命令による以外には外国人と会うことには非常に神経質であったが、私には電話してもらいたいと願っているとのことであった。彼女の電話の会話はすべて盗聴されており、そのためかえって安全だと言うのである。電話では、彼女は私に呪われた作家としての経験のいくらか――忠実な友人と思っていたいく人かが去っていったこと、またその他の友人の高貴さと勇気について語った。彼女はチェーホフを読み直したが、少くとも「六号病室」では彼女と他の多くの人々の状況を正確に描写していると言った。他方、彼女の翻訳した朝鮮の古典詩が出版されていた――「私がどれだけ朝鮮語を知っているか、あなたには想像がつくでしょう。選んだものですが、私が選んだのではありませせん。読む必要はありません。」

一九六五年にオックスフォードで会った時、アフマートヴァが私にこう語った。スターリンは、彼女が私の訪問を許したと言うのでおん自ら怒った。「ではわれわれの尼僧は、今では外国のスパイの訪問を受けているのか。」彼はこう言ったといわれている。それに続いて彼は猥雑な言葉で罵ったが、彼女は初めはその言葉を私にむかって繰り返そうとはしなかった。私が一度も情報機関で働いたことがないという事実は、この際無関係であった。スターリンには、外国公館の職員はすべてスパイであった。彼女の言うには、もちろんこの老人はこの頃には気が狂っており、病的な偏執狂にかかっていた。オックスフォードでは、彼女は私にこう言った。われわれ二人がひき起したスターリンの激怒が冷戦を勃発させた、彼女と私が人類の歴史を変えたと言うのである。彼女はこのことをまったく言葉通りの意味で言い、それが真実であると言い張った。彼女は、彼女と私が宇宙大の闘争の中で宿命的な役割を演ずべく、運命によって選ばれた世界史的な人物と思っていた。そしてこのことは、当時の彼女の詩にも反映していた。それは彼女の歴史－哲学的な見方全体にとっての本質的な要素となっており、彼女の詩の多くはそこから流れ出ていたのである。

彼女はこのような話もした。その前年、彼女はイタリアである文学賞を受賞したのでその国に旅をしたが、帰国するとソヴェト秘密警察の役人が訪ねてきて、ローマの印象を尋ねた。彼女は、ローマは今でも異教がキリスト教と戦争している都市のように思えたと答えた。「どんな戦争ですか」と、彼女は訊かれた。「アメリカのことは言われていましたか、亡命ロシア人がかかわっていますか。」同じような質問がイギリスとオックスフォードについても訊かれた場合、彼女は一体どう答えたらよいものであろうか。ロシアで何が待っていようと、彼女はロシアに帰るつもりであった。ソ連体制は、彼女の国のすでに確立した秩序であった。彼女はそれとともに生きてきたし、彼女はそれとともに死ぬつもりであった。それがロシア人であることの意味であった。

われわれは、ロシアの詩に話をもどした。彼女は、ソ連当局の好意を得ている有名な若い詩人たちについて軽蔑をこめて話した。彼らの中のもっとも有名な一人が当時イギリスに来ていて、彼女が名誉博士号を得たことを祝ってオックスフォードに電報を送ってきた。その電報が届いた時、私はその場に居合わせた。彼女はそれを読むと、怒って屑籠に投げ捨てた。「彼らはみんな、可愛い山賊です。才能を売り、大衆の趣好を利用している。彼らすべてに、マヤコフスキーの影響が命取りになっています。マヤコフスキーはあらん限りの声で叫んだが、そうすることが彼にとって自然だったからです。彼はそうするしかなかったのです。しかし彼の模倣者たちは、彼のやり方を一つのジャンルとして取り上げました。彼らは俗悪な詩の朗読屋です。真の詩のひらめきがまったくありません。」

今ロシアには、多くの才能のある詩人がいる。中でも最良の詩人はヨセフ・ブロドスキーであるとのことであった。彼女は、自分の手で彼を育てたのだと言った。彼の詩はいくつか出版されたが、深い疎外感のある高貴な詩人で、まさにこの表現の意味する通りだと言う。他にも素晴らしい才能のある詩人がいるが、彼らの名は私にとっては無意味であろう。彼らの韻文は出版できない。しかし彼らの存在は、ロシアにおける想像力の尽きることのない生命力の証言である。「彼らは、われわれすべての名声を奪ってしまうでしょう」と、彼女は言った。「これは本当です。パステルナークと私とマンデリシュタムとツヴェタエヴァは、十九世紀に始った長い仕上げの時期の終りに位置しています。私の友人たちと私は、二十世紀の声で語っていると思っていました。しかし、この若い詩人たちは新しい出発点になっています。いま鉄格子の中にいますが、脱走して全世界を驚倒させるでしょう。」彼女はしばらく、このような予言者のような口調で語り、再びマヤコフスキーに立ち帰った。彼は絶望に駆られ、友人には裏切られ、他のものにとっては命取りの先例になったとしても、しばらくは国民の真の声、そのトランペットであった。彼女自身は、彼のおかげはいささかも受けていない。しかしアンネンスキーには多くを学んだ。彼はもっとも純粋で美しい詩人であった。文壇の政治の大騒ぎからは遠ざかっており、前衛的ジャーナリストからはほとんど無視された。しかしまともな死に方をしたことでは幸せであった。彼は、生きている間は広く読まれはしなかったが、それは他の偉大な詩人たちの運命でもあった。現代の世代は、彼女自身の世代よりもはるかに感受性に富んでいる。一九一〇年には、誰がブロークやベールィやヴャチェスラフ・イヴァーノフを気に留めたか、真に気に留めたであろうか。しかし今日では、若者たちはそれをすべて暗記している。彼女は今でも若い人々からの手紙を受け取っている。多くは、馬鹿で頭がぼうっとしている娘たちからの手紙だが、その手紙の数そのものが明らかに何かを証明していると言うのである。

パステルナークは、もっと多くの手紙を受け取ったし、手紙がもっと好きであった。彼の友人オリガ・イヴィンスカヤに会ったかですって？　会っていません。彼女自身は、パステルナークの妻ジナイダと、彼の情婦オリガは二人とも耐えがたい女性だと思っていた。しかしボリス・レオニードヴィッチその人は魔術的な詩人であり、ロシアの地の最高の詩人の一人であった。韻文であれ散文であれ、彼の書く文章の一つ一つが、彼の真実の声で語っており、その点では彼女が耳にしたどの声とも違っている。ブロークとパステルナークは神の生んだ詩人であり、現代のイギリス人、フランス人は、たとえヴァレリーやエリオットであってもこの二人とは比較にならない。ボードレール、シェリー、レオパルディが、この二人と肩を並べる仲間である。すべての大詩人と同様、彼らは他の人々の資質についてはあまり頓着しなかった。パステルナークはよく悪い批評家を賞め、ありもしない隠れた才能を発見し、ありとあらゆる取るに足らぬ人々――まともではあるが才能のない作家たちを励ました。彼は神話的な歴史感覚を持っており、それによると、まったく無価値な人々が時として神秘的で重要な役割を果す。例えば、『ドクトル・ジヴァゴ』のエフグラフがそうである(この神秘的な人物はいかなる点でもスターリンにもとづいていないと、彼女は激しく主張した。明らかに彼女は、これは考えるのも不可能なことだと考えていた)。彼は、賞めるつもりの同時代の作家たちのものも、本当は読んでいなかった。バグリツキーやアセーエフ、さらにはマンデリシュタム、あるいは彼女自身の作品も読んではいなかった(彼はマンデリシュタムは耐え難い男だと思っていた。もちろん、マンデリシュタムが苦境に立たされた時には、彼のためにできる限りのことはしたが)。彼は、彼女の詩について素晴らしい手紙を書いて彼女に送ってきたが、その手紙は彼女についてではなくて、彼自身について語ったものであった。それは彼女とはほとんど関係のない壮大な夢想を語ったものであることを、彼女は知っていた。「おそらく、偉大な詩人はみんなこうなのでしょう。」

パステルナークの讃辞は、当然にそれを受け取った人々を有頂天にさせた。しかしそれは、人を誤らせるものであった。彼は与えることでは気前がよかったが、本当は他人の作品には関心がなかった。もちろんシェイクスピア、ゲーテ、フランスの象徴主義者たち、リルケ、そしておそらくプルーストには関心があったが、「われわれには誰一人として関心を持っていなかった。」彼女は、生涯の日々をパステルナークとの経験を惜しみながら送っていると語った。二人は決して恋愛には陥らなかったが、互いに深く愛しあい、それが彼の妻を苛らだたせた。それから彼女は、一九二〇年代の半ばから三〇年代末にかけて、彼女が公式にソ連の記録の中には存在していなかった「空白の」歳月について話した。彼女は、翻訳していない時にはロシアの詩人を読んだ。もちろんプーシキンはいつも読んだが、オドエフスキー、レールモントフ、バラトウィンスキーも読んだ。彼女は、バラトウィンスキーの「秋」は純粋の天才の作品だと思った。最近では、ヴェレミール・フレーブニコフを読み直した。狂っているが、素晴らしい。

私は彼女に、「英雄のいない詩」の註釈を書くつもりはないかと尋ねた。その詩にかかわっている生活を知らないものには、詩の暗喩は理解できないであろう。それとも彼女は、暗喩が暗黒の中にとどまることを望んでいるのか？ 彼女は、自分の語っている世界を知っている人々が老齢と死に追い越された時には、その詩もまた死ぬであろうと答えた。それは、彼女と彼女の世紀とともに埋葬されるであろう、それは永遠のために書いたものではなく、後世のために書いたものでもない。詩人にとって意味のあるのは過去だけ――とりわけ子供時代だけである。詩人が再現し、もう一度生きたいと思う感情はそれだけである。予言、未来への頌歌、さらにはプーシキンのチャダーエフに宛てたあの大書簡でさえもが、朗唱のレトリックの一形式、大仰な身振りにすぎない。プーシキンの目はかすかに見えている未来を覗き見ているだけで、彼女はこのような散文は軽蔑するという。

彼女は言った。もう長く生きることはないことを知っている。医者ははっきりと、心臓が弱いことを告げた。彼女は、何にもまして憐れまれたくない。彼女は恐ろしいことに直面し、もっとも恐ろしい悲しみの深みを知った。友人からは、彼女にたいするいささかの憐みも生じさせないという約束を取りつけたという。憎悪、侮辱、軽蔑、誤解、迫害、これには耐えることができる。しかし憐みが混ざったならば、同情には耐えられない。彼女の誇りと威厳は非常に大きかった。

彼女は突き放して他人事のように話していたが、彼女の熱情的な確信と道徳的な判断はほとんど隠しようもなかった。それにたいして訴えることは、明らかに不可能であった。彼女の人物や生活についての記述には、人格と状況の道徳的核心にたいする鋭い洞察が含まれており(この点では、彼女は友人たりとも容赦しなかった)、同時に固定観念が含まれていた。彼女をこの固定観念から動かすのは不可能なことであった。彼女は、われわれ二人の会談が重大な歴史的帰結をもたらしたと考えていた。詩人ゲオルギー・イヴァーノフについては亡命してから嘘の回想録を書いたと非難したが、彼は一時、帝政政府から金をもらう警察のスパイだったと考えていた。十九世紀の詩人ネクラーソフも政府のスパイであり、詩人アンネンスキーは文学上の敵のために死に追いやられたと考えていた。このような信念には、明白な事実の根拠はなかった。それは直観的であった。しかしそこには、ある感覚があった。純然たる夢想ではなかった。それは、彼女自身と彼女の国の生涯と運命についての一貫した見方を構成する要素であった。その中心にある問題点について、パステルナークはスターリンと論じあいたいと願ったのであり、またこのような見方が彼女の想像力、彼女の芸術を支え、それを形成したのである。彼女は夢想家ではなかった。大抵のことについては、強い現実感覚を持っていた。第一次大戦前のペテルブルクの文学生活と社交生活、そしてそこでの彼女の役割については、醒めたリアリズムでもって、詳細を鋭く浮き彫りにしながら語ったが、それによって彼女の話は全面的に信頼のおけるものとなった。

アフマートヴァは恐ろしい時代を生きた。ナジェージダ・マンデリシュタムによると、その間の彼女は英雄のように振舞った。彼女は公開の場でも、さらには私的に私にたいしても、ソ連体制に反対する言葉は一言も口にしなかった。しかし彼女の全生涯は、まさにかつてゲルツェンがロシア文学についていったように、ロシアの現実にたいする絶え間のない断罪であった。

今日のソ連では、彼女の記憶が公然と口にはされないまま、しかし広く尊敬されているが、私の知る限り、これに対比できるものはなさそうである。彼女の国と彼女自身にとって相応しくないと思ったものにたいする彼女の不屈の消極的抵抗は、彼女をロシア文学における一人物(かつてベリンスキーが、ゲルツェンについて予告したような)にしただけでなく、彼女をロシア現代史における一人物にまで転換させた〔訳注〕。

ボリス・パステルナークとアンナ・アフマートヴァに私が出会い、二人と対話を交したこと、彼ら二人がそのもとで生きかつ仕事をしたほとんど形容不可能な状況、そして彼らが受けた扱いを私が認識したこと、そして私が彼ら二人と親しく交わり、むしろ友情を得るのを許されたという事実は、私に深い影響を与え、私の物の見方を永久に変えることとなった。彼らの名を活字で見たり、あるいはそれが口にされるのを聞くと、私は彼らの顔の表情、彼らの手振り、そして彼らの言葉を生き生きと思い出す。今日でも、彼らの書いたものを読む時には、彼らの声を聞くことができる。

(1) アフマートヴァとナジェージダ・マンデリシュタムは、十中八九まで彼は同じ行動をしたであろうという点では、同意見である。

(2) 彼のオックスフォードでのカレッジである。

〔訳注〕 この章の原文 "Meetings with Russian Writers in 1945 and 1956" は非常に長く、縮小版を訳出した(凡例参照)。しかし原文で、「訳注」の印を付した段落と次の段落との間にはさまれている二つの段落だけは、ここに付け加えて訳しておきたい。

「この文章の出発点に帰ろう。一九四五年に書いた外務省宛ての報告*で、私は次のように書いた。理由が何であれ、つまり趣向が本来的に純粋であるからか、それともその純粋さを汚す悪い、くだらない文学が強制的に不在にさせられているかはともかくとして、現代において、ソ連ほど新旧の詩が厖大な量で売れ、しかも熱心に読まれている国はおそらくないというのが一つの事実である。そしてこのことは、批評家、詩人の双方にとって強い刺戟として作用せずにはおかないであろう。私は続けて書いた。このことはまたきわめて反応度の高い読者層を生み出した。その反応度の高さは、西欧の小説家、詩人、劇作家の羨望するところとならざるをえないであろう。したがってもし何らかの奇蹟によって、頂点からの政治統制が緩み、より大きな芸術的表現の自由が許されれば、壮大な創造的芸術が再びこの国に甦ると考えてよいであろう。社会は熱烈に創造的活動を求め、国民は熱心に経験を求め、まだ若く、未知のもの、あるいは真実と思えるものにはすべて熱中している。何にもましてこの社会は大きな生命力を有しており、繊細な文化ならば致命的になったような失策、愚行、犯罪、災厄に耐えていくことができた。そして、いささかでも生命の印のあるものすべてにたいする要求と、当局公認の大抵の作家、作曲家が提供している死せる作品との間の対照は、おそらく現在のソ連文化のもっとも印象的な現象であろう。

私は一九四五年に以上のように書いたが、それは今日にもまだ当てはまるようである。偽りの曙光が何度も現れた。しかしロシアの知識人にとっては、太陽はまだ昇っていない。もっとも憎むべき専制であっても、最善のものを腐敗から守り、人間的価値の英雄的な擁護を促すという意図せざる結果をもたらすことがある。これはロシアでは、すべての体制を通じて過大な、時には繊細で微妙な滑稽なものにたいする感覚と結びついていた。それはロシア文学の全分野にわたって見られることであり、時にはゴーゴリやドストエフスキーのもっとも悲惨な頁の核心に見られることである。そこには、西欧の機知と風刺、細心に構成された娯楽とは異った、何か直接的、内発的で、抑え難いものがある。私はさらに続けて書いた。このような特徴があるがために、体制のもっとも忠実な従僕であるロシア作家についても、彼らがいくらか気を許した時、彼らの態度、彼らの会話が外国からの訪問者にとってはきわめて魅力的になるのである。このことは、今日においても真実であるように思える。」

＊ 'A Note on Literature and the Arts in the Russian Soviet Federated Socialist Republic in the Closing Months of 1945', in Public Record Office F. O. 371/56725.

［河合秀和訳］

哲学の目的

哲学の主題は何か？　この問いに対するどんな答えも、すべての人の受け容れるところとなってはいない。見解はさまざまで、一方、哲学とは一切の時間と一切の存在とに関する考察であるとか、諸学の女王であるとか、人知という建造物《アーチ》全体の要石である、とするものから、他方、哲学は言語の混乱を巧みに利用する疑似科学であるとし、あるいは知的未成熟の一徴表であって、あたかも占星術や錬金術がとうの昔に自然科学の勝利の前進によってその地位を追われたように、神学やその他の思弁的学問と並んで珍奇な遺物の博物館に引渡されるべきものであるとして、これを放逐してしまおうとするものにまで及んでいる。

　おそらくこの問題に接近する最良の方途は、哲学以外の学問領域はどういう仕組みになっているか、と問うてみることであろう。例えば化学とか歴史学とか人類学といった分野の境界はどのように定められるだろうか。これらの場合には、そもそも一定の問いに対して答えを出すために研究主題ないし研究領域が作り出されたのであり、その主題ないし領域は、明らかにこの問いの性質によって規定されている。そしてその問い自体は、それに対する答えをどこに求めたらよいかをわれわれが知っている場合に、そしてこの場合にのみ、明晰に理解可能な姿をとるのである。

誰か或る人にありふれた質問、たとえば「私の上着はどこにあるか」、「なぜケネディ氏は合衆国の大統領に選ばれたか」、「ソ連の刑法体系とはどういうものか」といった質問をしたとする。通常彼は答えを見つけるには手始めにどうすればよいか知っているだろう。自分で答えがわからなくても、上着についての質問の場合なら、適切な手順は椅子の上を見るとか、押入れの中を見るといったことだ、ということはわかっている。ケネディ氏の選出やソ連の法体系の場合なら、書物や専門家に相談して、しかるべき結論に導くような、そしてこの結論を確実とまで行かぬにせよ、ともかく蓋然的たらしめるような経験的証拠を求める。

言いかえれば、答えをどこに求めるべきか、ある答えを正しいと思われるものにし、他の答えをそうでないものにするのは何か、ということを、われわれは知っているのである。このタイプの問いをまず第一に明晰で理解可能なものにしているのは、答えが経験的手段によって、つまり秩序立った観察ないし実験、もしくはその両者からなる方法によって、すなわち常識ないし自然科学の方法によって発見可能であると、われわれが考えているということである。これとは別種の問いで、答えを求める適切な道筋《ルート》がこれに劣らずはっきりしていると考えられているものがある。すなわち、たとえば数学とか論理学とか文法とかチェスとか紋章学といった形式的知識《フォーマル・ディシプリン》がそれである。これは一定の公理と一定の演繹の規則《ルール》等によって定義されており、ここでは、問いに対する答えは、この規則を、あらかじめ正しいとされた仕方で適用することによって見出されうるのである。

例えばフェルマーの定理の正しい証明を知らなくても――まだ誰もこの証明を見出していないの

だが――、どういう道順で進んで行けばよいかはわかっている。つまり、どの種の方法が答えるのに適切であり、どの種の方法が適切でないか、ということはわかっている。もし数学の問題への解答が緑の野原や蜂の行動を眺めることによって得られるとか、経験的問題への解答が事実に関する内容を全く含まない純粋計算によって得られるとか考える者がいるとすれば今日では、この者は殆ど狂気の域に達するほどの誤りに陥っていると判断されることになろう。以上の、事実に関わる問題と形式的問題という、主要な問題類型は、いずれも、それ自身の特殊な技術を所有している。そうして、これらの分野では天才の発見したことがいったんその地歩を確立すると、天才ならざる人々でも半ば機械的な仕方でこれを利用して、正しい結論を得ることが可能になるのである。

人間の思考のこうした領域を特徴づけるのは、いったん問いが提示されると、答えを手に入れるにはどの方向に進めばよいかがわかっている、ということである。人間の体系的思考の歴史は、大方は、人間の心に浮ぶありとあらゆる問いを、それへの答えが以下の二箇の大きな容器の一方または他方に入り込むように定式化しようとする継続的努力である。一つは経験的問題、つまり究極的には観察による情報《データ》にもとづいて答えが出される問いであり、もう一つは形式的問題、つまり事実に関する知識に妨げられずに純粋な計算にもとづいて答えが出される問いである。この二分法は乱暴なまでに単純すぎる定式化であって、経験的要素と形式的要素とはしかく簡単には整頓しわけられないのであるが、深刻な誤解を招かぬ程度には十分の真理を含んでいる。人間の知識のこの二大源泉の区別は、自覚的思考の最初の覚醒以来、承認されて来たところである。

だが、この単純な分類に容易には適合しないような問いがある。「オカピとは何か」という問いは経験的観察行為によってたやすく答えられる。同じように「七二九の立方根はいくつになるか」という問いも、容認された規則にもとづく計算によって解ける。しかし、「時間とは何か」、「数とは何か」、「この世における人生の目的は何か」、「もはや何処にも存在していない過去の事実を如何にして知ることができるか」、「すべての人間は真に同胞なりや」といった問いに対しては、一体どのようにして答えを探し始めたらよいのか。「私の上着はどこにあるか」という問いならば、ありうべき答えは――正しいかどうかはともかく――「押入れの中に」であろうし、誰だってどこを探せばよいかわかっているだろう。しかし、子供に「鏡に映っている映像はどこにあるか」と訊かれたとする。この場合は、子供に鏡の内側を見よと言っても意味がないだろう。鏡は固いガラスで出来ていることを子供は見出すだろう。鏡の表面を見よと言っても意味がないだろう。というのは映像は確かに、鏡の表面にくっついた切手と同じ意味で鏡の表面にあるのではないから。あるいは鏡の裏側を見よ(映像は実際そこにあるように見える)と言っても同じことであろう。鏡の裏側を見たって、そこに映像があるわけではないから――等々。

「時間とは何か」とか「時間は停止しうるか」、「物が二重に見えるとき、何が二つあるのか」、「他の人間(あるいは物体)が私自身の精神の単なる虚構ではないということを如何にして私は知るのか」といった問題について、十分に時間をかけ十分に集中して考えると、多くの人は絶望的な挫折状態に陥るものである。「未来時制の意味は何か」という問いは文法学者の手で形式的規則を機械的に適用することによって答えられよう。しかし、「「未来」とは何を意味するか」という問いに対して一体われわれは答えをどこに求めたらよいのか。

これらの問いは、二重の映像に関するもの、あるいは数や人間の同胞性や人生の目的に関するもの、と実にさまざまであるが、にもかかわらずこれらの問いにはいずれも何か一風変ったところがあるように思われる。すなわち、他の容器の中の問いと比較すると、以上の問いは、それに対する答えの見出し方を指示するものが問い自体の中に含まれていないように見える、という点で異なっているのである。他のもっとふつうの問いは、まさにそうした指針――問いに対する答えを見出すための内蔵された技術《ビルトイン・テクニーク》を含んでいる。時間や他者の存在等に関する問いが、問う者を途方に暮れさせ、実際的な人間を苛らだたせるのは、まさしくそれが明快な答えやおよそいかなる有益な知識にも導かないように見えるからなのである。

以上のことからわかるように、経験的と形式的というこれまでの二つの容器のあいだには、少くも一つの中間的容器があり、この中に他の二容器に容易にはめ込むことのできないあらゆる問いが棲息しているのである。この種の問いは極めて多様な性質を有する。ある問いは事実に、他の問いは価値に関する問いの観を呈している。語と若干のシンボルに関する問いもあれば、科学者にせよ芸術家、批評家、日常生活の諸事に携っているふつうの人々にせよ、要するにこれらの語とシンボルとを用いる人々が則る方法に関する問いもある。そのほかにもなお、知識のさまざまの分野の間の関係についての問いもあれば、思考の諸前提に関する問いや、道徳的、社会的もしくは政治的行為の本質や目的に関わる問いもある。

これらすべての問いに一つだけ共通しているように思える特徴は、それが観察によっても計算によっても、また帰納的方法によっても演繹的方法によっても答えられないということである。その結果、この問いを問う者は間違いなく最初から途方に暮れることになる。つまり一体どこに答えを探し求めればよいかわからないのだ。こうした事柄に関する疑問の余地なき権威や知識を有するものとして信頼して相談できるような辞典も百科事典も概説書もないし、専門家も通説もない。この種の問いの特徴をさらに述べるならば、問題が一般的であって原理の問題に関わるものであるか、あるいはそれ自体は一般的でなくても、きわめて容易に原理の問題を提起し、原理の問題へ導いて行く、ということが挙げられる。

このような問いは哲学的と呼ばれることが多い。普通の人はその気質に応じてこれを軽蔑もしくは畏敬もしくは疑惑の念をもって眺める。他の理由は措くとしても、この理由だけでも、自然の傾向として人はこうした問いを定式化しなおして、そのすべてが、もしくはとにかくその部分が、経験的陳述か形式的陳述によって答えられるようにしようとする。すなわち、幾世紀にわたって精練されてきた異論のない方法によって信頼すべき結論が産み出され、ひろく承認された手段によってこの結論の正しさが検証されうる領域、つまり経験的容器か形式的容器のいずれか一方に、こうした問いをはめ込もうとする努力、時としてまさに命がけの努力、がなされることになるのである。

人間の知識の歴史は、大方は、あらゆる問いをこれら二つの「生き残る力のある」範疇のいずれか一つの中になんとかはめ込もうとする試みの連続である。人を途方に暮れさせるような「奇妙な」問いが、経験的学問か形式的学問かによって処理可能な問いに翻訳され得るようになると、たちまちそれは哲学的問いではなくなり、承認済みの学問《サイエンス》の一部となるからである。(1) たとえば中世初期においては天文学を「哲学的」学問と見做すことは間違いではなかった。当時は恒星や惑星に関する問いに対する答えは観察ないし実験と計算とによって決められるのではなく、非経験的な諸観念——例えば天体とは、神あるいは自然がそれに賦与した目標《ゴール》ないし内的本質によって円環軌道を辿るべく定められた完全な物体である、といった観念——によって支配されていた。たとえそれが経験的観察によって確からしくないこととされても、そうだった。そうであるかぎり、天文学的諸問題がどうしたら解けるか、つまり現実の天体観察の果すべき役割は何であり、経験的方法によっても形式的方法によっても検証不可能な神学的ないし形而上学的主張が果すべき役割は何であるか、がはっきりしなかったのである。

天文学において、観察と実験の方法を用い、これに依拠することによって明晰な解答が発見可能となるような仕方で問題が定式化され、さらにこの解答が今度は体系的構造へと結合されてその整合性が純粋に論理的ないし数学的手段で検証され得るようになったときに始めて、近代科学としての天文学は誕生した。その背後に残された茫漠たる形而上学的観念の一群は、経験的検証との接触をもたぬもの、したがってもはや近代科学に適合的ならざるものとして、徐々に見捨てられ忘れ去られて行った。

同様に現代においても、経済学、心理学、意味論、論理学といった学問は、観察に依拠するのでも形式的でもないようなことをすべて徐々に振り切りつつある。この過程が成功裡に完了すればその時ついにこれらの学問は自然科学もしくは形式科学としてのそれ自身の独立の航路に乗り出すことになろう。航路の過去は豊饒で哲学的である。しかしその現在と未来は経験的かつ／あるいは形式的である。こうして思想史は親殺しの長い連続である。そこでは新しい学問は、親の主題を殺し、体内になお生きのびる「哲学的」諸問題——自身の解答方法についての明確な指針を自身の構造の中に内蔵していないような問題——のどんな痕跡も体内から根絶することによって、みずからの自由を得ようとするのである。

いずれにせよ、これがこうした科学の理想なのである。たとえば近代の宇宙論の場合のようにその問いの中に純粋に経験的あるいは数学的なことばで定式化されていないものを残すかぎり、その分野は必然的に哲学のそれと重なり合う。実際、いかに高度に発達した科学についても、それが最終的にその哲学的諸問題を根絶したと言うことは軽率であろう。たとえば物理学では、色々な意味で哲学的と思える基本的な諸問題——仮説を立て観察を解釈するさいに準拠として用いられる概念枠組そのものに関わる問題——が現在なお存在する。波動モデルと粒子モデルとは相互にいかなる関係に立つか。不確定性は原子の構造に関する理論の最終的な形態であるか。こういう問題は哲学的性質を有する。つまりどんな演繹や観察の計画もなんら直接にこの問題に対する解答に導くものではないのである。むろん、たしかに他方では、こうした問いに答えようとする者には物理学的訓練と天分とが要求されるわけであるし、また、こうした問いへの解答が物理学自体の進歩に寄与することもあるであろう。しかし、たとえ実証諸科学が分化するにつれて哲学者の問いは物理学的でなくなるとしても、物理学者の問いの若干は依然として哲学的でありつづけるのである。

以上は、哲学の活動範囲と内容が上記のような摩滅の過程を辿ってもなお甚しく減じないように見えるひとつの理由であるが、しかしひとつの理由にすぎない。どんなに多くの問いが経験的もしくは形式的に処理できるように変形されえたとしても、そういう処理をゆるさぬように見える問いの数は減少しそうにないからである。この事実は啓蒙思想家たちにとって苦痛の種であったであろう。彼らの確信するところでは、すべての真の問題は、十七世紀と十八世紀初頭の自然科学者の手においてあのように堂々たる勝利をおさめた方法によって解かれ得べきものだったからである。

事実、あの啓蒙の時代にもなお、人間が以下のような明らかに解答不能な、したがって疑いなく哲学的な、中心的諸問題の解決に一歩でも近づいたようには見えない。果して人間と事物とはなんらかの目的を遂行するべく神なり自然なりによって創られたのであるか。然りとすればその目的とは何か。人間は複数の可能性の中にあっていずれかを選択する自由を有するのか、それとも反対に生命なき自然を支配する因果法則によって厳密に決定されているのか。道徳的真理と美的真理とは普遍的で客観的なものなのか、それとも相対的で主観的なものなのか。人間は肉と血と骨と神経組織との束《たば》にすぎないのか、それとも不死の霊魂の地上における住処《すみか》であるのか。人間の歴史は識別可能な展開の型《パタン》を有するのか、因果の連鎖の反復なのか、それとも偶然的かつ不可知の出来事の継起であるのか。こうした古来の問題がギリシアやローマやパレスチナや中世の西欧における彼らの祖先達を苦しめたのと同じように、彼らを苦しめたのである。

物理学も化学も、以下の問いに対する答えを人に告げるものではなかった。或る人々が他の人々に服従を義務づけられるのは何故か、またどんな条件の下においてか、そうした義務の本質は何なのか。善とは何か、悪とは何か。幸福と知識、正義と慈悲、自由と平等、効率と個人の独立、はいずれも均しく人間行動の確実な目標であるのか、もしそうであるとすれば、これらは相互に両立しうるものであるか、もし両立し得ないとすれば、そのいずれが選択されるべきか、そういう選択の確実な規準は何か、その確実性をわれわれはいかにして確信しうるか、そもそも確実性の概念そのものの意味は何か。さらに多くのこの種の問いの数々——。

だが——と十八世紀の多数の哲学者たちは論ずる——同様の混沌と懐疑の状態はかつては自然科学の領域においても支配していたのだ、にもかかわらず、ここでは人間精神が遂に勝利を占め、秩序を築き上げたではないか。

自然と自然法則とは闇の中に埋もれていた。

「ニュートン出でよ！」と神は言われた。するとすべては明るくなった。

ニュートンが少数の基本法則によって、宇宙の中のすべての物理的存在の位置と運動とを確定し、かくして、これまで自然に関する知識として通用して来た矛盾だらけで曖昧で生半可な経験則の無定形の大群を一撃の下に廃棄し去ることを少くとも理論的には可能ならしめたとするならば、同様の原理を人間行動と人間の本性の分析とに適用することによって、同様の解明を達成し、人間科学を同じように堅固な基盤の上に打ち立てることができるであろう、と期待するのは理にかなったことではあるまいか。

哲学は言語の混乱と曖昧さとをその糧として来た。これが一掃されるならば、残る問題はきっとただ人間の検証可能な信念に関わる、あるいは人間の確定可能な日常的欲求や希望や恐怖や利害関心の表現に関わるものだけ、ということになるであろう。これが心理学者、人類学者、社会学者、経済学者の本来の研究対象なのだ。必要なのはただ人間に関する科学のための一人のニュートンあるいは何人ものニュートンたちだけだ。人を途方に暮れさせる形而上学の諸問題はこうして永久に除去され、哲学的思弁家という怠惰な種族は根絶され、かく清掃された地盤の上に自然科学という明確堅固なる建物が築かれうるであろう。

これが、啓蒙期の最も著名な哲学者たち、ホッブズやヒュームからエルヴェシウス、ドルバック、コンドルセ、ベンサム、サン－シモン、コントおよび彼らの継承者たちにいたるすべての者の期待するところであった。しかしながらこの計画は失敗するべき運命にあった。哲学の領土は科学という継承国家群に分割されなかった。哲学的諸問題は探究的精神を相変らず魅惑し続け苛《さいな》み続けたし、今も続けている。

なぜこうなるのか。この問題に光を投ずるひとつの解答がカントによって与えられた。彼は、一方、事実に関する問題と、他方、事実をわれわれが知るにいたる仕方に関する問題との間に初めて明確な一線を引いた思想家であった。彼の考えるところでは、この仕方そのものは、たとえ事実自体あるいは事実に関するわれわれの知識がどんなに変化しようとも、変化することがない。そして経験のこの仕方ないし範疇ないし形式それ自身は、いかなる種類の自然科学の主題にもなりえぬものである。

カントは、事実――いわば経験的データ、つまり観察や推理や考察の対象となる事物、人間、出来事、性質、関係――と、この事実を感覚し想像し思考するさいに用いられる範疇《カテゴリー》との間に決定的な区別を立てた最初の人である。彼にとって範疇とは、さまざまの世界観――さまざまの時代と文明とに帰属する宗教的もしくは形而上学的な諸観念体系――から独立のものであった。たとえば、大部分のギリシアの哲学者たち、とりわけアリストテレスの考えるところでは、万物は内在的目的を自然によって与えられ、この目的ないし目標を遂行せざるを得ぬように定められている。中世のクリスチャンの目には、世界はひとつの階層秩序と映ずる。各事物と各人間はこの秩序の中でそれぞれ特定の機能を果すべく創造神によって召されている。体系全体の目的を理解しているのはただこの神のみである。神の被造物の幸と不幸とは、各存在の相異なる創造目的によって課された戒律をどの程度これら被造物が遵守するかにかかっている。個物の目的が遂行されることによって宇宙全体の調和は実現されるが、その至上の意匠、その総体は被造物の目には覆われており、ただ造物主のみがこれを理解する。

十八、九世紀の理性主義者たちは、人間が彼自身の必要を充足するためにみずから作り出したもの以外のいかなる事物に対しても、それに内在する目的なるものを認めない。人間の製作物以外の一切の事物は因果律に支配されたものと見做される。したがって殆どすべての事物は目的を遂行するのではなくて、あるがままにあるのであり、あるがままに、「非情な」事実として運動し変化するのである。

これらの物の見方の間には深刻な差異がある。にもかかわらず、これら異なる物の見方をとる者も、宇宙の中に同じような項目、同じような色、匂、形、運動と静止の諸形態を見、同じような感情を経験し、同じような目標を追求し、同じような仕方で行動する。カントが人間の外界認識についての彼の学説の中で説くところでは、われわれが外界を眺めるさいに媒体となる諸範疇は、およそ知覚能力を有するすべての存在にとって同一であり、永遠不変である。事実これこそわれわれの世界に統一を与え、われわれの意思疎通《コミュニケーション》を可能にするものなのである。

けれども歴史や道徳や美学について考察した人々のなかには、まさに変化と差異を確認した者もいた。その差異は、歴史の中に次々に登場する諸文明が見、聞き、考えた事柄の経験的内容に関する差異というよりはむしろ、これらの事柄を諸文明が知覚する仕方の基本的な型《パタン》、これらの事柄を考察するにさいして用いられる範型、これらの事柄を眺めるときの眼鏡ともいうべき範疇に関する差異であった。

神は人間を特定の目的のために創造した、とか、人は不死の魂をもつとか、来世というものがあって人間の罪に対する報いがそこで下されるということを信ずる者の世界は、こういったことを全く信じない者の世界と根本的に異なるものである。前者における行為の動機ないし理由、道徳的規範、政治的信念、好み、個人的諸関係は、後者におけるそれとは深刻かつ体系的に異なるであろう。

人々が相互に他人をどう見るかは、彼らの一般的な世界観次第で深刻に異なってくるであろう。原因と目的、善と悪、自由と隷従、物と人格、権利、義務、法、正義、真偽、といった諸観念――これは全く手当り次第にいくつかの重要な観念を取り上げたまでのことだが――は、これらをいわば結節点とする一般的枠組に直接左右される。たしかにこれらの観念の下に分類され整頓される諸事実も決してすべての時代のすべての人にとって同一であるわけではない。この差異を諸科学は吟味する。けれども、こうした差異とは区別されるより深い差異が存在する。それは、時代と場所と文化と見解を異にする人々が、異なる眼鏡をかけ、異なる範疇を使用し、異なる範型を用いて思考する結果必然的に生ずるところの差異にほかならない。

このように考えてくると、哲学は経験的研究ではないことになる。それは現在存在するもの、これまでに存在したことのあるもの、今後存在するであろうもの、についての批判的考察ではない。こうした事柄は常識的知識や信念により、また自然科学の方法によって処理される。哲学は数学や論理学のような形式的演繹の一種でもない。哲学の主題は大部分は経験的事項ではなくて、経験的事項を観察する仕方、経験を考察し分類するとき用いられる永続的ないし半永続的諸範疇である。

目的対機械的因果関係、有機体対単なる混合物、体系対単純な共在関係、空間的-時間的秩序対超時間的存在、義務対欲求、価値対事実——これらは範疇であり範型であり眼鏡である。その中には人間の経験そのものと同じだけ古いものもあり、もっと一時的なものもある。より一時的な範疇を対象とする場合には、哲学者の問題はより動態的で歴史的な姿をとる。時代が異なると範型や枠組も異なって来るし、それはまたさまざまな不明瞭な箇所や困難な問題を随伴する。すでに述べた物理学的説明の枠組について現在生じている諸問題はこの一事例である。しかし単に物理学者やその他の専門家だけでなく、およそものを考える人々一般の思考にも影響を与えるような他の事例もある。

例えば政治の領域では、人間は社会生活を色々なモデルの類推によって理解しようとしてきた。ある時期のプラトンは、おそらくピタゴラスに倣ったのであろうが、人間の本性、その属性および目標についての彼の体系的考察を幾何学の模型によって構成しようとした。これが万物を説明するであろう、と彼は考えたのである。次にはアリストテレスの生物学の模型があり、また教父たちの著作や旧約および新約聖書に盛られている多数のキリスト教的表象《イメージ》がある。さらに家族関係の類推もある。これは力学的モデル(例えばホッブズのそれ)によっては得られないような照明を人間関係に当てる。また戦闘態勢にある軍隊の観念においては、敵を急襲し粉砕するために必要な忠誠心、献身、服従といった諸徳が強調される(この観念はソヴェト連邦において旺んに用いられた)。国家を交通警官や夜警のように衝突を予防し財産の安全に配慮するものと見做す考えは、多くの個人主義的、自由主義的思想の背景をなしている。国家はこうした役割以上のものであるとする思想もある。たとえば、国家は諸個人が共通の目的の達成を意図して行う偉大な協働事業であり、したがって人間経験のあらゆる分野にくまなく立ち入る権利を付与されているという考えがそれである。これは十九世紀の「有機体」思想の多くを鼓舞したものだった。さらにまた心理学や現今はやりのゲーム理論から借用された学説もある。――以上列挙した諸例はすべて、人間や集団や社会や文化が自己の経験について考えるさいに用いてきたモデルなのである。

　これらのモデルはしばしば相互に抵触する。あるモデルは説明しえない経験の諸相があまりに多いために不適当となり、他のモデルがこれに取って代わる。新しいモデルは先のモデルが等閑に付した事柄を強調するが、その代わりに他のモデルが明らかにした事柄を不明瞭にしてしまうかもしれない。哲学の仕事――しばしば困難で苦しい仕事――は、人間が思考するさいに用いている隠れた範疇とモデル、つまり言葉やイメージやその他のシンボルの使用を取り出してこれを明るみにさらし、その不明瞭な点や矛盾する点を顕わにすることである。一般にすべての記述や説明はなんらかのモデルを含んでおり、このモデルを用いて記述や説明が行われるのであるから、哲学の仕事は、経験を秩序づけ記述し説明するより適切な方法を組立てるうえで障碍となるようなモデル相互間の不整合を識別することである、といってよい。さらにより「高い」次元で認識論、哲学的論理学、言語(学)的分析といった活動自体の本質を吟味して、この第二の次元に属する哲学的活動そのものの中で作動している隠れたモデルに光を当てることも、哲学の仕事なのである。

以上述べてきたことはどれも非常に抽象的で日常経験からかけはなれており、普通の人たちの重大関心事、その幸と不幸、究極の運命とあまりにも関わりのないことであるように思える――こういう異議が出るかもしれない。この非難は当らない、と私は答える。人間というものは自分自身に対して世界を記述し説明しようとせずには生きてゆくことができないのである。記述し説明するさいに用いられるモデルは、人間の生活に深い影響を及ぼさざるをえない。このモデルが意識されない場合でもそうである。或るモデルを機械的にであれ無意識にであれ熟慮のうえであれ、それが有効に機能しない場所に適用するところに、人間の悲惨と挫折の多くは起因する。現代において全体主義的理論家たちが、有機体モデルを政治の世界でさかんに用いたり、国家機構《ステイト》を芸術作品になぞらえたり、独裁者を霊感によって人間生活を自由に型どる者と描写したりしたことによって、どれだけ多くの苦難が惹き起されたことか。それ以前の時代においても、子に対する父の権威という原型に倣って型どられた暗喩やモデルを、社会関係、とくに国家における支配者の臣民に対する関係や、俗人に対する聖職者の関係に誇張して適用した結果、どれほど多くの害悪とどれほど多くの幸福がもたらされたかを、一体誰が告げ得よう。

　さまざまの人間諸集団を分つ多様な利害の正しい評価は、その影響力と、その相互作用の仕組および帰結とを測量して、お互いになんとかやって行けるような妥協点――自分の欲求を充足しながら、しかもそれによって、対等の重要性を有する他人の欲求や必要を圧殺することなしに生存し続けることを可能ならしめるような妥協点――を見出そうとする場合には、つねに不可欠の知識である。諸集団の多様な利害をこのような意味において正しく評価し、地上に理性的秩序を樹立する希望がいくらかなりともありうるとするならば、この希望は、上述のような社会的、道徳的、政治的モデル、なかんずくその根底に横たわる形而上学的モデルを明るみに出して、各モデルがそれぞれの任務に対して適当であるかどうかを吟味することの裡に存する。

哲学者に永続的に課された務めは、科学の方法や日常的観察が気付かぬような事柄、たとえば範疇、概念、モデル、思考様式もしくは行動様式、とくにこれらが相互に対立しぶつかり合う様子を調べ、既存のものよりも内部的矛盾が少なく、たとえ完全な実現は望むべくもないにせよ誤用の可能性のより少ない他の比喩、イメージ、シンボル、範疇体系を構築することにある。混乱と悲惨と恐怖の主要な原因の一つは、その心理的な、あるいは社会的な根が何であろうとも、時代遅れになった観念への盲目的固執であり、一切の批判的自己吟味に対する病理的嫌疑であり、人間生存の手段と目的とのいかなる理性的分析をも妨害しようとする錯乱した努力である――ということは確かにひとつの合理的な仮説である。

以上のような活動、その扱う対象が自然科学であると道徳的、政治的問題であると純粋に個人的問題であるとを問わず、この社会的には危険で、知的には困難かつ屢々苦悶を伴い、しかも報われることの少ない、しかしなお常に重要な活動、これが哲学者の仕事なのである。哲学の目標はつねに渝ることなく同一である。すなわち人間の自己理解を助け、人間が闇の中で野蛮に振舞うのではなく、開かれた大気の中で生きることを助けること、これである。

(1) 形而上学もしくは神学は科学であるという主張は、直観もしくは啓示が世界に関する諸事実の知識の直接的源泉である、という仮定に基づくものでなければならない。形而上学もしくは神学が直接的経験の一形態であると主張される以上、それによって与えられる情報《データ》は——かりにそういう情報の存在が容認されればの話であるが——、われわれの議論にとっては「経験的」容器に属する。

〔森永毅彦訳〕

「希望と恐怖から自由に」〔訳注〕

一

知識は常にわれわれを自由にするものであろうか。古典ギリシアの哲学者たちの見解は自由にするとするものであった。そしてキリスト教神学のおそらくすべてではないとしても、その多くも同じ意見であった。「また真理を知らん、而して真理は汝らに自由を得さすべし。[1]」古代ストア派とほとんどすべての近代合理主義者も、この点ではキリスト教の教えと一致していた。この見解によると、自由[2]とは、邪魔されずに私の真の本性《ネーチュア》を——その邪魔が外的な障害か内的な障害かにかかわりなく——成就することである。先に引いた一節の場合には、問題の自由は(私はこの点ではフェステュギエールの解釈に従う)罪からの自由、つまり私の理解力を妨げている神、自然、そして私自身についての偽りの信念からの自由であった。その自由は、自己実現ないし自己指導《ディレクション》性の自由である。つまり個人の本性の真の目的を(その目的ないしその本性がいかに定義されているかにかかわりなく)、彼自らの行動によって実現することである。この実現が、世界と世界の中での人間の位置についての把握が誤っているために妨げられているというのである。これに、その系命題である私は合理的であるということ――つまり、私が何故こう行動しているかを私自身で理解ないし知ることができ(少くともそれについて、正しい信念を持つことができ)、行動《アクト》すること(選択を行い、意図を形成し、目的を追求することを伴う)とたんに動く《ビヘーヴ》こと(私には原因を知りえないような動き、あるいは私の願望ないし態度によっては原因を左右できそうにない動きによって、外から働きかけられること)とを区別できるということを付け加えるならば、そこから一つの結論に達することができる。つまり重要な事実についての知識、外的世界と他人と私自身の本性についての知識は、私の方針にたいする無知と妄想に由来する障害を除去するという結論である。哲学者(そして神学者、劇作家、詩人)は、それぞれ人間の本性とその目的について、この本性と目的を多少とも達成するには、外的世界をいかにまたどの程度支配することが必要か、そのような一般的な本性ないしは客観的な目的がそもそも存在しているのか、そして事物と非合理的な生物から成る外的世界と主体的な行動主体とを区別する境界線はどこにあるのかについて、大きく意見を異にしている。ある思想家は、本性の達成はこの地上において可能である(あるいはかつて可能であったか、いつの日にかは可能であろう)と考え、また他の思想家は可能ではないと考えた。あるものは、人間の目的は客観的に存在しており、特殊な調査方法によって発見可能であると主張したが、この方法が何であるか、経験的であるか先験的《ア・プリオリ》であるか、直観的であるか推論的であるか、科学的であるか純粋内省的であるか、公的であるか私的であるか、特に才能のあるもの、あるいは好運なものに限られているのか、それとも原則として万人に開かれているのかについては、意見が異っていた。また他のものは、その目的は主観的であり、あるいはきわめて多様な物理的、心理的、社会的要因によって決定されていると信じていた。さらにいえば、例えばアリストテレスは、外的条件があまりにも不利ならば——人がいわばトロイ最後の王プリアモスの不運に苦しめられるならば——、自己達成、自らの本性の適切な実現は不可能になるであろうと考えた。それにたいしてストア派とエピクロス派は、人間社会と外的世界からある程度の距離をおきさえすれば、外的状況が何であれ、完全な合理的自己統制は人間に達成可能であると主張した。彼らはさらにこれに加えて、意識的に独立と自立を求める人々、つまり自分には支配できない外的な力のおもちゃになることからの逃避を求める人々には、誰でも原則としてこの自己達成に必要な距離をおくことができるという、楽観的な信念を抱いていた。

これらすべての見解に共通する想定として、次の点を挙げることができよう。

(i)物と人は本性——それが知られているかどうかにかかわりなく、明確な構造を有している、

(ii)これら本性ないし構造は、普遍的かつ不変の法則によって支配されている、

(iii)これら構造と法則は、少くとも原則としては、すべて知ることができる。そしてその知識は自動的に、暗闇でつまずかないように、そして所与の事実——事物と人の本性、それを支配する法則——からして失敗を運命づけられている方針に努力を浪費しないですむようにしてくれる。

この理論によると、人間の行動が方向を誤った感情——例えば、存在していないものにたいする恐怖、事態の真の状態の合理的知覚によらず、幻想や夢想、無意識の記憶と忘れ去られた傷による憎

悪など——を原因にしている時には、人は自己指導的でなく、したがって自由ではない。この見解では、合理化やイデオロギーといったものは、行動の真の根源を知らない、あるいはそれを無視ないし誤解している偽りの行動の説明ということになるであろう。この偽りの説明は、さらに幻想と夢想を生み、非合理的で衝動的な行動様式を生むであろう。したがって真の自由とは、自己指導にある。彼の行動の真の説明がどの程度まで彼の意識している意図と動機にあるか、逆にいえば、同じ効果、つまり(行動主体がどのような説明ないし正当化を試みるかにかかわりなく)選択の結果であるかのように装って同じ行動を生み出すとしても、どの程度まで何か隠された心理的、生理的条件によっていないかによって、人間は自由である。ある合理的人間が自由なのは、彼の行動が機械的でなく、自らの動機から発し、彼が意識している、また欲すれば意識しうる目的の達成を意図している場合である。つまり、このような意図と目的を持っていることが、彼の行動の充分条件ではないが、必要条件であるといってよい場合である。自由でない人とは、いわば麻薬を呑まされたり催眠術をかけられている状態にある人である——彼が自分の行動をどう説明しようと、彼の表面の明白な動機と方針がいかに変化しようとも、その事実には変りはない。彼がどのような理由を挙げるにせよ、彼の行動が明白に同じと予言できる時には、彼は自分には統制できない力の手中に握られており、したがって自由でないと、われわれは考える。

問題をこのように提出することは、合理性と自由とは何であるかを問うことである。少くともそれに向って、長い道を歩むことである。合理的思想とは、その内容、少くともその結論が何らかの規則と原理に従っており、因果の連鎖ないし出鱈目の連鎖の中のたんなる要素とはなっていないような思想である。合理的行動とは、(少くとも原則としては)その行為者ないし観察者によって動機、意図、選択、理由、規則などの観点から説明でき、自然の法則——因果的、統計的、「有機的」、その他同じ論理的型の法則——だけでは説明できない行動である(動機、理由などによる説明と、原因、蓋然性などによる説明とが「範疇的」に別のものであるのか、したがって原則として対立しないし、むしろ互いに無関係であるのかという問題は、もちろんきわめて重要な問題であるが、ここではそれを提起するつもりはない)。ある人を泥棒と呼ぶことは、その限りで彼に合理性を認めることである。彼に病的な盗癖があるというのは、合理性を認めないことである。人間がどこまで自由であるかが、自分の行動の根源について彼がどこまで知っているかに直接にかかっているとすれば、自分に病的盗癖があることを知っている病的盗癖者は、その限りで自由である。彼は盗みをやめることができず、またやめようとはしないかもしれない。しかし彼がこの事実を知っているかぎり、彼はいまやその衝動に抵抗するか(たとえ失敗せざるをえないとしても)、それともそれを野放しにするかの選択ができる立場にある——と主張されるのであるが——から、彼は一層合理的になるだけでなく(この点には論駁の余地はなさそうである)、一層自由になることになるであろう。果して、常にそうであるということになるであろうか。気質や因果関係を私が自分で自覚しているということは、それを操作ないし変更させる能力があるということと同じであろうか。その自覚が、必ずや私にそのような能力を与えるということになるであろうか。知識はすべて自由を増大させるという言葉には、もちろん明白な意味がある。けれどもその意味はきわめて陳腐である。私に癲癇の発作を起したり、階級意識を感じたり、ある種の音楽にたいして陶酔する傾向があることを自分で知っている場合、私はそれに応じて生活を演ずることができる――「できる」という言葉のある意味で。それにたいして自分で知らない場合には、そうはできない。つまり私はいくらか能力を高め、その限りで自由を得ている。しかしこの知っていることが、他のある点では私の能力を低めることになるかもしれない。私が癲癇の発作や何か苦痛の(あるいは逆に快適な)感情の起ってくるのを予感した場合、私は何か他の形で私の能力を自由に行使するのを躊躇して、何か他の経験を得られなくなるかもしれない。詩を書き続けたり、いま読んでいるギリシア語のテキストを理解したり、哲学を考えたり、あるいは椅子から立ち上ったり――そういったことができなくなるかもしれない。いい換えれば、ある分野での能力と自由の増大にたいする代価として、他の分野での能力と自由を失うかもしれないのである(この点については、やや異った文脈で後で立ち帰ることにする(3))。また私は、癲癇の発作、階級意識、インドの音楽にたいする耽溺などが起ってきたことを認識したとしても、そのような感情を必ずしも統制できなくなっているかもしれない。古典的著作家たちの意味する知識とは、「何をなすべきか」についての知識ではなくて事実についての知識であり、それは、ある目的や価値に加担したことをあたかも事実についての発言であるかのように偽装し、あるやり方で行動するという決意を表明しないでそれを記述したものかもしれない。それはともかく、私が他の人々について知っているのと同じように私自身についても知っていると主張するとすれば、たしかにその知識の根源は私自身であり、私の確信は一層強いとしても、このような自己知識は私の自由の総額を増大させもすれば、減少させもするように思われる。問題は経験的な問題であり、それにたいする答は個々の状況にかかっている。すでに述べた理由によって、知識を得ればそれだけある点で私は自由になるという事実から、それが必ずや私の享受する自由の総額を増大させるという結論にはならないのである。それは片手で与えたものをもう一方の片手でより多く取り返し、自由を減少させるかもしれないのである。

しかしこの見解については、もっと根本的な批判があり、それを考察しておかねばならない。人が自らを理解すれば(たとえそれが自由の充分条件ではないとしても)、その時はじめて自由であるということは、われわれには理解すべき自己があるということ——人間の本性と呼ぶに相応しい構造があり、それはあるがままの事実として存在し、法則に従い、自然的研究の対象であるということを、前提としている。このこと自体が、特にいく人かの実存主義哲学者によって疑問に付された。通常、安直に考えられているよりははるかに多くのことが、人間の選択によって決定されているというのが、彼らの主張である。選択は責任を意味しており、いく人かの人間はほとんどいつも、また大抵の人間は時々、この重い負担を回避したいと思うから、言い訳とアリバイを探し求めるという傾向がある。そのため人は、自然や社会の避けがたい法則の作用——例えば、無意識の精神の働き、不変の心理的反射作用、社会進化の法則の働きなど——にあまりにも多くのことを帰着させがちである。この流派に属する批判者たち(彼らはヘーゲルとマルクス、キュルケゴールの双方に多くを負っている)は、自由にたいするいくつかの悪名高い障害──例えばJ・S・ミルが大いに論じた社会的圧力など──は、客観的な勢力ではないという。つまりその存在と効力は、人間の意志や活動から独立のものでなく、あるいは孤立した個々人には利用できない手段──個人の欲するがままに起すことができない革命や急進的改革によってのみ変革できるといった性質のものではないと、いうのである。ここで論じられているのは、それと正反対のことである。私は他人の圧力を受けているわけではない、また同調行動をとるよう学校の教師や友人や両親の圧力を受けているわけでもない、さらには私には如何ともしようのないやり方で、聖職者や同僚や批評家や社会集団ないし階級の言動によって影響されているわけでもない。もし私がそのような影響を受けたとすれば、それは私が影響を受けることを選んだからだと、いうのである。私がせむし、ユダヤ人、ニグロなどとして嘲笑され、侮辱されたとしよう。あるいは裏切り者という疑いをかけられていると感じて、気落ちしているとしよう。しかしそれは、私を支配している他人の見解や態度、つまりそのような人々のせむし、人種、叛逆についての意見と評価を、私が承認することを選んだからにすぎないのである。私は常にそれを無視し、あるいはそれに抵抗することができる。そのような意見、基準、見方をせせら笑うことができる。そしてその時、私は自由である。まさしくこれが、異った前提の上に建てられているとはいえ、ストアの賢人ゼノンの肖像を描いた人々が抱いていた理論である。私が公衆の感情、あるいはあれこれの集団や人の価値に屈服したとすれば、その責任は私にあるのであって、外的な力──人的であれ非人格的なものであれ外的な力の責任ではない。私としては、そのような影響力は抵抗しがたいと考え、私の行動をしきりにそのせいにしたがるであろうが、しかしそれは非難あるいは自己非難を避けようとしているからにすぎない。このような批判者によれば、私の行動、私の性質、私の人格は神秘的な実体、何らかの仮設的な一般的(因果的)諸命題の型の中の一要素ではなく、選択ないし選択しないという型における一つの主体である。選択しないということもそれ自体が、行動的な主体として自らを主張するのではなく、ことを成行きにまかせるという一種の選択を表わしている。私が自己に批判的で事実を直視するならば、自分が責任を他に転嫁しているのだということを発見するであろう。このことは、理論の領域にも実務の領域にもともに当てはまる。例えば私が歴史家であるとすれば、歴史上重要な要因についての私の見解はさまざまな個人や階級の評判を高めたり低めたりしたいという私の願望に深く影響されているかもしれない。それは私の側の自由な評価の行為であると、論じられるであろう。私がいったんこのことを意識するようになると、私は私の意志にしたがって選び判断できるようになる。「事実」は、決して自ら語りはしない。私、選択し評価し判断する私だけが語ることができる。私自身の甘美な意志によって、私が自由に見て検討し、承認ないし拒否することができる原理、規則、理想、偏見、感情にしたがって、私は語る。もし私が、過去、現在、未来のある政策や経済政策の犠牲として支払われた人間的費用《コスト》を低く見積るとしよう。よく検討すれば、それは私が、その政策を実行した人々にたいする批判者ないし敵をよく思わず、あるいは恨みに思っているからだということを、発見するであろう。もし私が、時の政治、軍事情勢、あるいは私の感情や内面の状態からして「私には耐えがたいこと」だったという理由で、私の犯した何か下劣な行為の――他人にたいしてか私自身にたいしてかは問わず――言い訳にしようとするならば、その時私は、私自身か他人かを、あるいはその双方を欺そうとしているのである。行動とは選択である。選択とは、あれかこれかの行動、生き方、その他に自由に加担することである。なすべきか、なさざるべきか、生くべきか、死すべきか。可能性が二つより少いということは決してない。したがって、ある行為の原因を不変の自然的法則にもとめるのは、現実を誤り伝えることとなるであろう。それは経験に反しており、偽りであることが証明できる。大抵の哲学者や普通人がこれまで行い、そして不断に行っているように、そのような虚偽を働くことは、選択したこと、あるいは選択しなかったことにたいする責任を回避しようという選択をすることである。支配的な世論のままに流され、半ば機械的に行動することがそれ自体で一種の選択――自由な降服の行為であることを認めようとはしないという選択をすることである。それというのも、私自身にむかってこう問いかけることが、時として苦痛ではあっても常に可能だからである。私は真に何を信じ、何を欲し、何を高く評価しているのか、私は何のために行動し、何のために生きているのか――このような問いに私の能力の限りで答えた上で、ある行動の仕方をそのまま続けるか、それとも私の行動の仕方を変えることが、これまた常に可能だからである。

いわずもがなのことであるが、次のようなことは言っておく必要があると思う。未来について、未来の事実がしっかりと固ってすでに形成されたものと見るのは、物の見方として虚偽である。われわれ自身の行動と他の人々の行動を、全体としてあまりに強くて抵抗しえないような力によって説明しようとするのは、もともと事実によって説明してよいことの範囲を越えているから、経験的に誤りである。この理論は、極端な形態にまで押しつめれば、決定なるものを一撃で粉砕してしまう。つまり、私は私自身の選択によって決定されるということになるであろう。そうでないと信じること――例えば決定論、宿命論、偶然論などに立って――は、それ自体で一つの選択であり、むしろそれ故に一層卑怯な選択である。けれども、このような傾向はまさしくそれ自身で人間の特性の一つの現れであると論じることも、たしかに可能である。未来を――過去との対称的な対比で――変更不可能なものと見なすこのような傾向、あるいは言い訳を求め、逃避主義的な夢想に走り、責任から逃亡しようとするのは、それ自体が心理的な事実である。自己欺瞞とは、もともと私が意識的に選べないものである。私がこのような結果になるとは知りつつも、しかしその結果を避けないように行動することもあるであろう。しかし、選択と強制された行動との間には差異がある。強制そのものが、過去の強制されざる選択の結果であったとしても、両者は別である、私の抱いている幻想が、私の選択の分野を決定する。己れを知ること――幻想を破ることがこの分野を変える。つまり、現実に(いわば)何ものかが私を選択しているにもかかわらず、私は自分がそれを選択したのだと考えるのではなく、私が真に選ぶことをより可能にするのである。しかし、真の選択と偽りの選択とを区別する過程で(それがいかにして区別されるのか、私がその幻想をいかにして見抜くかにかかわりなく)、私は自分にはのがれがたい本性があるのに気づく。私にはできないものが、いくつかある。私が(論理的にいって)合理的ないし正気であれば、一般的命題を信じないわけにはいかない。あるいは、正気であれば、一般的な言葉を使わないわけにはいかない。肉体を有しながら、重力に引かれないわけにはいかない。おそらくある意味では、その両者をそれぞれ同時に試みることはできるであろうが、それでも、合理的であるということは、私がそれに失敗するということを意味しているはずである。私自身の本性や他の物や人の本性、さらには私とそれらの物や人を支配する法則について私が知っていることは、私が精力を浪費し誤用しないようにたすけてくれる。それは、偽りの主張と言い訳をあばき出す。責任をあるべきところに固定し、偽りの無実の申立てと真に無実の人々にたいする偽りの非難をしりぞける。しかしそれは、真にそして恒久的に私の支配の外にある要因によって決定された境界線を越えてまで、私の自由の範囲を拡大できはしない。これらの要因は、説明したからといって無くなるわけではない。知識の増大は、私の合理性を増大させるであろう。そして無限の知識は、私を無限に合理的にしていくことであろう。それは私の力、私の自由を増大させるかもしれない。しかしそれは、私を無限に自由にすることはできない。

本来のテーマに帰ろう。知識はいかにして私を自由にするのか。伝統的な立場を、もう一度述べておこう。私が検討しようとしている見方、つまりこの問題についての古典的な見解は、アリストテレス、ストア派、大部分のキリスト教神学から発して現代に至り、スピノザの理論と、ドイツ観念論者と現代心理学者の双方の間にまたがるスピノザの後継者たちの理論の中に、その合理主義的定式化を見ている。それによると、知識はこれまで私の行為に影響を及ぼしながら、ほとんど認識されていなかった諸力、したがって統制されていなかった諸力を明らかにすることによって、私をその専制的な力から解放する。その諸力が隠されており、したがって誤って解釈されていた時には、その専制的な力は一層大きいであろう。何故そうなのか。私が一度それを明らかにしたならば、私はそれをある方向に向けたり、またそれに抵抗したり、それを無害な方向に流し、私の目的の実現のために利用できるような条件を作り出すことができるようになるからである。政治においてか個人生活においてかは問わず、自由とは自治である。そして自己の外なる諸力にたいする自己の統制力を増大させるものは、すべて自由を大きくする。個人的－道徳的分野か公共的－社会的分野かを問わず、自己と人格を「外的な」諸力から区別する境界線はいまだきわめて曖昧であるが、そしておそらくは必然的に曖昧であろうが、このベーコン的命題はその限りでは正しいようである。しかしその主張はいい過ぎではあるまいか。それは、古典的形態では自己決定の理論と呼ばれている。それによると、自由とは自分自身の行為を決定するに当ってある役割を果すことにある。その役割が大きければ大きいほど、自由も大きい。隷従ないし自由の欠如は、物理的なものか心理的なものか、ともかく「外的」な諸力によって決定されていることである。この諸力の果す役割が大きければ大きいほど、個人の自由は小さくなるであろう。ここまではよろしい。しかし、私が果す役割――私の選択、目的、意図――がそれ自体で「外的」な原因によって決定されて、今あるがままになっているのではないかと問うならば、古典的な答は、それは大した問題ではない、意図通りに行動できれば、またそうできさえすれば、私は自由であるということになるようである。私の精神状態そのものが何か他のもの――物理的なものか心理的なものか、風土、血圧、私の人柄など――の因果的な産物であるのかどうか、この点についてはいずれとも答えられていない。そうかもしれないし、そうでないかもしれない。したがって、この点については知りうるかもしれないし、知りえないかもしれない。問題なのは、人間の行為が自由であるか否かという問題に心をわずらわしている人々が知りたいのは、私自身の意識的な選択が私の行動の必要条件になっているかどうかだ、というのである。そうなっていれば、合理的な人間が望みうる限りの唯一つの意味で、私は自由である。その選択そのものが――私の他の部分と同様に――何か他の原因によって決定されているかどうかは、問題ではない。それが自然的要因によって完全に決定されていたとしても、私の自由がそれによって小さくなるわけではない。

この決定論に反対する人々は、当然に次のように反駁した。右のような議論は、むしろ問題を一歩後に押しもどしたにすぎぬ、たしかに「自己」はその役割を果しているが、それ自体がどうしようもなくすでに「決定」されていると、反駁したのである。ここで、この論争の起源にまでさかのぼっておくとよいであろう。よくあることだが、もっとも初期の形態は同時にもっとも明確な形態でもあるからである。私の知るかぎりでは、問題は初期のギリシア・ストア派が二つの、当初は互いに無関連の問題点に関心を示した結果として生じてきた。一つは因果という問題である。紀元前四世紀にはまだ新しかったが、前の事件が後の事件の必要にして充分な原因として作用しているような断ちがたい事件の連鎖関係という着想である。もう一つは、個人の道徳的責任というはるかに古い観念であった。早くも次の世紀の初めには、人々の行動のみならず、精神、感情、意志の状態が断ちがたい因果の連鎖をなしていると主張しながら、人間には責任がある、つまり現実の行動とは異る行動をすることができたと主張することには、逆説的なものが含まれている、むしろ矛盾していると感じられていた。

プラトンやアリストテレスはこのディレンマに頭を悩まさなかったようであるが、それに真向から直面した最初の思想家はクリュシッポスであった。彼は自己決定論という名で知られている一つの解決を発明した。その見解によると、人々が外的な諸力に抵抗できず、それによって働きかけられていると考えられる間は、その人々は、木や石と同様に自由ではなく、責任という概念はまったく適用できない。けれども、行動を決定した多くの要因の一つに、ある目的に向けて意志が働いたということがあり、しかもその意志の働きが特定の行動の必要条件であった場合(充分条件であるかどうかにかかわりなく)、その場合には自由である。その行動は意志の作用に依存しており、それがなければ起らなかったはずだからである。人間の意志の働きと、その意志の働きを生じさせる(人間がそのことを完全に意識しているかどうかは問わず)人格と気質は、行動にとっての本質的な要素である。これが自由であることの意味だというのである。エピクロス派や懐疑論派など、この立場に批判的な人々は、これが半分の解決でしかないことを直ちに指摘した。伝えられるところによると、彼らの主張はこうであった。意志の作用が正しく行為と呼びうるものの必要条件であったとしても、もしその意志の作用そのものが因果の連鎖の一部をなしており、それ自体が選択や決定などにとっての「外的」な原因の結果であるとすれば、もはや責任という観念を適用することができないであろうと、いうのである。批判者の一人[4]は、そのような一部修正された決定を「半隷従 *hemidoulia*」と呼んだ。もし選んだとしたら、私は x をなすべきではなかったと、私自身が正確にいいうるとしよう。しかもそれに加えて、私にはそれ以外の選択はありえなかったというとすれば、私は半分だけ自由である。私が x をなすと決意しているとすれば、私の行動にはたんに原因ばかりでなく動機がある。私の「意志」は、それ自体が私の行動の一つの原因であり、むしろその必要条件の一つとなっている。これが、私ないし私の意志が自由であると呼ぶことの意味である。しかし、もしその選択ないし決意がすでに決定されており、因果的にそれ以外の選択ないし決定がありえないとすれば、因果の鎖は断たれてはおらず、私は真に自由ではないであろう。もっとも厳格な決定論の仮定に立てばもともと私は自由でありえないが、その場合と同様に私は自由でない。以後の哲学者を熱中させた自由意志についての大議論は、もともとこの論点をめぐって生じたのである。クリュシッポスの解答——私が合理的に望みうることは、私自身の人格が行動に影響を及ぼす一つの要因でなければならないということだけであるという彼の解答は、自己決定としての自由という古典的理論の中心的な核である。それを主張する人々は、クリュシッポスとキケロからアクイナス、スピノザ、ロックとライプニッツ、ヒューム、ミル、ショーペンハウエル、ラッセル、シュリック、エイヤー、ノーウェル-スミス、そして現代においてもこの主題について論文をものしている多数の人々にまで、切れ目ない線をなして連っている。この時代順の系譜の中での最近の研究者リチャード・ヘアは、著作の一つ(5)で自由な行為とたんなる行動とを区別して、私が自由に x を行っているかどうかの決め手は、「私が x をいたしましょうか」ないしは「私は x をなすべきでしょうか」と問うことに意味があるかどうかを自ら問うことによって与えられると、述べている。ここでの彼は、まさしく先の古典的な命題をあらためて提出しているのである。ヘアは、人は「私は失敗するでしょうか」、「私は海岸で難破するでしょうか」は問うことはできるが、「私は失敗いたしましょうか」、「私は難破すべきでしょうか」は問うことができないと言っているが、これは正しい。難破する、失敗するは、意識的な選択ないし目的ではありえないからである。その言葉の論理的、概念的な意味において、ありえないからである。そしてこのことから、彼は次のような結論を下す。「私が山に登りましょうか」と問うことが有意味であり、「私があなたを誤解いたしましょうか」と問うことが無意味であるようなものが存在しているか不在であるかによって、われわれは自由な行動と自由でない行動を区別すると、言うのである。しかし、カルネアデスにならって私が次のように言うとしよう。「たしかに私は、「私が山に登りましょうか」と問うことができる。しかしそれにたいする答――そして山に登るという行動――が私の支配の及ばない要因によって決定されているとすれば、その場合、私が目的を追求し、決定を下している等の事実はいかにして私を因果の連鎖から自由にしているのであろうか。」しかしストア派と全古典哲学の伝統によっては、この問いは誤った設問と見なされることであろう。私の選択がある結果を生み出すのに不可欠であれば、私は、例えば目的がなく選択を行わない石や木などとは違って因果的に決定されていない。そして、絶対自由論者《リベルタリアン》が証明したいと思っているのはこれだけなのである。しかし絶対自由論者でない人々は、現実にこのことを承認できないであろう。決定論とさまざまな道から選択する自由とは両立していないという問題に真に関心を抱いているものは、「私は自分の選んだことをやることができるが、いま選んだ道以外の道は選択できない」という発言では決して満足しないであろう。もちろん自己決定は、機械的な決定と同じものではない。もし決定論者が正しいとすれば(そして彼らが正しいことも大いにありうることである)、人間の行動を記述していく際に用いられる決定論はいわゆる行動論的なものではなく、まさしくクリュシッポスのいう半隷従《ヘミドウリア》であろう。しかし、絶対自由論者の欲しているのはパンの半分ではなく、丸ごと一つのパンである。もし私の決意がそれに先立つ原因によって全面的に決定されているとすれば、それが決意であるという単純な事実、私の行為には先立つ原因ばかりでなく動機があるという事実それ自体では、自由と必然、あるいは自由と自由の不在を区別する境界線とならないであろう。少くとも絶対自由論者にとっては、普通の意味での責任の観念はこの両者を区別する境界線を明らかに必要としているようである。まさしくこの意味で、ベーコンの支持者はいい過ぎをしているのである。

この点は別の角度からも見ることができる。そのことによって、知識と自由の関係というはじめの問題に立ち帰ることになるであろう。知識の増大は、予測可能な事柄の幅を大きくする。しかし、――この立場に反対しているいろいろといわれているが――予測可能性は帰納的な予測であれ直観的な予測であれ、選択の自由と両立するようには思われない。私が誰かに、「このような状況であなたが素晴らしく勇敢に行動されることは、私は常々知っておりました」と言うとしよう。このように賞められた人は、彼の選択の自由の幅がそのことによって狭められたとは思わないであろうという反論がありうる。しかしそれは、「知っておりました」という言葉をいわば通常の誇張した使い方で使っているからにすぎないようである。誰かが他の人に、「私はあなたをよく知っています。あなたは、気前のよい行動しかできません。たとえ努力しても、自然に気前のよい行動になるのです」という。このように語りかけられた人は、お世辞に弱いと思われるかもしれない。「……しかできません」と「たとえ努力しても、自然に……なるのです」という言葉には、お世辞の誇張的用法の要素が含まれているからである。しかしもしこのような言葉が文字通り解されるように意図されていたとしたら、——お世辞を使う方が「あなたが老人で醜く、あるいは中国語ではなくて英語で考えているように、それと同じようにあなたは気前がよい」というつもりで言っているとすれば、そこでは賞讃ないし長所の観念は消え失せ、お世辞は道徳的なものからいわば美学的なものに変質しているであろう。この点は、悪口の例を挙げれば一層明らかにできるであろう。私がxについてこう言うとしよう。「火山が噴火をやめられないのと同じように、xは残酷で意地悪なのだ——彼を非難してはならない。ただ彼の存在を嘆くか、あるいは危険な動物と同様、馴らすか抑えるかする他はない。」xは、そのように行動するかそれとも自制するかの自由、訓戒を傾聴するか無視するかの自由が彼にあるという想定に立って、われわれが彼の行動についてお説教する場合よりも、はるかに深く侮辱されたと感じることであろう。私の選択と行動を私の人柄が決定しているという事実は、私の人柄そのものとその現れが逃れがたい原因によるものならば、私を自由にしてはいない——責任、道徳的な賞讃と非難の観念からして要求されている意味での自由には。私の選択を決定している原因と条件を知ること——そもそものような原因と条件があり、(この命題を分析しないままでのことであるが)選択が自由ではないことを知ること、道徳的責任という観念は厳密な決定論とも完全に両立することを知り、そして絶対自由論が無知ないし誤りによる混乱であることを知ること——このような知識は、われわれの道徳観を美的観念と同化させていく。そしてわれわれは、美や優しさ、強さや天才を見るのと同じように、英雄的行為や正直や正義を見るようになっていくであろう。強さや天才などの資質を有する人々を賞め、あるいは祝福し、しかも彼らはそれ以外の資質を持つこともできたのだと思ったりはしない。このように思う世界観がひろく承認されたならば、事実を整理する哲学的範疇に大変動を引き起すことになるであろう。もしこの大変動が起れば、われわれは現代の道徳観、法律観について大いに考えさせられ、また刑罰立法については きわめて野蛮な制度が無知の上に成り立っているがために、その大部分についてこれまた大いに考えさせられることになるであろう。それは、われわれの共感の幅と深さを拡げ、いたずらに責任の帰属を考えるのではなくて知識と理解を深めていくことになるであろう。また憤激と、それと正反対であるような崇拝を非合理で無用のものにしてしまうであろう。賞罰、長所、責任、悔恨などの観念、さらには正邪などの観念が、矛盾したもの、少くとも適用不可能なものであることを明らかにするであろう。賞讃と非難は道徳的に中立な、純然たる教育上の手段となるか、それとも美的な是認ないし否認に局限されるであろう。これらすべてが生じ、もし真理がそちらの側にあるとすれば、人類に利益をもたらすことになるであろう。しかし、それによってわれわれの自由の幅が大きくなるわけではない。知識によってわれわれが一層自由になるのは、現実に選択の自由がある場合である。知識にもとづいて、その選択の自由がない場合とは別の行動ができる場合である。できるであって、しなければならないとか現実にするというのではない。つまり新しい知識を得たことによって別の行動ができ、そして別の行動をする場合であって、必ずしも別の行動をする必要はない。まず初めに自由がなければ、そして自由の可能性がなければ、自由を大きくすることはできない。新しい知識はわれわれの合理性、真理を把握する力を強め、理解力を深め、われわれの力と内的な調和、知恵と効力を大きくするが、必ずしも自由を大きくするわけではない。選択の自由があるならば、増大した知識によってこの自由の限界が何であるか、何がその自由を拡大し縮小させるかを知ることができるであろう。しかし私には変えることができない事実と法則があることを知るだけでは、私が何かを変えることができるようにはならない。そもそも自由がなければ、知識があっても自由が大きくなるわけではない。すべてが自然法則によって支配されているとすれば、知識によってその法則をよりよく「利用」できるといっても無意味であろう。意味があるとすれば、その「できる」が選択「できる」ことを意味している場合だけである。つまりさまざまな道の中から私が選ぶことができるといえるような状況、何か一つの道を選ぶように厳格に決定されていないような状況にだけ適用されるような「できる」の場合だけである。いいかえれば、もし古典的決定論が正しい見方であるとしても(それが現代の慣行と合致していないという事実は、それにたいする反論とはなりえない)、それについて知っても自由は大きくならないであろう――自由が存在していなければ、それが存在していないということを発見しても自由が作り出されてくることにならない。これは、徹底的に展開された機械論的‐行動論的な決定論についてと同様に、自己決定論にも当てはまることである。

古典的自己決定論をもっとも明晰に解説したのは、おそらくスピノザが『倫理学』で提出しているものであろう。スチュアート・ハムプシャー(6)は、スピノザは完全に合理的な人は目的を選ばない、彼の目的は所与であるからだと主張したとしているが、私はそれは正しいと思う。つまり人が人間と世界の本性をよりよく理解すれば、彼の行為はそれだけ調和的になり、成功することになるであろう。彼には、同程度に承認できるいくつかの道の間の選択という深刻な問題は、決して生じえない。正しい前提から論理的に不可避な結論に向って正確に推論を進めていく数学者にとって、選択がありえないのと同じである。彼の自由は、彼が存在していることを知らない原因、あるいは彼が影響力を正しく理解していない本性によって働きかけられはしないだろうという事実に存している。しかしそれだけである。スピノザの前提――つまり宇宙は合理的な秩序であり、ある命題、ある行為、ある秩序の合理性を理解するとは、合理的な人間にとってはそれを承認すること、あるいは(古いストア派の観念におけるように)それと自らを一体化させることに等しい。選択という観念そのものが、知識の不足、ある程度の無知によっていることになるであろう。いかなる理論問題についてと同様、いかなる行為の問題についても正しい答は一つしかない。その正しい答が発見されたならば、合理的な人間は論理的にそれに従って行動する他はない。いくつかの道の間の自由な選択という観念は、もはや適用の余地がない。万物を理解する人は、万物がそうであり、そうでしかない理由を理解している。そして合理的であるが故に、万物がそれ以外であることを欲することができない。これは達成不可能な理想かもしれない(考え抜いてみれば、おそらくは矛盾した理想かもしれない)。しかし、知識の増大は常にそのまま自由の増大——何か理解していないものの意のままになっている状態からの脱出という意味での自由の増大であるという観念の底には、このような見方が横たわっているのである。この見解によると、人がいったん何かを理解ないし知ったならば(そしてその時はじめて)、人がそのものの意のままになっていると言うのはもともと不可能なことである。私の思うに、この最大限に合理主義的な仮定に立たなければ、知識が多くなれば必然的に自由の総量が大きくなると言うことにはならないようである。私の証明したいと思っているのは、そうかもしれない、そうでないかもしれない、問題はもっぱら経験的な問題だということである。以前にはできると信じていたことが今はできないことを私が発見すれば、私は一層合理的にはなるであろう。私は、石の塀に頭を打ちつけなくなるであろう。しかしそれが、必然的に私を一層自由にするわけではない。四方を見渡たせば、いたるところに石の塀があるということになるかもしれない。私が石の塀の一部、私自身が一つの石であって、ただ自由であると夢想しているにすぎないのかもしれない。

自由と知識の関係について、さらに二つの点に注目しておかねばならない。(a)全面的な自己知識《セルフ・ノレッジ》という考えは原理的に矛盾しているというよく知られた反論で、もっぱらカール・ポッパーの唱えているものである。つまり、私は将来に何をするかを私自身が予言できるとすれば、この知識それ自体が状況の新しい要因となり、私はそれに応じて行動の仕方を変えていくことになるかもしれない。そうであるという知識がさらに新しい要因となり、私はさらに行動を変え、こうして無限に続いていく。したがって、全面的な自己知識は論理的に不可能というのである。それはそうかもしれない。しかしそれは、自己予言に反対する議論であって、決定論そのものにたいする反論ではない(ポッパーもそうはいっていない)。もしxにyの全行動を予言することができ、そしてyにもxの全行動の予言ができれば(そして両者がそれぞれの予言を互いに知らせ合わなければ)、決定論が必要としているのはそれだけである。私は、自覚的に自発的であることはできない。したがって、もし自発性が私の状態の一つであるとすれば、私は私のすべての状態について自覚的に知っていることはできない。そこから、私が決して自覚的になりえないということにはならないし、またもし私が自発的であれば、この状態が生じている間にそれが存在することを知りえないということにもならない。もっとも私自身には知りえないであろうが。この理由からして、私の結論はこうである。原理的にポッパーの議論は決定論を論破していない(また論破することを意図したものではない)という結論である。

(b)スチュアート・ハムプシャーは最近の発言[7]の中で、自己予言は(論理的に)不可能であるという見解を提出している。私が、「私は x をするだろうということを知っている」(「x が私に起るだろう」、あるいは「あなたは x をするだろう」とは対立する意味で)という時には、私は誰か他の人のことを考えているようには私自身のことを考えていないし、私自身と私の未来の行動についての推測を、誰か他の人や動物の行動についてのように口に出していっているのでもない。何故ならそれは(もし私がハムプシャーを正しく理解しているとすれば)、私自身をいわば外側から見て、私自身の行動をたんなる原因があって生じたことのように扱っていることになるからである。この見解によると、私は x をするだろうということを私自身が知っているという時には、私は x をすることに決めたといっているのである。私はある状況では実際に x をするであろう、あるいは x をすると決定するであろうということを、私がそうすることをすでに決定したかどうかに言及しないままでいうことは――例えば、「本当は正反対のことをやる決意でいるが、実際には x という行動をするだろうということを、今あなたに告げることができる」と予言するのは、意味をなさないからである。次のようにいう人がいるとしよう。「私は自分のことは充分に知っている。だから、いま私が何を決めていようと、ことが起れば x 以外のことをするとは信じられない。」私がハムプシャーの見解を正しく解釈しているとすれば、現実にこの人は、自分は x をしないと本当に――つまりは真面目にいってはいない、それ以外の行動をとるよう努力するともいっていない、むしろことの成行きにまかせようと決心しているといっているのである。本当に x を避けようと決心している人ならば、誠実でありながら同時に、決心どおりの行動をしないことを自ら予言することはできないからである。彼はxを避けるのに失敗するかもしれない。そして彼はそのことを予言しているのかもしれない。しかし彼は、一方でxを避けるという決心をしておきながら、他方でそうはしないだろうという予言をすることはできない。彼は常に、xを避ける努力をすることができるからである。彼はそのことを知っている。本性において彼を人間でない生物と区別するものが何であるかを知っている。努力さえしないであろうというのは、実は努力しないことに決めたというのに等しい。この意味では、「私は知っている」とは「私は決めている」と同じ意味であって原理的に予言ではありえない。私の理解したかぎりでは、これがハムプシャーの立場である。そして私は、彼の立場に大いに共感を感じている。自己予言なるものがしばしば、現実には成行きにまかせることに決めておきながら、困難な決定にたいする責任を否認しようとする言抜けの方法であり、しかも起ったことの責任を私自身という不変の要因に負わせて成行きまかせにしたことを隠そうとするものであることは、私自身よく理解できるからである。しかし私は、ハムプシャーと論争した批判者と同じ意見である。私の解するところ、彼の批判者たちは次のように主張している。彼の描いているような状況はたしかによく生じるであろうが、それでも私はこの瞬間にはxはしないと決意しているといいながら、同時にxをやるだろうと予言することができるような状況が存在するかもしれない。その時がくれば、私はxをしないよう努力することもないと考えられるような場合である。事実、私は次のようにいうことができる。「私は自分のことはよく知っている。だから危機が到来すれば、私があなたを助けることを当てにしないでくれ。私は逃げてしまうかもしれない。今のところ卑怯な振舞いをしないように、全力を尽してあなたの側にとどまるよう心から決意しているが、それでも逃げるかもしれない。私の決意はいざとなれば続かないであろうという私の予言は、私自身の人柄を自覚していることにもとづいている。現在の私の心境にもとづいたものではない。私の予言は誠意がないことの印ではなく(いまこの瞬間には私は動揺していないからである)、逆に誠意の印、事実を直視したいという願望の現れである。私はきわめて誠実にあなたにいうが、私の現在の意図は勇敢に戦うことである。それでも、もしあなたが私の現在の決意を信用したならば、あなたは大きな危険を犯すことになるであろう。過去に私の気力がなえてしまったという事実を、あなたから隠しておくのは公平《フェア》ではないであろう。」他の人々がきわめて誠実に決意を表明した場合、私が彼らが現実にどう行動するかを予見できるならば、その他の人々についても同じことをいうことができるであろう。彼らの側でも、私について同じことを予言できるであろう。ハムプシャーの議論は成程もっともで魅力的ではあるが、私はこのような客観的な自己知識《セルフ・ノレッジ》は可能であり、実際に生じると信じている。したがって私には、彼の議論は決定論の力を弱めていないように思われるのである。思うに私は時には——必ずしも常にというわけではないであろうが——いわば外側の有利な観測地点に立ち、私自身についてあたかも他人であるかのように考え、私が現在の自分の決意にどこまで固執するかの可能性について、誰か他の人の場合についてできるだけ公平に判断するのとほとんど同じだけの客観性と信頼度をもって計算することができる。この場合には、「私は、私がいかに行動するであろうかを知っている」は必ずしも決意の表明ではなく、純粋に記述的な発言となることができる。この種の自己予言は、その正確さ、不可謬性をあまりに大きく主張せず、試論的なものにとどまって、自己予言そのものの結果として行動に生じうる変化を考慮に入れて、先に挙げたポッパーの反論に対応しうるならば――、そのような自己予言は可能であり、かつ決定論と両立すると思われる。

いいかえれば、自分自身の行動についてか他人の行動についてかにかかわりなく、決定論的な理論は原理的に矛盾していると想定する理由はないと私は思う。また選択が他の現象と同様に決定されていると見るならば、決定論が選択を行うことと両立しないと想定する理由もない。そのような知識、あるいは充分に根拠のある信念は、合理性、能率、権力を大きくするように見える。しかしそれによって必ず大きくなるといえる自由は、幻想からの自由だけである。しかし、過去二二世紀間にわたって論争が沸騰してきたのは、この基本的意味での自由ではないのである。

私は自由意志の問題にすでに深入りしているが、これ以上深く入りたくはない。代りに、私がこれまで他のところで述べてきた点、そしてそのために決定論者たちから厳しく責められてきた点を繰り返しておくことにしたい。それは次のことである。心理‐言語学で大きな進歩が実現されたとしよう。さてその上である科学者が私に封印された封筒を渡し、同時に私に、ある一定時間、例えば三〇分間の私の一切の経験――内省的なものもそうでないものも含めて――に注意し、それをできるだけ正確に書き記すようにというとしよう。私は、自分の能力の及ぶかぎりで経験を書き記す。その後で私は先の封筒を開け、その内容を読む。そしてその内容が、過去三〇分間の私の経験についての私自身の記録と驚くべく合致していたとしよう。もちろん私は動揺するであろうし、他の人々も動揺することと思う。その場合われわれは、喜んでするかどうかはともかく、それまで行為主体の自由意志の領域にあると信じられてきた人間行動の諸側面も実は発見済みの因果法則の支配を受けているということを、認めねばならなくなるであろう。それを承認したことそれ自体がわれわれの行動を変え、おそらくはより幸福で調和的な行動の方向に変えていくかもしれない。しかしこの歓迎すべき結果そのものが、われわれの新しい意識の因果的な所産となるであろう。そのような発見は不可能であるとか、それに限ってありそうにないと考える理由はない。その発見は、心理学と社会学に大転換をもたらすであろう。結局のところ、現代では他の科学では大きな革命が起っているのである。けれどもこれまでの進歩とこの想像上の突破(私の批判者の多くは、この突破の実在性について反対している)との間には、次のような主要な差異がある。つまりわれわれの経験的知識に大きな変化が生じることをさておいて、それは十七世紀や二十世紀の物理学者の発見、十九世紀の生物学者の発見よりもはるかに根底的にわれわれの概念の枠組を変えるであろう。心理学だけをとってみても、そのような過去との断絶はわれわれの現在の概念と慣行に暴力的な変革を生じさせるであろう。人間関係についての用語全体が、根底的な変化を蒙るであろう。「私は x をなすべきではなかった」とか「あなたはどうして x を選ぶことができたのか」などの表現、むしろ自分自身と他人の行為についての批判と評価の言葉全体が急激な転換を経るであろうし、記述の目的と実践的－教育的、阻止的、懇願的等々の目的(一貫した決定論者から見て、他に何か残っているであろうか)、その双方のためにわれわれが必要としてきた表現は、当然にわれわれが今使うことになった言語と大きく異なることになるであろう。私の思うに、賞讃、非難、多くの反事実的な命題、自由と選択と責任にかかわる概念の網の目全体から、その現在の機能と意味を奪い去ることの効果を過小評価するのは賢明ではないであろう。しかし同様に重要なのは、そのような転換が起りうる――あるいは必要となるであろうという事実は、もちろん決定論が正しいとか誤っているとかの証明にはなりはしないという点を主張することである。決定論が正しいと信じている人々がこの論理的帰結を充分に認めていないというにすぎない。私がここで付け加えておきたいのは、決定論の真理性は経験的な問題であるかどうかというその後に生じてくる問題はそれ自体不明確であるという点である。もし心理－言語学の知識にかくも大きな前進が実現されたならば、それを定式化するための新しい概念の必要性、その結果として生じる他の分野の概念の修正(控え目にいってのことであるが)の必要性は、それ自体で経験的なものと概念的なものとの間の境界線の曖昧さを立証するであろう。もしこのような経験的発見が行われたならば、人間の思想にかつてなく大きな革命が生じたことになるかもしれない。この分野での正確な知識の勝利によってもたらされる言語の転換、あるいは思想の転換(言語といい思想といい、同じことをいう別の方法である)について、あれこれ考えても無駄であろう。しかし知識におけるそのような進歩は、必然的に自由の全面的な増大となるであろうか。たしかに誤りからの自由、幻想、夢想、方向を誤った感情などからの自由にはなるであろう。しかしそれが、われわれが通常、哲学ないし日常言語で用いている自由の中心的な意味であろうか。

二

もちろん私は、われわれがある人は自由である——以前よりも一層自由になった——という時には、自由という言葉を道徳的な自由、独立、自己決定を指すものとして用いているという可能性を否定するつもりはない。この道徳的自由という概念は、よく指摘されているように決して明確ではない。意志、意図、行為などの重要な用語、そして良心、悔恨、罪、外的強迫に対立するものとしての内的強迫などのそれに関連する観念は、分析を必要としている。その分析は、まだ提出されていない道徳心理学を誕生させることにもなるであろう。他方で道徳的独立という観念——何が何から独立しているのか、また独立であるべきなのか、この独立はいかにして実現されるのかは、漠然としたままである。その上、次のような問題についてもいずれとも疑わしい。もしある人の行動が彼自身の思想、感情、行動への意志などによって(それがいかにして確証されるかは問題ではない)一貫した規則性を示しており、したがって彼にはそのような行動以外の行動はしようもなかったと考えられる場合、この人は自由であると形容すべきなのかという問題である。予言可能性は決定論を前提にする場合もあり、しない場合もある。しかし、ある人の人格、反応、物の見方をよく知っていて、特定の状況では彼がどのように行動するかをおそらくは彼自身よりもうまく予言できるようならば、彼のことを道徳的に——あるいは他の意味で——自由な人間の典型的な例と呼びたくなるであろうか。パトリック・ガーディナーが使ったものと思うが、「自らの人格の虜囚」という言葉の方がもっとよい形容であると考えられはしないであろうか。これはきわめて適切な表現であり、ひょっとするとその当人が――後悔しながらか満足してかはともかく――自らそれを受け入れはしないであろうか。これ程までに自らの習慣と世界観に縛られた人は、人間の自由の典型的な例ではないであろう。

　私の見るところ通常の思想と言語では、自由とは人間を人間以外の一切のものから区別する基本的な特徴であり、自由には程度――選択行為にたいする障害がないことによって定められる程度があるということが、中心的な想定となっている。ここでの選択は、それ自体が先行する諸条件によって決定されていない、少くとも全面的には決定されていないと見なされている。他の問題におけると同様、ここでも通常の感覚《コモン・センス》の方が間違っているのかもしれない。しかしそれに反駁する責任は、それに賛成しない人の側にある。通常感覚が自由の障害がどれだけ多様であるかを充分に意識していないということもある。障害は物理的でも精神的でもある。「内的」でもあり「外的」でもある。あるいは両者の要素の複雑な混合でもある。社会的要因や個人的要因、あるいはその両者のために解明が困難であり、おそらく解明は概念的に不可能かもしれない。通常の意見は、この問題点を過度に単純化しているのかもしれない。しかし私の思うに、それは本質については――、自由とは行動にたいする障害がないということにかかわっているという点については正しい。これらの障害は、われわれの意図の実現を妨げる物理的な力――自然のものか人間によるものかは問わず――から成る場合もある。地理的条件、牢獄の壁、武装した人々、食住その他生活に必要なものが欠如するという脅威(意図的に武器として用いられるか、意図せざるものかにかかわりなく)などがそうである。また障害が心理的である場合もある。恐怖感、「コムプレックス」、無知、錯誤、偏見、幻想、夢想、強迫観念、神経症、精神病など、多種多様な非合理的要因である。道徳的自由、合理的な自己統《セルフ・コントロ》制《ール》——何が問題であるか、何が自分の行動の動機であるかを知っていること、他人や自分自分の過去の影響、あるいは自分の集団や文化の影響から生じるまだ認識されていない力からの独立、内省し合理的に検討すれば根拠がないことが判るような希望、恐怖、願望、愛情、憎悪、理想などを破壊すること——たしかにこれらすべては障害からの解放をもたらすであろう。その障害の一部には、人類の進路におかれたものの中でもっとも恐るべき、かつ陰険なものも含まれているであろう。プラトンからマルクスとショーペンハウエルにかけての道徳論者は、この障害について鋭い、しかし散発的な洞察を行ってきた。しかしその力が全体として充分に理解されるようになったのは、ようやく精神分析学の登場とその哲学的含意が知覚されるようになった今世紀のことであった。この意味での自由概念の有効性を否定し、それが合理性と知識にたいして緊密な論理的依存関係にあることを否定するのは、愚かなことであろう。自由がすべてそうであるように、この自由も障害の除去から成り、あるいはそれに依存している。この場合の障害とは、人間の力の全面的な行使——人がいかなる目的を選ぼうと——にたいする心理的な障害物のことである。しかしこの障害は、それがいかに重要で、これまでいかに不充分にしか分析されてこなかったにせよ、障害の一部でしかない。他の部類の障害、他のよりよく認識されている形態の自由を無視して、このような障害だけを強調すれば、問題が歪曲されていくことになるであろう。そして私の思うに、ストア派からスピノザ、ブラッドレー、スチュアート・ハムプシャーにかけて、自由を自己決定にだけ限定してきた人々は、まさにこの歪曲を行ってきたのである。

自由であるとは、強制されざる選択ができるということである。そして選択は、互いに競合するいくつかの可能性——少くとも二つの邪魔のない「開かれた」道を前提している。それはまた、いくつかの道を開いておくような外的な状況にかかっているであろう。人や社会が享受している自由の幅について語る時にわれわれの念頭にあるのは、思うにその人と社会の前に開かれている道の広さないし幅、いわば開かれている扉の数と、その扉がどれだけ広く開かれているかということである。しかしこの譬喩は不完全である。実際には「数」と「幅」だけでは不充分だからである。いくつかの扉が他の扉よりもはるかに重要であることもある。個人と社会の生活にとって、その扉の奥にある利益の方が、はるかに中心的な関心事であることもあろう。ある扉は他の開かれた扉に続き、ある扉は閉ざされた扉へと続いている。現実の自由があり、また可能性としての自由もある。それは、現存ないし潜在的な力——物理的ないし精神的な力のもと、いくつかの閉ざされた扉をどれだけ容易に開くことができるかにかかっている。それにしても、いかにして一つの状況を他の状況に照らして測定できるのであろうか。例えば、物質的な必要と安楽さが充分に保障されているという意味で、他人によっても状況によっても妨害されていないが、しかし言論と結社の自由は許されていない人がいるとしよう。他方でより大きな教育の機会、他の人々との自由な交流と結社の機会を有しているが、例えば政府の経済政策のためにぎりぎりの生活必要物資しか入手できない人がいるとしよう。この二人のどちらがより大きく自由かをどのようにして決定できるであろうか。この種の問題は常に生じてくるであろう。それは功利主義の著作で、むしろあらゆる形態での非全体主義的な政治の実践で充分にお馴じみのことである。しかし、たとえ硬くしっかりした基準を提出できないとしても、人ないし社会の自由の尺度はもっぱら選択可能な可能性の幅によって決定されているということは、依然として事実である。

「物理的」なものであれ「精神的」なものであれ、ある人の選択の領域が狭い場合、その人がその状態にいかに満足しているにせよ、また人が合理的になれば唯一の合理的な道が彼にそれだけ明瞭になり、複数の道の間で動揺しなくなるであろうということがどれだけ真実であるにせよ(私はこの命題は誤っていると思う)、このいずれの状況によっても彼がより広い選択の幅を持つ人よりも必ずや自由であるということにならないであろう。障害の横たわっている道に入りたいという願望、さらにはその道についての意識さえも除去することによって障害を除けば、心の静安、満足、あるいは知恵までもが大きくなるかもしれない。しかし自由は大きくならない。精神の独立――正気と人格の一貫性、健康と内面の調和――は、きわめて望ましい条件であり、かなりの数の障害を除去することによって、それだけの理由で自由の一種と見なされる資格を有しているであろう。しかしその自由は、多くの種類の自由の中の一つでしかない。ある人は、この種の自由は他のすべての自由のための必要条件であるという意味で、少くとも独自性があるというかもしれない。私が無知で執念にとらわれ非合理的であるならば、私はそのことによって事実にたいして盲目になり、こうして盲目になった人は事実上、可能性が客観的に閉ざされている人と同様に自由でないことになる、というのである。しかし私には、この議論は正しいとは思えない。私が自分の権利に無知であり、あるいは神経症にかかって(あるいは貧乏であるがために)その権利から利益を得られないでいれば、それは私にとって無用のものとなるであろう。しかし、だからといってその権利が存在しないことにはならない。他の開かれた扉に連なる路上に、一つの扉が閉ざされているという状態なのである。自由の条件(例えば知識、金銭)が破壊されている、あるいは不足していることは、自由そのものが破壊されていることではない。自由の価値は自由の利用可能性にかかっているとしても、自由の本質は自由の利用可能性に依存していない。より多くの大道を歩むことができ、その大道がより広く、それぞれの大道がさらに多くの道にむかって開かれていれば、それだけ人は自由である。どのような道が前にあるか、それがどれだけ開かれているかをよりよく知れば、それだけ自分が自由であることを知るようになるであろう。自ら知らずして自由であることが、痛烈な皮肉になる場合もある。しかし、知らなかったけれども扉は開いていたのだということを後になって発見した人は、無知について後悔しても、自由の欠如について後悔することはないであろう。自由の範囲は行動の可能性にかかっており、その可能性についての知識に依存してはいない。もちろん、その知識が自由の行使にとって不可欠の条件となることもあろう。その途上にある障害がそれ自体で自由の剝奪——つまり知る自由の剝奪となることもある。無知は道を閉ざす。知識は道を開く。しかしこれが自明の理であるからといって、自由は自由の意識を含むことにならないし、ましてや自由と自由の意識とが同じであるということにもならない。

ある人の自由の範囲を決定するのは現実に開かれている扉であり、その当人の好みではないということに、注目しておく必要がある。(8) 好きなように行動できるとして、願望の途上に心理的ないしその他の障害がないというだけで、自由になるわけではない。この場合、行動の可能性を変えずに欲望と意向を変えることによって、自由になることもできるからである。主人が鎖を愛するように奴隷を教え込めば、それによって奴隷の満足が大きくなり、少くとも悲惨さが小さくなるとしても、主人がそれ自体で奴隷の自由を大きくしたわけではない。歴史上、良心に欠けた人間の管理者たちが宗教教育を利用して、野蛮で不法な扱いを人々に甘受させたことがあった。このような政策が成功するとすれば——そしてこれら人間の管理者がそのような手段にしばしば訴えると考えてよい理由もある——、そしてその政策の犠牲者たちが(例えばもと奴隷の哲学者エピクテートスのように)苦痛と侮辱を気にとめないことを学んだとすれば、いくつかの専制体制は自由の創造者と呼んでよいことになるであろう。そのような体制はよそに気を引くような誘惑を排除し、願望と情熱を「奴隷化」することによって、個人の選択ないし民主的選択の領域を拡大する政治制度よりも(仮定からして)一層大きな自由を作り出しているからである。選択の領域を拡大する体制は、それによって選ばねばならない、そしてあれかこれかの方向を自ら決定しなければならないという気懸りな必要性――「選択しなければならないという窮境 *embarras du choix*」という恐るべき重責を生み出す(この窮境自体が、合理主義的伝統の思想家からは非合理性の兆候と解されてきた)。以上の古来の偽りは、今ではよく知られていることであって反駁の必要もない。私がそれを挙げたのは、ただ二つの自由の定義――自由とは私の好きなことをするのに障害がないこととする定義(この自由はきわめて狭い生活、私にたいする人的、非人格的な力、教育や法、味方や敵、宗教上の教師や両親などの影響力によって狭められ、さらには私自身によって意識的に縮小された生活とも両立しうるであろう)と、客観的に開かれている可能性の幅という自由の定義(その可能性が望まれているか否かにかかわりない。またその幅を測定ないし比較し、あるいはそれについてさまざまな状況を評価する尺度を定めることが、たとえ困難ないし不可能であったとしても)、この二つの定義の間の決定的な差異を強調したかったからである。

道徳哲学者はすべてよく知っていることであるが、奴隷エピクテートスは彼の主人よりも、あるいは彼に亡命中の死を強いた皇帝よりも自由であったということ、あるいは石の壁は牢獄ではないということには、もちろん一理がある。にもかかわらずこのような発言が修辞上の迫力を有しているのは、まさしくその一理よりももっとよく知られている事実――つまり奴隷はもっとも自由でない人であるということ、石の壁と鉄の格子は自由にたいする重大な障害であることによっているのである。また道徳的自由と物理的自由、政治的ないし法的自由は、同じく自由であっても別のものであると考えてはならない。その間にある共通の意味の核心――何が単一の共通の特徴であるか、いわゆる「似たもの同士」の関係かはともかくとして——を心に留めておかなければ、どれか一つの意味が基本的であるとされ、他のものは無理矢理それに同調させられたり、些細ないし浅薄なものとして無視されてしまう危険がある。この論法のもっとも悪名高い実例として、さまざまな型の強制と思想統制を「真の」自由への手段、さらにはその構成要素であると唱える詭弁がある。また逆に、教育やその他の精神的発達の手段に欠けていたために、自由な規則や法を理解し、その恩恵を受けるだけの合理性と成熟度に欠けている人々にとっても、自由な政治‐法体制は自由と、さらには自由を行使する可能性を保証する充分な手段であると主張する詭弁がある。したがって、(もしあるとすれば)自由という語の中心的な意味を確認することが重要になるのである。

私は知識と自由の問題に立ち帰りたいと思っているが、[9] それについてもう一点考慮すべきことがある。知識は常に、必然的にいくつかの扉を開くことはたしかに真実であるが、しかしそれが別の扉を閉ざすことはないであろうか。私が詩人であるとすれば、何らかの形態の知識が私の力を削減し、それによって私の自由をも削減することはないであろうか。私の想像力を刺戟するには、私が生れ育った宗教、あるいは私が改宗した宗教から与えられるある種の幻想と神話が必要であると想定しよう。そして誰か立派な合理主義者がこの信念に反駁し、私の幻想を粉砕し、私の神話を消散させたと仮定しよう。明らかに私は知識と合理性においては得るところがあったが、その代りに私の詩人としての力は減少ないし破壊させられてはいないであろうか。私の失ったのは幻想や非合理的な状態と態度から生れた力であり、それは知識の進歩とともに無くなるはずのものであった、というのは易しい。いくつかの力は望ましいものではなく(例えば自己欺瞞の力がそうである)、いずれにしても力は力であって自由ではない、というのも易しいことである。知識の増大が私の自由を減少させることはできないということもできよう(私は、これは一つの分析的な真理として主張されるであろうと思う)。私の行動の根源を知ることは、未知のものにたいする隷従、恐怖と非合理的行為を育てる虚構がはびこる暗黒に陥ることから救われることである。その上、私の偶像が破壊された結果、明らかに私は自己決定の自由において得るところがあったともいえよう。今では私の信念に合理的な説明を与えることができるようになり、行動の動機は私にとって一層明確になっているからである。しかし、これまで書いていたような詩を書くことでは自由でなくなったとすれば、今では私の前に新しい障害があることにならないであろうか。いくつかの扉を開けることによって、他のいくつかの扉が閉ざされたのではないであろうか。このような事情のもとでは無知は祝福ではないのか、というのは別の問題である。私が問いたいと思っているのは、そのような知識の不在は、ある種の精神ないし感情の状態——そのような状態でだけ、創造的営みにたいする障害が不在となる——にとっての必要条件ではないかという問題である。この問題にたいしては、私は答を知らない。これは経験的な問題である。しかし一層大きな問題——知識は決して人間の自由の総量を妨げることなく、常にそれを増大させるのかという問題の答は、右の問題にたいする答にかかっている。また、もし私が歌手であるとすれば、自意識——幼時段階の知識である——が自発性を抑えることになるかもしれない。ルソーなどが考えたように、文化の成長が野蛮のあどけなさ《イノセンス》を抑制するとすれば、自発性は私が見事に歌うための必要条件であるかもしれない。ルソーの信念が正しいかどうかは、さして大きな問題ではない。未開の単純な野蛮人は、ルソーが想像したほど多くの喜びを知らなかったかもしれない。野蛮状態は、全然いわゆるあどけなさの状態ではなかったかもしれない。ある種の形態の知識は、どう見ても自由な活動の形態と考えざるをえないような自己表現を妨げるという心理的効果を有しているということを、考慮に入れておきさえすればそれで充分である。私の画業が考えることにもとづいていないとすれば、反省は私の絵を台無しにするであろう。不治の病が私、あるいは私の友人の生命を奪おうとしているという知識は、私の特定の創造的能力を弱め、いろいろな意味で私を抑制するかもしれない。そして抑制されることは――そこに何かの長期的な利益があるとしても――、一層自由になることではない。これにたいする答として、もし私が病気を患っていてそれを知らないならば、それを知っていて、(たとえその病気が不治のものであっても)少くとも病勢を抑える手段を取ることができる人よりも自由でない、という答え方があるかもしれない。病気の診断がなければ、当然に誤った方向に無駄な努力をすることになるであろうし、自然の力――私はその力の性質を認識していないがために、合理的に理解ないし対処できない状態にある――のままになることによって、私の自由は削減されるであろう。たしかにそうである。そのような知識は、合理的人間としての私の自由を減少させることはできない。しかし、芸術家としての私を終らせることになるかもしれない。一つの扉が開き、その結果として別の扉が閉じたのである。

別の例を挙げよう。きわめて不利な情勢にあって戦うことは、不利であることが充分に知られていない場合にだけ成功することかもしれない。そうでなければ、たとえ知られていないとしても高度の蓋然性でもって抵抗しがたいと思われているものにたいして抵抗することは、非合理的であるように見えるであろう。まさに私がその不利に無知であるがために、私が抵抗に成功するような状況が生み出されているからである。ダヴィデがゴリアテについてもっとよく知っていたならば、一九四〇年のイギリス国民の多数がドイツについてもっとよく知っていたならば、そして歴史の蓋然性を信頼するに足る行動の指針に還元できるものとすれば、いくつかの業績は決して達成されることはなかったであろう。私が、自分は致命的な病いにかかっていることを発見したとしよう。この発見によって、私は治療法を見つける努力をすることが可能になるであろう——私が自分の状態の原因について無知である間は、それは可能ではなかった。しかし、例えば私が治療薬の発見はどうもありそうにない、毒がいったん体内に入れば死は避けられない、ということを甘受したとしよう。また、核兵器の爆発によって生じた大気汚染はもとに復しえないことを認めたとしよう。その場合、今や私は先の発見によって何をする自由を得たのであろうか。私はすでに起ったことを安んじて認め、無駄に抗うことをやめ、身辺を整理して遺書を書き、避けがたいことに直面している人には相応しくない悲しみ、憤懣を現わすことを控えるであろう。これが歴史上、「ストイシズム」や「哲学者のように対処する」などという言葉の意味するものであった。しかし私が、現実は一つの合理的な全体であり(この意味が何であるかは問わず)、そしてそれ以外の見方、例えば現実は多様な両立しない可能性を同時に実現できるという見方は無知により誤りであると信じ、したがって現実のなかの一切のものが理性によって必然化されていると見るならば――全面的に合理的な存在としての私は、当然にそう欲しなければならない――、現実の構造を発見したことによって私の選択の自由は大きくならないであろう。それはたんに私を、希望と恐怖の彼方におくだけである――希望と恐怖は無知ないし夢想の徴候だからである。それは私を選択の彼方におくであろう。選択とは、少くとも二つの道、例えば行動することとしないことから成る現実を前提しているからである。ストア派のポセイドニオスは、彼を苦しめている苦痛にたいしてこういったと伝えられている。「苦痛よ、最悪の業をなせ。お前が何をしようと、私がお前を憎む原因にはならないであろう。」しかしポセイドニオスは合理主義的決定論者であった。彼にとって、真に存在するものは、すべてあるべき姿で存在すべきであった。そうでないことを望むのは、非合理性の印であった。合理性とは、選択――そして選択の可能性として定義された自由――は幻想であり、それは真の知識によって拡げられるのではなく逆に消滅することを意味している。

　知識は、カントの意味においても、スピノザとその追従者の意味においても、その双方の意味で自立性《オートノミイ》を増大させる。私としてはもう一度問うてみたい――自由とはそれだけのことであるのか。知識の前進は、人々が誤った計画に力を浪費するのを止める。それによってわれわれは、魔女を焚刑にし、狂人を笞刑にし、神託に聞いたり動物の腸や鳥の飛び方を見て未来を予言することをやめるようになった。また現代の――法的、政治的、道徳的、社会的――多くの制度や決定も、知識の前進によって時代遅れのものであることが明らかになるであろう。今日のわれわれは、寡婦の焼死や敵手の技能を体得するために敵の肉を喰うことについて、残酷で愚かなこと、正義や理性や幸福や真理の追求と両立しないことと考えているが、現代の制度や決定の多くもそうであることが証明されるかもしれないのである。われわれの予言の力、したがって未来についての知識がもっと大きくなれば、たとえそれが決して完全ではなくても、人、行為、選択が何であるかについてのわれわれの見方、したがってわれわれの言語と世界像が根底的に変革されることになるかもしれない。それはわれわれの行為を一層合理的に、おそらくは一層寛容で同情的で文明的にするかもしれない。多くの点でわれわれの行為は向上するであろうが、しかし自由な選択の領域は大きくなるであろうか。個々人と集団にとっての選択の幅は拡がるであろうか。合理性とは無縁な信念にもとづくいくつかの想像の世界は、たしかに消滅させられるであろう。その代償として、いくつかのわれわれの目的はもっと容易に、ないしはより調和的に達成できるようになるかもしれない。しかし全体として自由が一層広くなると、誰が断言できるであろうか。スピノザ、ヘーゲル、そして現代のこの二人の追従者が試みたように、何か先験的な方法でもって自由、自己決定、自己知識という観念の間に論理的等価性を想定しなければ、右のことは真実となりえようか。スチュアート・ハムプシャーとE・F・カリットはこの論点を扱うにあたって、次のように主張した。いかなる状況に直面しても、人は常に少くとも何かをすることと、ことの成行きにまかせることとのいずれかを選択できるというのである。常にそうであろうか。外的な世界があるということに意味があるとすれば、「知る」

という言葉の記述的な意味でそれを知ることは、それを変革することではない。「知る」の別の意味、つまり実践的な意味では、「私は何をするだろうかを私は知っている」は「私は何をなすべきかを知っている」に近くなっており、ことについての情報ではなくて、何らかの方法でことを変革するという決定を伝えているだけであるが、それは心理‐言語学が充分に進歩すれば無意味になってしまわないであろうか。その場合には、私の行動するしないの決意はますますカヌート王の廷臣たちの勧告に似て、無意味なものになってきはしないであろうか。

知識は自由の境界線を拡げるといわれている。これは先験的な命題である。しかし知識の増大によって、ますますうまく決定論の命題が経験的真理であることが証明され、われわれの思想と感情、願望と決定、行動と選択が不変で一定の自然の事実の継起として説明されるようになり、それを変革しようとすることはほとんど非合理的でむしろ娯楽に近い論理的誤謬ということになる――このような事態が考えられはしないであろうか。結局のところこれが、スピノザ、ドルバック、ショーペンハウエル、コント、あるいは多くの行動論者など、考えにおいては多様な多くの立派な哲学者たちの計画であり、かつ信念であった。その完成の極致は、自由の領域を拡大するであろうか。するとすれば、いかなる意味でか。それはこの観念を、それと対照的な関係にたつ観念がなくなっているために、まったく余計なものにしないであろうか。これは新しい状況を構成することになりはしないか。自由概念の「解消」にともなって、知ることではなくて何をなすべきかを知っているという意味での「知る」――ハムプシャーとハートが注意を喚起した意味での「知る」が消滅するであろう。もしすべてが決定されているとすれば、選ぶべきものはなく、決定すべきものもないからである。自由とは必然性の認識であると語っている人々は、おそらくはまさにこのような状況について考えていたのである。もしそうとすれば、彼らの自由観はそれを意識的な選択と決定という観点から定義する人々の自由観と根本的に異なっている。

私は価値判断を下すつもりはない。一方で、知識はよいものであるということと、他方でそれはすべての状況において必然的に自由――この言葉が使われている大部分の意味での自由と両立するということと、ましてや知識と自由は相互に前提しあう関係にある(さらにはいく人かの人々が考えているように、文字通り同一のものである)こととは、非常に異っていることをいいたいだけである。おそらく後段の主張は、楽観論に根ざしているようである。つまりよいことはすべて両立するはずである、したがって自由、秩序、知識、幸福、閉ざされた未来(もしそれもよいものならば、開かれた未来も)は少くとも両立するはずだし、むしろ体系的に互いに前提しあうはずだという楽観論である。この楽観論は、多くの形而上的合理主義の核心にあるようである。しかしこの命題は、経験的な根拠によるだけでも自明の真理ではない。むしろそれは、深遠で有力な思想家たちがかつて抱いた信念としては、おそらくはもっとも説得力のないものであろう。

(1) ヨハネ伝福音書、第八章三二節。

(2) 私は、freedom と liberty の言葉を一貫して置換え可能なものとして使うことにしたい。

(3) 本書二九二頁参照。

（4） 懐疑論派のオイナマオス。

（5） R. M. Hare, *Freedom and Reason* (Oxford, 1963).

（6） Stuart Hampshire, 'Spinoza and the Idea of Freedom', *Proceedings of the British Academy* 46 (1960), 195–215.

（7） Iris Murdoch, S. N. Hampshire, P. L. Gardiner and D. F. Pears, 'Freedom and Knowledge', in D. F. Pears (ed.), *Freedom and the Will* (London, 1965), pp. 80–104.

（8） 私はこの機会に，私の講演 *Two Concepts of Liberty* (Oxford, 1958〔今では *Four Essays on Liberty* (London, 1969) に改訂されて再録されている〕) でこの問題点について行った誤った発言を訂正し，同時にそれを指摘してくれた Richard Wollheim に感謝したいと思う。

（9） 本書二五九頁参照。

〔訳注〕 表題 'From Hope and Fear Set Free' は A. C. Swinburne の詩 *The Garden of Proserpine* の1節。

〔河合秀和訳〕

平　等

一

「各人は一人として数えられ、何人も一人以上には数えられない。」この定式は、功利主義哲学者が大いに使ったものであるが、これは私には、平等ないし平等の権利という理論の核心に触れる定式であるように思われる。またこの定式は、自由主義、民主主義の思想にも大きな色どりをそえてきた。よく用いられている政治哲学上の多くの言葉と同様、この定式も曖昧で漠然としており、思想家と社会によって意味内容を変えてきた。にもかかわらずそれは、他のいかなる定式にもまして、平等という理想の最小必要限度の核心を構成しているようである。しかもそれは、多くの単純な経験的命題が自明であるというのと同じ意味で、自明であるわけではない。それは普遍的に信じられてきたわけではない。また何か一つの哲学的体系と深く独自の結び付きがあるわけでもない。各人が一人として、そして一人としてだけ数えられるという観念は、何らかの権利意識にもとづくものではない。自然法的な権利か実定法的な権利か、それとも神によって与えられた権利か慣習によって認められた権利かはともかく、権利にもとづいていない。もちろん、各人を一人として数えねばならないという発言は、万人が人間として所有している自然権を承認することから流出してくると考えることができる。つまりそれは、そもそも人間であることに「内在する」権利——本来有しているものか、誕生にあたって神の行為によって与えられたものかはともかく——であり、したがって現実の「窮極の構造」における一つの「奪うべからざる」要素とされているのである。しかし各人を一人として数えるという観念は、この種の形而上的見解を抜きにしても、同様に主張することができるであろう。さらにそれは、規則と見なすこともできよう。普遍的なものかそれとも何か特定の人間集団にだけ適用できるのか、規則としての有効性が特定の立法にもとづく権利の体系から生じるのか、それとも習慣など何か確認可能な人間的権威から派生しているのかはともかく、規則と見なすこともできる。しかしここでもまた、それは規則にもとづかねばならないというわけではない。ベンサム的路線ないしホッブズ的路線にもとづいて組織された社会で、権利が存在せず、功利あるいは小さな役割しか果していない社会を想像することは、完全に可能である。そこでも、功利主義的な理由によるか、それともそれが専制支配者、多数者、立法者、あるいはその社会で主権を保有している誰かの意志によるかはともかくとして、「各人は一人として数えられる」という原則を厳格に適用することが可能であろう。疑う余地のない真実であるが、平等をもっとも熱烈に唱えた人々は、現実には何らかの意味での人権を信じていた。あるものは、万人は不滅の霊魂を有していると信じた有神論者であった。それぞれの霊魂は無限の価値を有しており、したがって霊魂の権利はより低い価値の目標のために犠牲にしてはならないというのである。その中でもまたいくらかのものは、さらにその上に神の裁可した絶対的な正義の基準を信じていた。平等の理論は、そこから直接に演繹してくることができた。またあるものは、自由主義者、民主主義者であった。その中のあるものは、理神論者ないしは有神論者であった。またあるものは、ユダヤ－キリスト教の伝統について知らないか、それともそれに反対して、先験的に平等の原理を信じていた。それは自然の光明によって啓示されるか、その他もっとも確実と思われている何らかの知識の源泉、知識の方法によって明らかにされると信じられたのである。これが、アメリカ革命、フランス革命において人権宣言を構想した人々の信念の基礎であった。また現実に、グラックス兄弟の時代から現代の社会主義者、無政府主義者にかけての平等主義理論の中での、おそらくもっとも強力な単一の要素でもあった。しかし、「一人として数える」ことと、キリスト教神学やフランス啓蒙哲学者の理論、さらにはあれこれの理性観や自然観との間の関連は、論理的というよりはむしろはるかに歴史的、心理的である。ともかくも、一方が他方から必然的に派生してくるといった性質のものではない。この理由からして、その通常の歴史的、心理的状況から切り離したならば、この原理はどのようなものに見えてくるか――つまりそれ自身で何らかの内在的な説得力を有しているのか、その普遍的で恒久的な訴えの力はどこから派生しているのかを問うことが、いくらかの価値を有しているように思えるのである。

私としては、ある一つの原則――同様の事例は同様の扱いを求める、したがって同様の扱いを与えねばならないという原則があり、平等の定式はその特殊な適用例であると主張したい。いい直せば、人類という一つの集団があるとすれば、その集団のすべての成員、つまり人間は、他に充分な理由がなければ、あらゆる点で画一的な同じ仕方で扱わねばならないということになるであろう。[1] しかし実際には、ある限度以上の社会的、人的な画一性を達成することは困難であり、あるいは達成は不可能であるから、この原則の命ずるところは、ともかくも重要な点では——人間がそれぞれお互いに与えあっている扱いの型が各人に大きな違いをもたらし、各人に深い影響を与え、各人の願望や利益をかなりの程度促進したり阻害したりするような点では、規則を適用しなければならないということになるであろう。ここでは、何か他に充分な理由がなければ、ある集団のすべての成員(この場合には人間)をその中の誰か一人を扱うのと同じように扱うことが、「自然」ないし「合理的」であると想定されているようである。この原理をこのように表現すると、いくつかの決定的な問題点が生じてくるであろう。例えば、「充分な理由」という言葉の意味を限定できなければ、原理そのものが些末な同義反復になってしまうという反論を浴せることができるであろう。この反論は正しい。(yという状況以外ではxの様式で行動することが理にかなっている。つまりy状況ではxの行動様式は合理的でない。しかし、いかなる状況もyであるかもしれない。)さらに、すべての人は一つ以上の集団の成員であるから——むしろ理論的には無限数の集団の成員でありうるから、平等な扱いを命じている一般的規則のもとにいかなる行動様式でも包含させることができるであろう。そして集団Aのさまざまな成員にたいする不平等な扱いは、彼らを他の集団Bの成員として見たならば平等な扱いであると論ずることは、常に可能である。そして極端な場合には、集団

Bを現実には一人の成員しか含まないように構成することも可能である。そうなれば、この規則は無意味なものになってしまう。このような馬鹿馬鹿しい命題に還元してしまうのを避けるための形式的な方法は、明らかに存在しえない。それにたいしては、どのような理由が、何故充分であるか、どのような点だけが、何故重要であるかを明らかにすることによって、反論するしかない。そしてこれは、さまざまな人の物の見方と価値尺度、特定の結社や事業の目的にかかっている。この観点からのみ、一般原則なるものは——理論的にも実践的にも——何らかの意味を持つことができるのである。具体的な事例では、われわれは良い理由と悪い理由、基本的な性質とあまり関係のない性質とを区別する。例えば、いくつかの不平等(例えば出生によるもの)は、恣意的で不合理であるとして非難され、他の不平等(例えば能率にもとづくもの)はそのような非難を受けない。そのことは、たとえ熱情的な平等主義者においても、平等それ自体の価値とは別の価値がその理想に影響を及ぼしているということを示唆しているようである。いわゆる合理性とは、一つにはさまざまな一般原則を適用し、組み合わせ、それを両立させ、あるいは選択する技術のことである。どのようにしてそれを行うかについての完全な理論的説明(ないしは正当化)は、原則として決してありえない。

普通に用いられている形態での原則に立ち帰ろう。もし私が、私の社会の運命を決定するような発言権を有しているとすれば、社会の他のすべての成員も同じような発言権を有していないことを、私は不公平《アンフェア》と考える。もし私が財産を有しているとすれば、(重要な点で私と同じ立場にある)他の人々も財産を持っていないことは、不公正である。もし私が、その財産を遺言によって子供に残すことを許されているとすれば、他の人々も同じような機会を持たないでいることは、不公平である。もし私が、自由に読みかつ書き、私の意見を表明することを許されているとすれば、他の人々もそうすることを許されていないのは、間違い、不当、不公平等々である。もし誰かがこのようなことをしたり、このような有利な条件を得るのを許されていないとすれば、その場合には許さないことの充分な理由がなければならない。ただし、許すことについては理由を挙げる必要はない。例えば、利益の平等な分配については理由をいう必要はない。それが「自然」なことであり、正しいことが自明であり、ある意味で自ずから正当とされているがために、今さら正当化の必要はないからである。すべての成員が同じ量の財産を有している社会では、特にそれを正当化する必要はない。財産が不平等な社会だけが、正当化を必要としている。他のもの——権力、知識、その他異った量ないし程度で所有できるすべてのものの分配についても同様である。私は、軍の指揮官が部下よりも大きな権限を与えられているという事実を、その軍の共通の目的、あるいはそれが防衛している社会の目的——勝利、あるいは自己防衛——によって正当化することができる。このような目的は、不平等な権限の分配という手段によって、もっともよく達成することができるであろう。また私は、病人や老人にたいして(満足の平等を得るために)、また特に価値ある人々にたいして(意図的に仕組んだ不平等を得るために)、平等以上の利益の割当てを正当化することができる。しかしこのいずれについても、私は理由を挙げねばならない。もし私が上下の別のある社会を信奉しているとすれば、ある特定の背景や、特定のカーストや階級や身分の人々に特別の権力や富や地位を与えることを正当化しようとするであろう。このことにたいしても、私は理由——神の権威や自然の秩序などの——を述べるものと期待されている。平等には理由はいらない、不平等だけに理由がいると、想定されているのである。画一性、規則性、同様であること、対称性、ウォールハイムのいう特定の性質とそれに対応する権利との間の機能的相関関係については、特に説明する必要はないが、差異、非体系的な行動様式、行為に生じた変化は、説明を必要としており、原則として正当化を必要とするのである。私が一つのケーキを持っていて、十人にそれを分けたいと思う、そして私が正確にケーキの十分の一を各人に与えたならば、そのことは——ともかくもそれ自体では——正当化を要しない。しかし、もし私がこの平等の配分という原則を離れようとするならば、特別の理由を持ち出してくるものと期待されるであろう。たとえ潜在的ではあるとしても、このことにはいくらかの意味がある。記録されている人間の歴史を通じて、極端な形式の平等は政治思想家にも普通人にも完全に受け入れられはしなかったが、それでも決して本来的に風変りな理想とは考えられなかったのは、まさにそのためである。私の思うに、このような平等の秩序にたいする愛着には少くとも二つの考え方が含まれており、ウォールハイムもその両者に触れている(特に分類したり、直接に論じたわけではないが)。それは、(1)規則という観念と、(2)平等そのものの観念である。そのそれぞれについて、いくらか述べておきたい。

1　規則

すべての規則は、もともとある程度の平等を伴う。規則が、特定の状況で特定の仕方で行動し、あるいは行動しないようにという、特定の人々に命じられた一般的指示である以上、それは同一の事例では画一的な行動様式を命じるであろう。ある規則の下におかれることは、それと同じ程度に単一の型に同化することである。規則を施行することは、行動ないし扱いの平等を促進することである。このことは、その規則が道徳的な原理と法、あるいは実定法の法典の形式をとっているか、それともゲームの規則や、職業集団、宗教組織、政党などが採択した行為の規則であるかにかかわりなく、行為の型が多少なりとも法典化できるところでは、いつも当てはまる。背の高い人は低い人の五倍も多く投票できることを定めた規則は、明白な不平等を生み出している。にもかかわらずそれは、この不平等の枠組の中で、二つの差別された集団のそれぞれについて特権の平等を保障している――背の高い人も、他の背の高い人よりも多くの投票をしてはならないし、背の低い人についても同様である。これが、ウォールハイムのいう「平等」の第一の意味である。そこでは各人は、平等な量ないし平等な程度で、権力、財産、地位などの財貨ないし権利を有してはいないが、それでも各集団の成員はそれぞれ、その集団全体に与えられたものについて平等の権利を持っている。この型の平等は、単純に規則の観念そのもの――つまり例外は許さないということから派生している。現実に、ある規則が存在しているという発言の意味は、その下にある人々がそれに充分に、つまり平等に充分に服従しているということである。服従における不平等は、例外、つまり規則違反を構成することになるであろう。人間社会の存続にとって、規則が最小限存在していることが必要条件であるとすれば(このことはきわめて普遍的な法則であるが、それでもやはり経験法則であるようである)、そして人的なものであれ政治的なものであれ、道徳がもっぱら規則という観点から捉えられるとすれば、規則への服従と事実上同じことであるこの種の平等は、人類のもっとも深い必要と確信の一つということになるであろう。この意味での平等は、社会的道徳律そのものと同じ程度に存在している。つまり社会的道徳律が一貫した内的矛盾のない(いく人かの道徳学者によれば、互いに必然的に随伴する)規則の体系として把握される程度に応じて、この平等が存在している。この意味での平等を求めることは、したがって、他の基準——例えば思い付きの多い指導者のその場限りの命令や、気まぐれな願望など——に対立するものとしての規則に従って暮す生活を願うことである。だからこの意味では、不平等は間違っているというのは、事実上、ある状況で規則に従わないのは、あるいは規則を認めながらそれを破るのは間違っているというのと同じことである。そして、ある人々が理由を明らかにせず、何の規則にもよらないで、同一の、ないしは充分に同様の性質を共有している他の人々よりも多くのものを一貫して入手している状況は、不公平と呼ばれるであろう。理由を述べないで規則を破ることは、非合理的と呼ばれるであろう。逆に、規則に服従する理由を述べることは——他の規則の観点からその理由を述べる場合を除いては——、不必要と見なされる。規則が、それ自身で正当化しているからである。規則だけから成っていて、規則の観点から規定できる道徳体系においては、規則xを破る充分な理由は規則yという形式をとるはずである。この規則yは、ある事情のもとでは規則xと衝突することになるかもしれない。そし

て規則 z に従って、規則 x を相殺あるいは修正することになるであろう。ともかくも、相殺ないし修正することを許されることになるであろう。ある道徳律――人的なものであれ、あるいは社会的、政治的なものであれ、厳格さの異る一連の規則(あるものは互いに独立し、またあるものは相互随伴ないし相互排除の関係にある)に分解可能な道徳律を認める社会は、したがって次のような、少くとも三つの批判を受けることになるであろう。

(a)私は規則を認めるが、しかし、例外があまりにも多く、しかもその例外を支持する特別の規則がないといって不服を申し立てているとしよう。私がたんに例外そのものに反対しているとすれば、私は道徳的ないし社会的な法則の侵犯そのものに不服をいっているにすぎない。もしその例外によって、ある人々の願望が満たされ、他の人々の願望の充足が害されるならば――例えば、財産、権力、身分、文明の成果等々、何か供給量の少いものにたいしてその願望が向けられている場合、そしてその願望充足の配分を規制する規則がなければ(あるいは規則があっても、他の公認の規則から演繹できないような、またそれによって正当化しえないような例外が恣意的に作られたならば)、私はさらに不公平さ《アンフエアネス》にたいして不服をいう。つまり規則の本質はもともと同様の事例は同様に扱うことにあるのにたいして、ここでは同様の事例が同様に扱われていないという不服を申し立てるであろう。

(b)私が、規則そのものが悪い、あるいは不公正《イニキタス》であるといって、不服をいうとしよう。この不服は、いくつかの形態をとることができる。ある規則が、私にはそれよりももっと重要か道徳的により優れていると思われるような何か他の規則ないし原理に反しているといって、不服をいっているのかもしれない。背の低い人よりも背の高い人を一貫して優遇している規則は、肉体的な特徴は――例えば――名誉の配分において考慮してはならないという、私にはより優れていると思える規則に反しているであろう。あるいは、すべての人々、すべてのイギリス人、アリストテレス協会の全会員は、この背の高い低いという点では平等であるとして扱わねばならないという規則に反しているであろう。さらにまた、アリストテレス協会の会員だけにたいする平等の扱いは、すべてのイギリス人の平等の扱いに反しているとか、すべてのイギリス人にたいする平等の扱いは、すべてのヨーロッパ人、あるいはすべての人間にたいする平等の扱いに反しているとか、誰かがいい出すかもしれない。要するに、ある規則が何かより広い規則にたいする不合理な例外となっているとして、したがってそれに反しているとして非難されるかもしれないのである。またある場合には、ある規則が必ずしもそれよりも広い規則と対立しているというのではなく、たんにそれと両立していないという論拠で攻撃されることになるかもしれない。そのように二つの規則が対立する場合、平等主義の原則は次のことを意味するようである。つまり、より多数の人々ないしはより多種の類型の人々[(2)]をその下に含んでいる規律は、少数の人々ないしは少数の類型の人々にだけ同じ扱いを保障している規則よりも常に優先させねばならないということである。そして規則の定式化にあたって、またさまざまな規則が対立した場合にどの規則が勝つかを定める体系において、可能な限り最大多数の人々ないしは最大多種の集団の人々に同じ扱いをすることが本来的に望ましいという原則以外の原則に影響されている社会は、その程度に応じて平等主義的でなくなるということになるであろう。もしある社会が、例えば幸福の極大化という方向に向いているならば、それは大きな不平等を生み出すことになるかもしれない。(3) そしてもちろん、厳格な平等主義の道から逸れるような他の目標ないし価値——例えば芸術と科学を奨励したいという願望、国家の軍事力や経済力を増大させたいという支配的な願望、古い伝統を保存することにたいする情熱、変化や多様性や新しい型の生活などにたいする強い好み等々——は、数多く存在している。これらすべては、各人は一人として、そして一人としてだけ数えねばならないという原理に対立する規則を生み出してくるかもしれないし、また生み出してこないかもしれない。現実にこの原理は、規則そのものによって支配されている各領域の中で、たんに規則が存在しているということによって保持されるであろう。しかし規則だけでは、それぞれの分野を超えてその原理を拡張していくことの保障にはなりえない。規則がそれ自体で不平等を生み出し、規則の間の対立がさらに大きな不平等を生み出すことになるかもしれないからである。規則がそれ自体で不公平であるとわれわれはよくいうが、その発言は実際には、その規則がより広い領域での平等な扱いを定めた何か他の規則——それに服従すれば、より多数の人々(あるいはより多種の集団の人々)が特定の状況で同様の扱いを受けることを保障するような規則に矛盾しているというのと同じことである。しかしこのことは、その規則が悪いとか不公正であるとかを主張する場合に、必ずしも妥当しない。それが必ずしもより大きな平等の方向に向うものではない何か他の規則や原理と対立しているということで、充分なのである。これだけではあまりにも抽象的であるならば、例を挙げることにしよう。各人を一人として数えよというベンサムの教義は、現実に彼の功利主義の教えの中に組み込まれているが、一見して明らかなように、平等それ自体は最大多数の最大幸福という功利主義原理から必然的に生じてくるのではなく、むしろ時としてそれと対立するであろう。したがって、次のように論じることができるであろう。階層的に組織された社会——例えばある型の中世社会、神政政治の社会、さらには奴隷制の上に立つ社会などは、社会的、経済的平等の程度が高い他の社会よりも、より大きな幸福(それがどのようにして計算されるにせよ)を社会の成員にたいして与えると考えることもできるであろう。例えばモンテスキューとルソーが、奴隷制に反対するのはそれが人々を不幸にするからではなく——実際に不幸にしないかもしれない、奴隷が奴隷である方がよろしいというかもしれないのである——、それが奴隷制であるからだ、他人を奴隷にする権利は人にはない、そのような生活形態を作り出すのは人間に相応しからぬことだと宣言する時には、この二人は実は平等それ自身のための平等を説いている。実際にこの二人は、奴隷制を課し、あるいはそれを許している規則ないし法律を有している社会は、たとえその成員が自由の身である時よりも幸福であるとしても、さらには人間の中には奴隷制の下でもっともよく才能を実現するものもいると言ったアリストテレスが正しいとしても、それでも非難されるべき社会であると、いわんとしているのである。その社会が非難されるべきなのは、そのもとで暮している規則を破っているからではなく、間違った規則に従い、間違った価値を追求しているからである。そしてこのことは、次のことを意味するであろう。平等、つまり各人は一人として数え、一人以上に数えてはならないという規則は、財産の分配についてであれ、主権を有する集会において各人が有している投票の数についてであれ、教育や快楽の機会やその他何についてであれ、それ自体で目的である。他の目的と対立する可能性がある場合には、平等の方が高い目的であり、現実に他の目的と対立する場合には、平等を優先させねばならぬ、ということになるであろう。

(c)第三に、ある社会を攻撃するのに、その社会が尊重する振りをしている規則を自ら破っているからではなく、まして悪い規則や、批判者がより大きな道徳的権威を有するとしている何か他の目的ないし理想と対立する規則に従って暮しているからでもなく、むしろその社会が規則に従って生活していること、規則に縛られていることを根拠に、その社会を攻撃する人もいるかもしれない。この人にむかって、人間の組織をある程度存続させていくには経験的に最小限の規則が必要であると指摘すると、彼は、それでも現行の規則はこの最小限をはるかに超えているという立場まで後退するかもしれない。逆にいって、さまざまな規則からデッチ上げられた道徳律ではなく、何らかの理想を内発的に、また想像力に溢れたやり方で追求していくことから生れる道徳律の方を優先させるべきだというのである。この理想の追求の仕方は、むしろ画家や作曲家の創造活動に似ているであろう。さらには、規則を用い、規則を承認することが最小限に抑えられているもっと規律の少ない自己表現の形式に似ているであろう。道徳的、政治的な物の見方が道徳的、政治的規則の体系と同じ幅で存在しているのではないことを想起するのは、たしかに有益なことである。合理主義者、経験主義者の双方の道徳体系にたいするロマン主義者の攻撃は、古典的倫理体系の命題と要請にたいして、まさにこの非難の形態をとって行われた。古典的倫理体系が誤っているとか有害であるとかという理由ではなく、むしろそれが一般的な性質のものであるという理由で非難されたのである。特にドイツのロマン主義的哲学者たちは、[4]規則を押しつけたが故に先代の哲学者を攻撃した。個人の人格、道徳的状況、道徳的行為など、本来独自のものであるべきさまざまな事例、したがって何か普遍的な定式の傘のもとには総括しえないはずのさまざまな事例を化合させてしまったとして、攻撃した。溢れんばかりの人間活動の多面性、多様性を対称的な道徳的規則という「プロクルーステスの寝台」に押し込もうとする傾きのあると思われた人々は、すべて攻撃された。規則は、まさに規則であるが故に、差異はさして重要ではなく、類似性だけが重要であるとする傾向がある。けれども特に激しい攻撃を受けたのは、自然科学からの偽りの類推を用いて個々人の間の決定的な差異――物や人はまさにそれによってのみ、それぞれ独自の価値を有しているにもかかわらず――を無視し、あるいは歪めたとされた人々であった。彼らは、規則に縛られた平等主義的社会――ロマン主義者たちがそれのみが存続するに相応しいと考えていた一切の要素の存在に敵対している社会を実現しようとして、そのような試みを行ったというのである。

存在している社会的ないし政治的秩序にたいする以上の三つの型の攻撃は、控え目にいって、すべて平等の信仰にとって重要な関連がある。それをもう一度要約してみよう。それは次のように発言する形式をとる。
(a)充分な理由がないのに規則が破られている。
(b)規則がそれ自体として悪い、不公正、それとも不充分である。
(c)規則は、まさにそれが規則であるがために嘆かわしいものである。
この三つのうち(a)は、もっとも直接的な平等の要求である。例外であるが故に例外に抗議するのは、平等を真に願うことだからである。(b)は、ある規則がより大きな一般的平等を生み出すことを目指している他の規則と対立しているという根拠で攻撃されているかぎりでだけ、平等の要求から発している。(c)は、社会的平等という理想そのものにたいする直接的な攻撃である。明らかにこの理想は、すべての規則から必然的に派生する平等だけのことではない(普遍性、秩序、規則、法等々を中心とする道徳体系と深く結びつくことによって、それが大きな力を得ているとしても)。すでに見たように、この理想という点を別とすれば、規則それ自体を不平等をもたらすとして批判することは不可能だからである。それでは、この理想とは一体何であるのか。

二

2 平等そのもの

完全な社会的平等という理想は、もっとも単純な形態においては、すべてのもの、すべての人が他のすべてのもの、他のすべての人とできるだけ同じでなければならぬという願望を体現している。

いかなる型の平等主義者にも不服のいいようのない社会の特徴をいくつか念頭に浮かべれば、この概念を一層明らかにするのに役立つであろう。そのような社会を実現したいと真面目に望んだもの、あるいはそのような社会を創出できると考えたものがかつていたかどうか、私は疑わしいと思う。にもかかわらず、社会の改革を主張し、さらにはそれを試みた哲学者、実践家の双方が表明してきた人間の平等の要求は、この絶対的な理想、おそらくは馬鹿げた理想をいくらか修正したものであると見てよいと、私には思えるのである。理想的な平等主義社会では、不平等——窮極的には同じでないことを意味しているはずである——は最小限に縮小されるであろう。不服の生じる最大の単一の原因は、ほとんどいつも人々が強く望んでいた特徴ないし物——財産、政治的ないし社会的権力、地位、才能の発展ないし経験の取得のための機会、社会的ないし人的な自由、あらゆる種類の特権など——の所有、あるいは享受における格差であった。そしてそれにたいする攻撃は、次のような主張の形態をとった。ある人々が他の人々よりもはるかに金持ちか、有力か、自由である社会、ある人々が自分の欲するものを獲得する力、そして他の人々がその同じもの、あるいは他の人々の方で欲する他のものを獲得するのを妨げる力を有しているような社会、あるいはある人々が賞讃を受けて尊敬され、他の人々からは区別されるような形と程度で望むがままに暮すことを許されている社会——このような社会はすべて、自然権の原理(この原理を主張する人々によれば、万人が自然権を有している)に反しているか、それとも何らかの合理的原理に反している。この合理的原理によれば、差異はそれを制度化ないし維持する充分な理由が挙げられた時にだけ、正当化することができるであろう。自然権が何であるのか、何が充分な理由あるいはよい理由であるのか。出生や皮膚の色や宗教や富の差などの特徴が真の不平等な権利の源泉であるのか、それは政治的、社会的、その他同様の不平等を制度化するよい理由になりうるのか等の点について、論議が生ずるであろう。もちろん、この二つの接近方法の間には重要な差異がある。自然権を信じるものは、主として、自然権とは何か、その存在はいかにして証明できるのか、すべての自然権が万人のものなのか、それともいくつかの自然権だけが万人のものなのか、さらにはいくつかの自然権だけがいく人かの人のものなのか、そして平等は、自然権の拡張から生じる要求の分野以外のところでも望ましいことであるのか等の点において、意見が分れるであろう。もう一つの派——つまり理性に訴える人々(歴史的には彼らの見解は、自然権を信奉する人々の見解と重なり合い、分ちがたく混じり合ってはいるが)は、もし一貫しているならば、平等は人間関係の全分野にわたって拡がらねばならない、そして充分な理由がある時しか制限してはならないと、信じているはずである。そこでは、充分な理由を構成する要件は何か、よい理由によって正当化できる制限はどの程度のものであるか等々について、意見の不一致が生じるかもしれない。先の派は、もしそれが一貫していれば、自然権を侵害しない不平等には反対しないであろう。しかし後の派は、充分な理由が持ち出されなければ、いかなる不平等にも抗議するはずである。したがって後者の方が徹底しており、極端な理想に近いであろう。ここでこの極端な平等の理想について、簡単に触れておきたい。かくかくの事例においては何が充分な理由であり、また何が充分な理由でないかという決定的な問題を別とすれば、富や権力の不平等は反対を惹起しうる不平等の中のたんなる一部分でしかないことは、明白であろう。それらの不平等は、他の形態の不平等よりもあるがままの事態に大きな重要性を持ち、人間生活に影響を与えるが故に、そのように目立つのである。しかし、必ずしも常にそうだというわけではない。きわめて信念の固い社会的平等主義者でも、通常は例えばオーケストラの指揮者が行使している権威には反対しない。もちろん、彼が反対してはならないという、明白な理由があるわけではない。あまりよくあることではないが、実際にこのようなことが起った例もあるのである。平等が至高の善であると主張する人々は、オーケストラの各員が指揮者と同じ何をなすべきかを決定する権威を許されたならば、オーケストラ演奏の目的にそぐわないだろうという説明で、欺されたりはしない。オーケストラの組織には、明白に不平等がある。その理由はオーケストラ演奏の目的にある――現実にある音をあるやり方で作り出すことは、ある程度の規律なしにはできないことである。そして規律は、必然的に、権威の配分におけるある程度の不平等をもたらす。しかし熱狂的な平等主義者は、こう主張するかもしれない。演奏者の指揮者にたいする関係での不平等は、交響曲の作品の演奏が貧弱になるということよりも大きな悪であり、指揮者のいないオーケストラが不可能ならば、そのような不平等の制度化によって平等原理の違反を許すよりも、交響曲をまったく演奏しない方がまだよろしいと。もっと真面目にいって、生れながらの才能の不平等な配分が経済的平等の一つの障害になっていることはよく知られている。経済的機会が高度に平等な社会では、強力で有能、野心的で狡猾なものが、このような資質を欠いている人々よりも大きな富ないし大きな権力を得るであろう。熱狂的な平等主義者は、このような事態を見て憤激する。生れながらの才能の不平等が、たとえ威信や影響力の不平等でしかないとしても、常に不平等の創出に向いがちだとすれば、彼は当然に(平等が至高の目標であるならば)その悪を源において根絶したいと願うであろう。彼は人間を変えてまでも、最高度の生れながらの資質の平等、最大限度の精神的、肉体的——つまり全面的な画一性を実現しようと望むであろう。それによってのみ、社会にあらゆる種類の不平等が成長するのをできるかぎり阻止できるからである。成員の間に最大限の類似性が生じている社会、肉体的特徴、精神的才能、情緒的素因、行為ができるだけ画一的である社会、いかなる重要な点においても人々ができるかぎり互いに異っていない社会——そのような社会においてのみ、真の平等を達成できるであろう。人々が自分たちが他人が持っているものを持っていないとして不服を申し立てるような差異、そして何故そうなのかの理由を問いかけてくるような差異——扱い、権力、地位、先天ないし後天の特徴における差異は、このような社会においてのみ最小限にまで縮小することが可能であろう。そのように画一的な社会を創出することが本来的に望ましいかどうかはともかくとして、現実にそれを実現することは可能ではないかもしれない。また、人間に可能なかぎりでそれに近く接近しようとする試みは、高度に中央集権化された専制的権威——それ自体が最高の不平等の原因である——なくしては実現不可能な、根本的な社会の再組織を必要としているかもしれない。誰もが知っているように、いく人かの信念の固い平等主義者は実際にそれもやむを得ないとして承認し、激烈な不平等の制度化と多くの通常の人間的主張の全面的抑圧とを、窮極の平等を創出するための必要不可欠の条件であるとして弁護した。このことの道徳的、実践的価値は、われわれの前にある問題点とは無関係である。強調しなければならないのは、人々の間に差異があるかぎり、ある程度の不平等は生じるであろうということである。純粋な平等主義者は、原則としてありとあらゆる不平等に抗議するであろう。根拠は単純である。彼は、不平等にたいして寛容である理由を理解しようとしないからである。彼にとって、平等それ自体を擁護する議論よりも有力な議論はありえない。彼は平等を、たんにそれ自身で目的と見なしているだけでない。窮極の目的、人間生活の最高の目標と見なしているのである。私は、この型の極端な平等——目に触れるかぎりのすべての人間の間の最大限の類似性——が、これまで真面目な思想家によって意識的に理想として提唱されたとは思っていない。しかし、現実にどのような平等が要求されてきたのかと問うてみるならば、それはこの絶対的理想の特殊な変形であることが明らかになると思う。だからこそそれは、すべての平等主義思想の核心にある理想の極限、理想化されたモデルとして、きわめて重要なのである。

この変形のいくつかを検討することにしよう。生れながらの人間の特徴は変えることができないか、それとも変えるべきでないと考えて、必要なのは政治的、法的権利の平等だけだと信じている人々がいる。法の前の平等があれば、この程度の平等から例えば一人一票の原則や、社会の成員間あるいは多数者間の契約(現実の契約か、それとも契約があったと諒解するかはともかく)によって形成される何らかの統治形態などの通常の意味での民主的諸原理、そして一般に市民的自由と呼ばれている最小限度の自由——人々が法的、政治的権利を自由に行使できるようにするためには、それが必要と考えられている——が派生してくる。そしてこの見解によれば、他の活動分野(例えば経済)にたいする干渉は許されてはならない。これは、前世紀の常識的な自由主義理論である。政治的、法的平等が大幅に保障されている社会では、強いもの、利口なもの、野心的なものが社会の他の成員の「犠牲において」——つまり他の人々には利益を与えないようなやり方で——、金を儲けたり政治権力を得たりするのに成功するかもしれないし、そのことから公然たる不平等が生じるかもしれない。このような不服が申し立てられたならば、この流派の自由主義者は、それは政治的、法的平等を保障するために仕払わねばならない代価であり、経済的ないし社会的不平等を阻止しようとするならば、その方法は唯一つ、人々の間の政治的自由ないし法的平等を制限することであると答えるであろう。このことは、一人としてのみ数えるという原則で人々を扱うにもいくつかの道があって、われわれはその中の一つを選ばねばならないのだということを、承認したに等しい。つまり人々は、ある点でだけ「一人として数える」ことができるのであって、他の点ではできないというのである。その理由には、かなり大きな経験的根拠がある。つまり、あらゆる点で人々を一人として、そして一人としてだけ数えるのは実行不可能なことであり、例えば法と政治における完全な平等は、人々の才能に差異があることを前提にすれば、しばしば経済的不平等とその他の形態の不平等を生むことになるであろう。そして絶対的に画一的な、ロボットのような社会でだけ——誰もそのような社会を望んでいない——、実際に不平等を阻止することができるであろう。このように信じている人々は、普通、避けねばならない不平等は個人には変えられない特徴にもとづく不平等——例えば出生や皮膚の色など、人間には欲するがままに変えられないことにもとづく不平等な扱いだけであると、主張する。すべての人が、財産を獲得し保持する権利、望み通りのやり方で互いに結社を形成する権利、欲するところを発言する権利等、その他すべての伝統的な自由主義の目標にたいする権利などについて平等の権利を持ち、そして出生、皮膚の色、その他物理的に変えられない特徴にもとづく特別の権利や特権なしに出発点についたとしよう。その場合には、たとえいく人かが手腕や運や生れながらの才能によって財産や権力や地位を得て、それによって他の人々の生活を支配できるようになっても、あるいは他の人々には得られないものを得られるようになっても、社会の仕組みはそのような欲望を現実に禁じてはいないのだから、平等の原理は侵害されていないということになるであろう。これは、純粋形態での自由放任社会である。この社会を支持する人々は、それが不平等をもたらすことを進んで認めながらも、それが万人に平等の機会、すべての才能にたいして真に開かれた将来を保障しているとして弁護するであろう。逆により大きな平等を確保しようとしたならば、それはこの出発点における万人のための機会の平等化に干渉することによってしか得られないであろうと、主張するであろう。もちろんこれは、実際には全面的な平等を犠牲にして自由を求めるのと同じである。最大限の自由がすべての重要な点での最大限の平等と完全に両立すると主張するのは、純粋の無政府主義者だけである。そして彼ら無政府主義者は、この命題の誤りが現実に経験によって証明される度合いに応じて、過っているとかユートピア的であるとか呼ばれている。一般的権利と特別の権利との区別については、H・L・A・ハートが語っており(5)、ウォールハイムもそれに言及しているが、この区別は右のような信念にたいして重要な関連性があると思う。簡単に想像できることだが、一切の特別の権利(例えば、契約や父権にもとづく権利)が一般的権利の実例、個別例であるような社会がある。その社会では、少くとも理論的には、どの成員も契約を結び、父になり、金持ちになることができる。原則として他の成員が保有できない特徴——出生や血統や皮膚の色など——によって個々人が持つようになる権利は、存在していない。この図式では、ある型の伝統的不平等は明らかにすでに排除されている。しかし、これが真の平等主義者が願っている社会であると主張するのは、正しくないであろう。この事例で、何故、ある型の平等、つまり理論的には万人が平等に出発する出発点の平等が保護され、他の型の平等、例えば経済的ないし社会的平等など、人々が彼ら自らの努力で獲得できるものという点での平等が保護されていないのかと問われるならば、その答はこうである。明らかに平等の基準は、たんなる平等そのものへの願望以外の何ものか——自由や人間の資質を充分に展開したいという願望、あるいは人はそれぞれの努力によって金や権力や名声を得るに値いするという信念など、つまり平等の願望とはまったく関係のない信念に影響されている、というのが答である。

どのような社会が望ましいか、平等を要求するか、それとも逆に特殊な事例についてそれを制限ないし侵害するかの場合、それにたいする「充分な理由」とは何であるかを考えるにあたって、平等以外の理想が際立って決定的な役割りを果しているのが明らかになるのは、まさにこの点である。

このことは、もっとも広範囲な平等をもっとも情熱的に擁護している人々の著作においても、明らかに見ることができる。コンドルセの著作には、平等を支持するほとんどすべての議論を見つけ出すことができる。特にそこには、不足しているものはすべて、それに反対する強い理由がなければ、できるだけ平等に分配すべきであるという想定を見つけ出すことができる。フランス大革命の先触れとなった「人間と市民の権利の宣言」における平等の理論は、ルソーやその他の思想家と少くとも同じだけ大きくコンドルセの影響に由っている。しかしそのコンドルセさえもが、人間にたいする統治は啓蒙された人々、とりわけ専門家による必要があると考えていた。その人々は、まだ創出されてはいないが人間の行動についての新しい科学――社会学、人類学、心理学――に精通している。彼らだけが、合理的人間の最大多数の願望がこれまでのように偏見、迷信、愚かさ、悪徳などによって挫折されないような組織を作り出すことができる、というのである。けれども明らかにこのエリートは、彼らが私利私欲なく統治していく人々よりも大きな権力を持つことになっている。その理由は、たんにそうでなければ、多数者にとっての真の平等は達成できないということだけではない。幸福、美徳、正義、芸術と学問の進歩、多様な道徳的、精神的欲求の充足など、他にも獲得すべく努力しなければならない目的がいくつかあり、平等は――どのような種類のものであれ――これらの目的の中の一つでしかないということにあった。コンドルセ自身は、平等の探求がこれら他の目的を追求する必要性と対立するかどうかという問題に、わずらわされることはなかったようである。彼もまた、彼の時代の多くの思想家と同様、よいものはすべて両立するはずだし、むしろそれは互いに絡み合っているものだと、あまりにも安直に想定していた。ほとんどすべての西欧思想を常に支配してきたこの奇妙な信念の理由について、ここで立ち入って論じる必要はない。その底にある主要な想定は、第一に、政治的、道徳的諸問題は事実的な性質のものであるから、それぞれ一つの真の命題、しかも唯一つの命題によって答えることができる(そうでなければ、問題の方が真実の問題ではない)という見方である。第二は、真の命題は他の真の命題と矛盾することはありえないとするものである。このことから、何をなすべきかを述べるすべての命題は、少くとも互いに両立するはずという結論が生じざるをえない。むしろたんに両立するばかりか、互いに因となり果となり、完全に調和して、一つの体系を定める。自然とはそのような完全な調和と考えられており、それは先験的に一つの調和的体系、いやむしろ唯一つの調和的体系と見なされていた。

この中心的な想定にたいする正しい説明が何であるかはともかく、コンドルセは多様な人間の諸目的の間の衝突の可能性を認めなかった。通常の生活においても、ある社会と文化の理想は他の社会と文化の理想と衝突するし、時には同じ社会の中でもさまざまな理想が衝突するし、一個人の道徳的経験の中でも衝突することが多いという事実――この事実を強調することは、他の人々に残された仕事であった。このような理想の対立は、原理的にも、常に完全に解消しうるとは限られていない。このことは経験的な原因に遡って明らかにできることである。キリスト教の原罪やそれに対応する仏教の理論などの神学的教義、ホッブズやショーペンハウエルの悲観的な人間性論、あるいは現代非合理主義のイデオロギーなどを、持ち出してくる必要は必ずしもないのである。そこから次のような結論が生じるであろう。平等の追求がたとえ何であれ他の人間の目標――幸福や快楽、正義や美徳、社会における光彩や多様性(それ自身のための)、それ自体一つの目的としての選択の自由、人間のすべての能力のより完全な展開等々への願望――と対立する時には、そのような対立は、常に他の関連する「価値」を相対的に無視して平等だけを支持して解決すべきだと要求するのは、もっとも熱狂的な平等主義者だけだという、結論である。

三

平等は、多くの価値の中の一つの価値である。それがどこまで他の目的と両立できるかは、具体的な状況にかかっており、何らかの一般的法則から演繹できるものではない。平等は、他の窮極的な諸原理と同じように合理的であり、それ以上に合理的、それ以下に合理的というわけではない。むしろ、それが合理的か合理的でないかを考えること自体が、無意味であろう。

けれども、各人は一人として数え、一人としてしか数えてはならないという原理は、それは人々が追求しているさまざまな目的の中の一つ、したがって説明も正当化も不要であり、それ自体で他の価値や倫理的原則の存在を説明しているといって片付けてしまう前に、もう少し考察することを必要としている。先に見たように、それは行為の一般的原則が存在するという信念と緊密に結びついている。この信念は、宗教的、形而上的、功利主義的などの根拠にもとづくこともあれば、秩序や体系への愛着にもとづくこともあろう。たとえそうであっても、しかしそれは、しばしば公平《フェアネス》への要求という形式をとる。平等と公平という観念は密接に結びついている。ある人が規則を破り、その結果、他の人々が規則を破らずに守っているかぎりでのみ彼に得られるような利益を手に入れたとしよう。その規則破りによって他のどのような必要が満されたとしても、その結果は公平の原則と呼ぶに相応しい原則にたいする違反である。公平とは、平等それ自身のために平等を求めようとする願望の一つの形式である。もし私がバスに乗って切符の料金を払わず、この事実を車掌や他の乗客にかくし、払わなかった分の金を一人の乞食に与えたとしよう。この乞食の物質的状況は、それによって向上した。この場合、功利主義的観点からは、私は正しいことをしたと論じることができるであろう。バス会社は損失を被ったことを知らない。このような少額の損失は、会社の「幸福」を目に見えて小さくすることもないであろう。私の意志は強く、無賃乗車が悪い習慣になることもない。車掌は私が払わなかったことに気付いておらず、義務を怠ったとして悩むこともないであろう。乗客は知らなかったのだから、無賃乗車の誘惑に駆られたり、払う気をなくすこともない。当事者間の信頼関係が弱まり、遂にはバス事業の停止ということにもならないであろう。そして幸福の総額は——この場合では金をもらった乞食を含めての——、私が車掌に料金を払った場合よりも大きくなっているに違いない。にもかかわらず、料金を支払うという半ば契約的な義務を負いながら、私がその約束を果さなかったという道徳的に重要な事実をさておいても、私の行為は不公平であるとして非難されることになるであろう。他の乗客がそれまで通りの行動の仕方を続けるかぎりでのみ私は利益を得ることができた(あるいは乞食は利益を得ることができた)と、主張して正しいからである。もし私の行為を一般の人々が真似することになれば、誰も料金を払わなくなり、バスは運行をやめるであろう。規則は私にも他の人々にも同様に適用されているにもかかわらず、他の人々は規則に従い、私は自分に有利なように例外を設けて私だけが利益を得た。私の利益は、直接にこの事実にもとづいている。その場合には、私の利益となった規則の緩みは不公平（あるいは不正直）と呼ばれて当然であろう。私が以上に述べたように行動して、私が契約を破るか欺すかする方が道徳的によろしいという例外的な状況は容易に想像できるが、それでも明らかなことは、通常の道徳的感受性を備えた人がこのようなやり方で欺す場合には、かなり強い良心の呵責を感じるに違いないということである。良心の呵責は、たんに契約を破ったという事実からだけでなく、自分のしていることが不公平であるという意識からも生じている。むしろそのような呵責を感じる能力こそが、いわゆる道徳的感受性の一つの基準であるといってよい。このような道徳性感受性にも反して、ある人がそのような行為に出る決意を下すとすれば、彼の道徳的正当化は当然に、平等以外の目的ないし価値の要求を引き合いに出し、それを色々とバランスさせるという形式をとるであろう。彼は、約束の神聖さ、約束を守ることの社会的必要性、法の支配と社会秩序を維持するという社会的要請、もともと不公平を避けることが望ましいということ、等々の要求によって一方に傾く。そして彼はこのような要因を、幸福（この場合には乞食の）の増大あるいは不幸の創出を避けることは望ましいこと、さらには科学的好奇心の要求、何らかのロマン主義的衝動や生活観に従ってみたいという願望等、他の要因と秤にかけねばならないであろう。「よい」理由ないしは「充分な」理由によって規則に例外が設けられる時にも、同じような考慮が当てはまる。理由のよ**さ**は、例外を正当化する際に挙げてきた目的ないし動機にどのような価値ないし重要性があるかにかかっている。それは、さまざまな個々人と社会の道徳的信念――とその一般的な物の見方――が異るに応じて、異るであろう。能力と業績に報いることが正しいが、例えば正直と親切は、それが愚かさや無能や失敗を伴った時には、報いるのは正しくないと私が考えたとしよう。他の人々は、それは間違っており、道徳的にはその逆が正しいと考えるかもしれない。私は、著名な名を名乗っている人々や名家の子孫はそれ自体で報いるのが正しい、あるいはイギリス人には進んで認める権利を黒人には認めないことが正しいと考えるとしよう。そしてこのような政策を弁護しようとして、私には右のようなことが通常の事態になっている社会は、本来的に優れあるいは安定しており、私の宗教、宇宙の構造についての私の形而上的信念、歴史の諸法則等々によって裁可されている型とうまく適っている、と主張するとしよう。それにたいして君は、そのような事態を許している社会を不公正として拒否するであろう。次のような理由が考えられる。君が私の宗教、私の形而上学を拒否しているからである。あるいは君が、私が私の宗教と形而上学を誤って解釈していると信じ、あるいはそのような原則によって築かれた社会は悪い、それとも政治的に不安定であると考えているからである。あるいは単純に、君が平等それ自体のための平等をきわめて情熱的に信奉し、私が(おそらく君もまた)避けたいと望んでいる帰結が私の政策に反対したことによって生じるかもしれないと思っても、君は一向に怯まないからである。このような基本的な意見の不一致が現れてくる道は、数多く存在している。ある人、ある宗派、ある政党は、ある生活領域――例えば社会的ないし法的関係や法的身分――での平等を願い、その経済的帰結は無視する。他のものは経済的関係を最高度に重視し、ある特定の経済構造を保持するために社会的ないし法的平等の欠如を認める覚悟でいる。またあるものは、特殊な才能や天才のために例外を設けることは、社会的結果によって正当化されていると考える。他のものはそれを不公平と考えるが、しかしバークのように自然の社会的階層制を信じ、梯子の段それぞれにたいしては完全に平等な扱い――それのみが「真の」平等と考えられている――を要求するがしかしそのような意味での万人にたいする平等の扱いを要求しながらも、梯子の段や階層制の存在を否定しようとする試みにたいしては、自然の秩序に反するとして激しく反対する。(6) したがって、実際によくあることだが、ある人がある法律が公平に《フェアリー》――つまり平等の原則を尊重しつつ施行されていることは認めながら、しかもその法律そのものが悪い、あるいは不公正であると不服をいう時には、その意味は必ずしも明らかでないであろう。この批判者は次のようにいわんとしていたのかもしれない。問題の法律が公平に施行されればされるほど、彼自身が信じているより広い平等の原則が破られることになるであろう。例えば有色人種と白人を差別するという原則にもとづく法律は、公平に、つまりそれぞれの人種範疇の中での平等の扱いに細心の注意を払いながら施行されても、それ自体はかえって有色人種と白人の間の不平等の原因となるであろう。しかしこの批判者は、他の不服の理由を持っているのかもしれない。彼がこの法律を攻撃するのは、それが平等以外の何らかの価値に違反しているからかもしれない――つまり、その法律は不幸を増大させる、才能を挫折させる、社会的不安定を起す、攻撃者には重要でないと思われる事柄での平等を主張しながら、彼にはもっと重要な人間生活の側面では平等を無視している（重要性の尺度は平等そのもの以外の価値の観点から決定されている）等々の理由からかもしれない。さらには、それは宗教の要求を無視している、逆に宗教の要求を満している、法律としてはあまりに茫漠としていて守りにくい等々、他にも無限に理由を考えることができるであろう。それも当然のことである。何故なら、右のような事例においては、その法律はある種の平等の犠牲において他の平等を許しており、ことは微細なニュアンスの問題となるからである。ウォールハイムの挙げた非常に巧みな例では、社会の全成員が平等の権利、一人当り一票を有している。が、各人は他の人々の目的とは違った目的を目指して投票する。けれども有権者の中の二人は、いつも同じように投票するのである。この場合、理論的には二人が他のすべての人に勝つことになるであろう。ここでわれわれが反対するのは、そのような体制の不平等ではない。法的にも、さらには政治的にも完全な平等が明白に保障されているからである。ウォールハイムがここで語っている不公平は、この状況では有権者のあまりにも多くが恒久的な要求不満の状態にあるという認識から生じている。われわれは、ある程度の選択の平等だけでなく、ある程度の満足の平等をも求めている。したがって何らかの偶然による制度、例えば籤引きが採用されれば、「より公平」と思うであろう。それによって成功の可能性が平等化し、このような組織的不満足状態を防ぐことができるからである。各人に「当番」が回ってくるような体制は、一層公平だと思うはずである。これは、それぞれ平等を促進すると称している——一方は自治機構での平等、他方は報酬の分配についての平等——二つの実際には両立しがたい体制の間に生じた、典型的な衝突の事例である。同様に、次のような二者の間にも対立が生じるであろう。一方にとっての平等とは、重要とされている人間活動の領域において(それがどう定められていようと)、出生、肉体的特徴など変更不可能な特徴にもとづく差別がないということを意味している。それにたいして他の一方は、これを不充分な基準であるとして拒否し、宗教、政治についての見解、個人的な習癖など「変更可能な」資質によっても左右されない扱いの平等を求める。われわれは選択しているようである。現実にわれわれが一つの解決を選ぶ時には、それがわれわれにとって要求や願望の満足のある混ぜ合わせを体現している(それとも他の要因を包含ないし排除している)ように見え、全体的な型としてはその解決が他の解決の提出している混ぜ合わせよりも好ましいと思うからである。演繹的な法体系の厳密な運用の中にも、いわゆる公正《エクイティ》の考慮が介入してくるのは、たしかに正義を願っているからである。正義は、必ずしもあまり厳密に分析できはしないが、「各人は一人として数えられる」という原則はたしかにその中に入り込んでいる。けれどもその各人を一人として数えねばならないのは、立法権の分野か、それとも行為にたいする責任の分野なのか、あるいは利益の取得においてか、それともその他の点でなのかについては、明確な理解があるわけではない。そしてそれぞれの観点の間で、容易に対立が生じるのである。そしてもちろん公平の問題においてさえも、「一人として数える」原則はしばしば他の目的や信念によって制限される。この他の目的や信念が、特定の文化や倫理体系、あるいは個々と思想家の物の見方の中で、どのような組合せで現れてこようと、この点については変りはない。

最後に、先に述べたように、規則そのものに一切反対する人々——それが実現可能か否かを問わず、霊感に溢れた指導者の意志、予言不可能な民族精神《フォルクスガイスト》の動き、あるいは民族、党、教会などの「精神」によって、非体系的なやり方で支配されている社会を望んでいる人々のことを忘れてはならない。これは、規則を拒否し、それ自体として価値ある目的としての平等を拒否するのに等しい。そしてこのような態度が、自由主義思想家、社会主義思想家が想定しているほど稀に見るものでもなく、また無力なものでもないことを、確認してよいであろう。ロマン主義的非合理主義は、平等、正義、自然権、人間を侮辱と搾取から守るために必要な最小限の市民的自由との抗争において、時として容易に勝利を収めてきた。私はこのことを、一つの警告として述べているにすぎない。それは、同じような状況にいるすべての人は同様に扱えという命令は、それを支援する議論を取りたてて必要としていないという命題にたいする警告である。この命題のもとでは、何が同様なのかを定めるさまざまな基準には、疑いの余地はありえないし、またそれが互いに対立することもありえない、それは合理的な人々には当然のことと考えられており、むしろ自然的理性の作用する形式であると考えられている。それは正当化を必要としていないし、論理の自同律と同様に、あるいは緑は青でないというのと同様に自明のこととされている。事実は、明らかにそうでない。前世紀、そして特に今世紀における自由主義原理の運命は、一つに、それを擁護する側の人々が何ら保証のない一つの想定を抱いていたことによって決定された。それは、自由主義原理を拒否する人々は無知、知的怠惰、精神的なヘソ曲り、あるいは盲目さのためにのみ、拒否しているのだという想定である。(7)

平等――公平――への信念、何らかの確認可能な基準によって充分と認められるような理由がなければ、ある人を他人よりも優遇してはならないという見解は、人類の思想に深く根を下した原理である。それは、功利主義者の体系、自然権の理論、さらには多様な宗教的教義など、数多くの体系の中に同化されている。しかしそれは、このような体系から切り離すこともできる。それは、論理的関連の道筋よりもむしろ心理的親和性によって、これらの体系の中に入り込んだ。それとも、これら功利主義的、宗教的、形而上的教義を信奉した人々も実は――おそらくはこれらの見解のすべての根底にある対称性と統一性への願望から――平等をそれ自体として信奉しており、そのためこの原理に充分な余地を与えていない社会は、余地を与えている社会よりもそれだけ価値が低いと考えていたからであろう。極端な形態における平等主義は、人々の間の一切の差異の極小化、できるだけ多くの区別の除去、可能な限り最大限度の単一の型への同化と画一性を要求している。一切の差異は、扱いの不規則性をもたらす可能性があるからである。もしこの理想が全体として現実の政治理論において拒否されたとすれば、それはもっぱら、この理想がそれと完全には和解しえない他の理想と対立しているという事実によっているようである。むしろ大抵の倫理思想、政治思想は、極端な形態においては共存しえないさまざまな原理間の多少とも不安定な妥協形態なのである。

平等は、自由主義思想を構成するもっとも古くかつもっとも深い諸要素の中の一要素である。それは、他の構成要素よりも「自然」であり「合理的」であるわけではない。すべての人間の目的と同様、それをそれ自体で擁護したり正当化したりすることはできない。それ自体で他のこと――それを実現するための手段——を正当化しているからである。多くの政策や人生観が、それ自体として特に深く平等の理想と結びついていなくても、平等を装ってこっそり密輸入されている。時にはウォールハイムがいうように、そこにはある程度の不正直や偽善も伴っていた。さまざまな時期にこのような他の態度や理想との混合から生じてきた合金の中から、平等主義そのものの純金を切り離す仕事は、思想史家の課題であり、本稿の目的の範囲外である。

(1) この定式化では、この原理はウォールハイムが区別した二つの平等な財産権の形態をともに含んでいる[Richard Wollheim, 'Equality', *Proceedings of the Aristotelian Society* 56 (1956), 281-301]。それは、絶対的な財産の平等と、特殊な条件——人にそれを買い取れるだけの充分な資金、法的な相続権など——がついた平等である。「充分の理由」という観念は、ほとんどすべての型の状況に適用できるから、そのためいささか怪しい観念である。

(2) 最大多数の人々にたいする平等な扱いの政策は、最大多種の人々にたいする平等な扱いの政策と容易に対立することになるかもしれない。したがって差別立法廃止を唱えている改革者は、公約数のないものの間の選択を迫られることになるであろう。例えば貧者という「社会的劣者」の一つの大きな集団を解放するか、それとも宗教的、人種的少数者集団のような複数の集団——その成員は合計しても貧者の単一集団よりも数が少い——を解放するかという選択である。第一の政策は、より多数の人々に平等を与え、第二の政策は多数の集団間差別を廃止するであろう。いずれの道も平等を増大させたといって正しいが、(実際上の理由で)両者をともに採択できないとすれば、良心的な平等主義者の選択は好みの型の平等によることになるであろう。そのままでは、彼の直面している問題に答えるのは不可能である。

(3) 平等への願望がそれ自体で他のすべての願望よりも非常に強く、不平等が他のいかなる体制よりも大きな不幸を自動的に生み出してくるような社会は、例外になると思う。

（4）このこと、あるいはこれに似たことは、ベルクソンの最後の著作の一つ *The Two Sources of Morality and Religion* (London, 1935) でも提唱されている。

（5）H. L. A. Hart, 'Are there any natural rights?', *Philosophical Review* 64 (1955), 175–91.

（6）それともプラトンとアリストテレスのように、自然の階層制と各レヴェルでの適切な扱いの差異を強調しながら、同じレヴェルの住民の間での社会的ないし経済的平等についてはさして気に留めないでおくかである。それは明らかに、それぞれの集団の中では無拘束の競争が起りうることを意味している。古典思想は、深くかつ「自然」に不平等主義的であるように思われる。

（7）例えばロックがそうである。彼は *The Second Treatise of Government* (chapter 2, section 4) で次のようにいう。「同種、同地位の人間で、一切の同じ自然の利益をもち、同じ才能を行使できるよう差別なく生れたものは、互いに平等であるべきであり、このことほど自明のことはない。」これは、あの「慎重なフッカー」が「それ自体で明らか、かつ疑問の余地のない」ものと認めたとして当時賞讃されている平等である。これはもちろん、純粋の自然法理論であり、ロック自身は（同じ年、一六九〇年に）*Essay* (book 2, chapter 2, section 4) でそれに疑問を発している。そこで彼は次のようにいう。「人が正当に理由を問いえないような道徳的規則は、何一つとして提唱しえない。」そして、「もっとも揺ぎない道徳の規則、すべての社会的美徳の基礎、つまり〈自分にされたいと欲することをなすべきである〉」――これは疑いをかけ「何故そうなのかという理由」を問うても「一向におかしくない」ことである――を、「何故〈同じものが存在しかつ存在しないことが不可能であるのか〉」といった真に無意味な疑問と対照させている。ロックの躊躇と混乱は、少くともいくつかの道徳的ないし政治的原則は、論理学の原則や「赤は青でない」ということと同じように自明であるという観念が崩壊しはじめていることを示している。この点とそれに関連する点についての優れた討論は、Morton White の論文 'Original Sin, Natural Law, and Politics', *Partisan Review* 23 (1956), 218–36 に見られる。

［河合秀和訳］

アイザィア・バーリンの人と業績
——日本版選集の刊行にあたって——

福田歓一

一

ここに公刊するバーリン選集三巻は、英国における四巻の著作集刊行を機会に計画されたものである。一九六六年、サー・アイザィア・バーリンの三つの論文の翻訳が本国に先立って日本で書物にまとめて上梓された(生松敬三訳『歴史の必然性』みすず書房)とき、わたくしは、その紹介において、「バーリンはきわめて寡作であって、まとまった大作は一つもない」と記した。実際その時点で著書らしい著書であったのは、戦前の *Karl Marx—His Life and Environment*, London, 1939(倉塚平・小箕俊介訳『カール・マルクス』中央公論社、一九七三年)と *The Hedgehog and the Fox*, London, 1953(河合秀和訳『ハリねずみと狐』中央公論社、一九七三年)にすぎず、『歴史の必然性』に収められた *Two Concepts of Liberty* は一九五八年の彼の教授就任講義、*Historical Inevitability* は一九五四年のオーギュスト・コント記念講義の印刷であり、彼のおそるべき学殖を知っているわたくしには、いかにも不似合に見えたものである。もちろん、同書に訳出された Does Political Theory Still Exist? は、元来一九六一年に *Revue française de science politique* にフランス語で寄稿され、翌年 *Philosophy, Politics and Society*, Second Series に英語で収録されたものであり、ほかにもさまざまな論文のあることを、知らなかったわけではない。現に Political Ideas in the Twentieth Century はずっと以前にわたくし自身訳出したところでもあった。それにしても、当時わたくしの判断がそう見当違いであったとも思われない。

そのバーリン教授が、六十歳になった一九六九年ようやく *Four Essays on Liberty*, London and New York(小川晃一ほか訳『自由論』みすず書房、一九七一年)を公刊した。内容はすでにあげた「二十世紀の政治思想」「歴史の必然性」「二つの自由概念」に、一九五九年度ロバート・ウェイリ・コーエン記念講義「ジョン・スチュアート・ミルと生の目的」を加え、「二つの自由概念」と「歴史の必然性」に対するさまざまの批判に答えた「序論」を付したものであった。したがって、これは彼の主著ではあっても、大著とは言えず、またこまかい註記などのまったくない作品である。しかし、その後サー・アイザィアは、これも元来は一九七〇年度、ローマネズ講義であった *Fathers and Children*, Oxford, 1972(小池銈訳『父と子、トゥルゲーネフと自由主義者の苦境』みすず書房、一九七六年)を公刊し、何よりも一九七六年には *Vico and Herder*, London(小池銈訳『ヴィーコとヘルダー、歴史の理念：二つの試論』みすず書房、一九八一年)を刊行した。これまた元来は一九五七―八年、ロンドンのイタリア研究所で、また一九六四年、米国ジョンズ・ホプキンズ大学で行った講演に由来するものであるが、その後 *Art and Ideas in Eighteenth-Century Italy*,

Rome, 1960 や *Aspects of the Eighteenth Century*, Baltimore, 1965 に収録されたこともあって、詳細な註記をもつ労作である。彼が力をこめて書いたものは *Mind* や *Proceedings of Aristotelian Society* のような地味な雑誌に埋もれて、人目にふれること少く、しかもバーリン自身、それを著書にまとめようとしなかった。彼がその思い出を記したサー・モーリス・バウラが、かつて、「われらの主やソクラテスのように、著作は多くないが、多く考えかつ語り、現代に巨大な影響を与えて来た」と語ったのも、無理はないのである。

バーリン教授についてのこのようなイメイジに挑戦する人がついに現われる。現在オックスフォード大学出版部の編集者ヘンリー・ハーディである。驚くべき努力によって、彼はさまざまな主題についての、サー・アイザィアの作品を探索し、インタヴューを除く、厖大な目録を作って、さらに『カール・マルクス』、『自由論』及び『ヴィーコとヘルダー』を除く主要な作品を四巻の著作にまとめ上げて、公刊した。*Russian Thinkers*, London, 1978, *Concepts and Categories: Philosophical Essays*, London, 1978, *Against the Current: Essays in the History of Ideas*, London, 1979, *Personal Impressions*, London, 1980 がこれであり、解説はそれぞれ、アイリーン・ケリー、バーナード・ウィリアムズ、ロジャー・ハウスヘール、ノエル・アナンが執筆しているが、編集はハーディ一人(ただし第一巻の編集にはケリーも一部加わっている)、よくよくの傾倒なくして果せる業ではない。

この著作集の刊行が始まると、岩波書店は日本版選集の出版を企画し、河合秀和教授とわたくしがその編集に当ることとなった。一九七九年、われわれは暫定的に訳出すべき作品を選び出し、それぞれに最も適当な訳者を求めて、訳出を依頼した。その場合、まず右の英国版著作集に入っていても、すでに訳書の刊行されているもの、すなわち、*The Hedgehog and the Fox, Fathers and Children*, 及び History and Theory : The Concept of Scientific History, *History and Theory*, Vol. I, No. 1, 1960(内山秀夫編訳『歴史における科学とは何か』所収、「歴史と理論」三一書房、一九七八年)を除き、さらに日本の読者に適当なものを選んで、二巻とする計画であった。当時わたくしはなれぬ激職を負って、時間の余裕にとぼしい境涯にあったので、計画は河合教授の尽力によるところが多く、この年五月教授が訪英した際、サー・アイザィア及びハーディ氏に会って、承諾をとりつけてくれた。その後翻訳の進行に遅延を生じ、また頁数が予想外に多くなることがわかったので、さらに一巻を編むことになり、改めて訳出の委嘱を行い、特に英国版著作集にない一九七八年バーリン教授来日の際の講演 Decline of Utopian Ideas in the West を加えた。こうして『思想と思想家』、『時代と回想』及び『ロマン主義と政治』が編まれたのであり、第三巻の刊行が遅れたのは右の事情によるものである。もとより、ここにも大作は一つもない。その点では例えば、オックスフォードの社会・政治理論講座の前任者である故G・D・Hコール教授がおびただしい大作を発表したのとは、いちじるしい対照である。

逆に、ハーディ作成の詳細な著作目録(第三巻巻末に収録)はもちろん、この選集のために選ばれた作品だけを見ても、そこに展開された主題の多様性には驚かざるを得ない。思想史を中に、純粋哲学から現実政治と政治家まで、思想史の主題も文学からヴェルディに及び、地域的には英国でなくヨーロッパ大陸の思想家が大部分で、わけてもロシアが大きな比重を占めている。マキアヴェッリ、モンテスキュー、マルクスも登場はするが、知られること少く、或いは忘れられがちな思想家が取り上げられているのが大きな特色である。ユダヤ出身の人物が多いことにも、多くの読者がただちに気付かれるところであろう。

どうしてこれほどひろく、また特色のある主題が取り上げられたのか。またそれらについてのバーリンの仕事は、当時の英国において、さらにはわれわれにとって、どんな意味をもつのか。以下バーリンの生涯をたどり、この選集に収められなかった著作とも関連させながら、これらの問題に答えるに役立ちそうな幾許かの材料を提示し、かつ私見を述べて見たいと思う。

二

サー・アイザィア・バーリン教授は、一九〇九年、当時ロシア帝国領であったバルト海沿岸の街リガに生まれた。ロシア革命後、独立し、第二次大戦の勃発によって又もやソヴィエト連邦に編入されたラトヴィア共和国の首府である。彼の出身はユダヤ系であって、彼は少しもそれを隠そうとはしないし、逆にそれに過大な意味を与えようともしない。バーリンの父は材木商を営み事業に成功した人であった。十歳のとき英国にわたり、セント・ポールズ・スクールを経て、オックスフォードに入り、コーパス・クリスティ・カレッジに籍をおいた。一九三二年ニュー・カレッジの哲学講師、またオール・ソウルズ・カレッジの研究員《フェロー》に選ばれ、哲学者としての経歴に入った。オール・ソウルズは学生をもたぬ独特のカレッジであって、研究員だけで構成されているばかりでなく、正教授職に在る学者が多く在籍する。若いバーリンにとって実に恵まれた出発と言わなければならない。この時期の哲学への関心と活動が三五年同じオール・ソウルズに移って来た後年のオースティン教授とその仲間とともにあったことは、例えば、同じ仲間であったエイヤー（「論理実証主義の成立──一九三〇年代イギリス哲学の回顧」『みすず』八三号）によっても語られているが、何よりも早世したオースティンについての編集に寄せた「J・L・オースティンと初期のオックスフォード哲学」（一九七三年）に詳しい。わけても、三六─七年にはじまった毎週の討論会の様子、二十七歳を最年長とする活気あふれる小グループの談論、この仲間だけを相手にし、意見公表の必要を感じない意気軒昂たる自己中心主義、しかも早くも芽生えるオースティンとエイヤーとの対立の描写は、よく当時を伝えている。オースティンが書かなかったのに対して、エイヤーは三六年には『言語・真理・論理』を出しており、バーリン自身は『アリストテレス協会雑誌』に「帰納と仮説」や「験証」を載せている。

しかし、バーリンが最初に世に問うた書物は認識論や言語分析にかかわるものではなくて、『カール・マルクス』であった。世界恐慌のさなか、一九三〇年代はソ連共産主義への知的関心の最も高い時代であり、英国でもシドニー・ウェッブの『ソヴィエト・コミュニズム』は三五年に出され、学生の間での共産主義支持のひろがりは前例を見なかった。バーリンの仲間でさえ、エイヤーは「すんでのことで共産主義者になるところであった」と回想しているし、オースティンがソ連を訪問し、その経験から感銘を受けて、現代共産主義哲学者のどの作品を読むべきかをバーリンに尋ねたことが記されてもいる。しかし、バーリンがこれに「奨めるに値する本を読んだことがない」と答えたように、彼の『カール・マルクス』は、およそ共産主義熱とは何のかかわりもない作品であった。例えばコールが『マルクスは何を真に考えたか』について述べたのに対して、バーリンは副題の示すように生涯と環境に即してマルクスを語ったのであり、その独特の鋭さは、知識人としてのマルクスの造型した労働者階級と現実の労働者階級との埋めがたい乖離の指摘や、マルクスのユダヤ的出自への注目にあった。後者は「ベンジャミン・ディズレーリとカール・マルクス——自我の探求——」(一九七〇年、選集1)において、さらに研ぎすまされて、マルクスのユダヤ人観を痛点刺戟への過剰反応としてとらえ、それが民族問題への過小評価を生んで、二十世紀の悲劇を呼んだことに及ぶ。出自を幻想化して、心理的自己転換を遂げ、フィクションへの自己陶酔のうちの演技によって英国民を呪縛にかけたディズレーリとの対照である。

このようなマルクス像が、彼の卓抜した語学の才能以上にバーリン自身の出自に負うことは改めて言うまでもなかろう。そして、まさにこの関連で登場するのが、歴史家サー・ルイス・ネーミエその人である。「L・B・ネーミエ」(一九六六年)によれば、このポーランド出身のユダヤ人歴史家は、バーリンがマルクスに関心を持っていると聞いて、オール・ソウルズに同族の若者を訪ね、マルクスよりフロイトをやれと勧める。マルクスの診断は正しいが、なかば山師的な特効薬を売出していると言い、彼のロシアの信奉者は知的には死んだも同然だと断定する。しかし、バーリンは、ネーミエが現実にはマルクスの影響を受け、人柄においても類似があったと見ている。英国の貴族階級に傾倒し、実証主義の権化となったこの歴史家が、気質的には政治的ロマン主義者で、シオニズムに打ち込んだと述べるバーリンの筆はあたたかい。

バーリンは一九三八年にはニュー・カレッジの研究員となっているが、この時期の彼にとって、本来の研究領域はもちろん哲学であった。このことは一九三九年五月に書いた『カール・マルクス』のはしがきに「自分の本来の研究領域以外の主題」について研究時間を割くことを許してくれたオール・ソウルズへの謝辞を述べていることにも明らかである。しかし、時代は青年たちを大学からいやおうなく現実政治の世界に引き出そうとしていた。この年の九月第二次世界大戦が勃発し、英国はその総力をしぼりつくしてヒットラーと戦うことになるからである。

三

ところで、バーリンの戦時勤務は情報省の仕事であった。一九四一年にはニュー・ヨークに赴任、翌年にはワシントンに移り、四五年の戦勝まで駐米大使館にあって、米国の政治情勢、特に世論の動きについて卓抜した判断を本国外務省に送りつづけ、その報告は戦時宰相チャーチルとその閣僚等にも回覧された(しかし、バーリンによれば、「チャーチルと私の間に私的な関係があったという話は神話にすぎない」)。つづいてロシア語の力を買われてモスクワの英国大使館に移り、翌四六年はじめようやく戦時勤務を終って、オックスフォードの学究生活に帰っている。

もちろん、このような功績は、活動の性質上学者としての能力と矛盾するものでなく、むしろそれに負うものであった、と言ってよい。しかも、そこにヒットラーを倒し、文明を救うという大義への燃えるような情熱が働いたことも、想像に難くない。こうして得たなまなましい現実政治の経験は、バーリンに政治と政治家とへの鋭い観察力を与えた。この戦争当時の傑出した二人の指導者についての彼の回想、「一九四〇年のウィンストン・チャーチル」(一九四九年、選集2)と「フランクリン・D・ルーズヴェルト大統領」(一九五五年、選集2)とが、何よりもこれを示すであろう。危機にあって、国民の心中に潜在する情熱をよびおこし、国民を呪縛して不退転の戦意をかり立てた首相と、未来への自信にあふれ、抑圧された世界の人々の英雄と仰がれた大統領とを、常に対照させながら論じたバーリンには、卓越したリーダーシップへのたしかな眼が光っている。

けれども、サー・アイザィアがこれらの指導者にもまさって偉大さを認めたのは、戦後イスラエル建国という、かつてまったく非現実と思われた幻想を実現したその初代大統領であった。「カイム・ワイツマン」(一九五八年、選集2)は、未来を怖れず、同胞を呪縛した一人の英雄、レーニンにも比すべき応用能力の天才の回想である。英国に傾倒し、同胞の性格を改めようとし、暴力を嫌ったワイツマンがシオニズムの対英テロに処する態度は、現実政治のきびしさを伝えるものと言ってよい。バーリンのシオニズムへの同調とイスラエルへの声援とはかくれもないところで、その学問にとっての意味は、のちに譲るが、この関連で書かれたものとしてはなお「アインシュタインとイスラエル」(一九七九年、選集2)が収められている。「全体としての民族だけが達成することのできる課題」があるというこの大科学者が、しかもナショナリズムを憎み、シオニズム指導者の対アラブ政策に批判的であった点の叙述は、注意されてよい。

話を戦時勤務に戻すと、戦勝以後のモスクワ勤務は、「ロシアの詩人たちとの会話」(一九八〇年、選集2)の率直な告白によれば、もっぱら「ロシアの文学と芸術の状態について学びたい」という願いから受諾したものであった。そこには革命後の創造的エネルギーの解放、活力にあふれた前衛芸術の記憶が働いていた。しかし、バーリンはエイゼンシュテインからありしよき日の去ったことを聞く。国内亡命の状態にいながら、最も尊敬されているボリス・パステルナークとモスクワ近郊で、アンナ・アフマートヴァとはレニングラードでめぐり会う幸運に恵まれて、感動的な会話を交わす。一九五六年の再訪も語られているが、ユダヤ人パステルナークがロシアの土に根を下した真のロシア作家と思われたいと熱望し、六五年に名誉学位を受けるためにオックスフォードを訪れたアフマートヴァが「ロシアで何が待っていようとロシアに帰」った件りは印象ぶかい。四五年に偶然がバーリンをアフマートヴァに会わせたことについて、二〇年後彼女がこれを知ったスターリンの激怒を語り、それが冷戦を勃発させ、二人が人類の歴史を変えたと主張する件りは、彼女が真面目であるだけに、背筋の寒くなるブラック・ユーモアというほかないであろう。

さて、学園に帰ったバーリンは依然として純粋哲学の領域での仕事をつづけ、一九五〇年には Empirical Propositions and Hypothetical Statements や Logical Translation を相次いで発表している。けれども、『カール・マルクス』以来の社会思想、戦時勤務以来の現実政治、イスラエル建国をめぐるシオニズム関係、それに何よりも「ロシアと一八四八年」(一九四八年、選集3)をはじめロシア思想やロシア文学関係の仕事が目立つようになり、一九五〇年にはツルゲネフの『初恋』の翻訳を出し、五二年には『ハリねずみと狐』の原型である「レフ・トルストイの歴史的懐疑主義」を発表する。その中で、政治哲学者としてのバーリンのイメイジを強く印象づけたのは、何と言っても五〇年の「二十世紀の政治思想」であろう。ここで彼ははじめて現代の特徴として「一個の思想の他の一個の思想に対する闘争ではなくて、およそ思想そのものへの高まり行く敵意の波」をあげ、決定的問題へのさまざまの回答を選択する代りに、「問題そのものを抹殺し」ようとするイデオロギーに対して、強く選択の自由と人間的責任とを強調したからである。後年『自由論』に収められた諸講義がこれにつづき、そして、一九六一年の「政治理論はまだ存在するか」は、いわば政治哲学の主張を仕上げる意味をもっていた。言語分析哲学が強烈な伝統破壊を進める状況において、権力と自由に関する原理的問題、したがってしばしば規範命題の体系であった政治理論が、情緒の表明ではあっても、経験的には無意味であるとの批判にさらされるのは、免れがたい。バーリンはこに対して、政治の領域には経験的および形式的な科学の方法のいずれをもってしても答えることのできない問いがあることを指摘し、「われわれの政治的概念が、人間的とは何かというわれわれの考えの一部をなす以上」、ここでの問題はまさに哲学的なそれであると答えている。ここではすでに政治哲学ばかりでなく、哲学そのものの再定義が提起されており、翌年に書かれた「哲学の目的」(選集2)ではより率直に、「哲学的問題とは自身の解答方法を自身の構造の中に内蔵しないような問題である」と指摘し、科学はこのような問題を根絶することができないと言い切るのである。オースティンをめぐる仲間の一人であったハムプシャーは、純粋哲学から政治哲学に移ることによって、バーリンは話相手を失って淋しいと推測しているが、バーリンは哲学についての自らの見解をもって、「平等」(一九五六年、選集2)を書き、一九六四年にはアリストテレス協会会長就任講演として、「希望と恐怖から自由に」(選集2)を説いている。ひとはそこに、若い日の哲学的明晰さの訓練が、巨大な現実にたじろがぬ自由の主張に見事に生かされているのを見出すであろう。

四

バーリンの自己イメイジによると、自分は歴史家でも政治学者でもない、という(「ナショナリズム」)。しかも今やバーリンは、純粋哲学に収まるにはあまりにも豊かな現実と向き合い、歴史的・政治的現実と取り組んで来た諸思想を取り上げながら、自らの政治哲学を構築して行く。そこに思想史という仕事の領域がいよいよ比重を加えるのである。

ネーミエによれば、思想史家は最も役に立たぬ歴史家であった(「L・B・ネーミエ」)。実際思想史には対象も方法も不明確がつきまとうけれども、そこにはまた豊かさがあり、発見の驚きと認識のよろこびがある(「ナショナリズム」)。ただし、バーリンによれば、思想史は英国では他国よりも人気がない。若い日の哲学仲間の自己中心主義を思い出すまでもなく、英国の学者は、他国といわず、他の仲間の仕事にさえ関心を払わない傾向がある。もちろん、そこには自国の思想家が世界的な影響力をもったあまりにも豊富な古典を生み出したという事情もあるが、バーリンは、そのような影響力が絶頂であった十九世紀についてさえ、自国の思想史研究は不十分だという(Preface to H. G. Schenk: *The Mind of the European Romantics*, 1966「シェンク、生松・塚本訳『ロマン主義の精神』への序文」みすず書房、一九七五年)。まして大陸の思想においておやである。このような島国性は、政治の教科にも現われていて、材料はもちろん自国中心、対照として取り上げるのはフランスどまり、米国、ソ連はもちろん、ドイツでも特殊講義の主題という有様であった。

これに対して、バーリンはただヨーロッパの諸言語を十分こなしていたばかりでなく、それらの諸国の歴史に精通し、思想にあふれるような興味を感じていた。ネーミエならずとも、イデオロギー嫌いの多い英国で、バーリンは大陸において思想がどんなに激しく現実を動かして来たかを熟知していた。こういう点で彼は当時の英国の学界の、少くともオックスフォードの社会科学部(P・P・E、哲学、政治学、経済学部)の空白になりがちな部分を埋める最適任者であった。

わたくしは、一九五六—七年度にはじめて彼の講義を聴き、また彼と会った頃のことを思い出す。バーリンの「ヨーロッパ思想の諸類型」はまことに絢爛たる講義であって、同僚の講筵に列することの多いオックスフォードでも、ことに多数の教師がつめかけていた。おそろしく該博な知識が機関銃のような早口で語られるので、外国人にはもちろん英国人にもついて行き切れないという評判であった。それが決して訛の強い発音のせいばかりでないことも、対談して見るとよくわかった。博覧強記しかも頭の回転が早すぎて、舌が思想について行かない感じなのである。(二十年後彼が日本を訪れたときには、発音はずっと聴きとりやすくなっていたけれども、この早口はまったく変らず、公開講演の通訳について、「途中で区切るのでは話ができなくなるから」一気に喋らせてほしい、というので、わたくしが話のあとでこれを要約して通訳に代えたものである。）その人が講義を著書にしないのであるから、「英国にはどれだけものを知っているか底が知れないのに、著書のない学者がまだいる」と聞かされたのを思い出してそらおそろしく感じた位である。

いうまでもなく、バーリンはたとえば『自由論』に収められた諸作品の中で、ヨーロッパ思想史上の巨星たちを自家薬籠中のものとして自由自在に使いこなしている。彼の教授就任講義「二つの自由概念」の魅力の一つは、疑いもなく、この点での腕の冴えにあろう。故G・D・H・コール教授が六十七歳の定年を迎えてチチェル講座を去った一九五七年、バーリンがその後任に選出せられて、社会・政治理論の主任教授に就任したとき、それはきわめて当然の人事として歓迎せられ、翌年秋に行われた右の就任講義のひきおこした大きな反響は、彼の声価をさらに高めた。もっとも、バーリンはこの教授職を十年で去り、一九六七年にはジョン・プラムナッツがあとを襲った。（わずか八年後の一九七五年、このモンテネグロ出身の友人の思い出を書こうとは、夢想もしなかったであろう。）バーリンはすでに前年ウルフスン・カレッジの初代学長を引受けて設立準備に取り掛っており、一九七五年三月、完成を見届けて辞任している。以来、一九六三―四年には、アリストテレス協会会長、一九五九―六一年には、英国人文学士院 British Academy の副院長、また七四―八年には院長をそれぞれ勤めた。『カール・マルクス』を別とすればバーリンが、思想史についての力作を積んで行ったのは、主としてこの時期、教授就任以後である。

五

もっとも、すでに述べたように、ロシア思想については、戦時勤務を終って以後早くから手をつけており、『ハリねずみと狐』や『父と子』に見られるように、帝政下の急進思想と無関係に論じられがちな、トルストイやツルゲネフの作品を鋭く社会思想の視角から分析したのがその特徴であった。このような仕事は、「ロシアの詩人たちとの会話」や『初恋』の翻訳に示されるような対象への親しみなしになし得るところでなく、それは、「ロシアと一八四八年」や一九五四年度ノースクリフ講義「すばらしい一〇年間」(選集3)にもよく示されるであろう。一八三八年から四八年までツァーリズムのもとに、ヨーロッパの解放思想を受け入れて生まれたインテリゲンツィアの問題と苦悩とをバーリンはほとんど自らのそれのように内側から理解し、提示しようとする。この共感とあえて言えば愛情となくして、欠陥の多い彼等の作品、繰り返し、不整合、知識の生半可さ加減などの目立つ思想を、彼のように根気よく、またあたたかく取扱うことは、ほとんど考えられないであろう。圧倒的な青年ヘーゲル派の影響、ヨーロッパ四八年革命挫折の及ぼした打撃、急進派内部での相剋と自由派の苦悩を描きつつ、そこにはバクーニン、ベリンスキー、ゲルツェンらが一度ならず取り上げられる。バーリンはベリンスキーには共感を示すが、「ゲルツェンとバクーニン」(一九五五年、選集1)に明らかなように、バクーニンはただゲルツェンとの対照に使われたにすぎない。ナロードニキの父ゲルツェンはバーリンにとって、マルクス、トックヴィルと同様に興味深い、独創的な思想家であり、決して単なるユートピアンではない。何よりも、ゲルツェンこそは一つの抑圧からの解放が解放者による抑圧を生むことを警戒し、抽象的ドグマが個人に専制を加えることに反対した点で、圧倒的な一元論に対する点に首尾一貫した多元論者であり、その自由への信条が時代の正確な予言を生んで、深い現代的意義をもつとするのである。

こうしてバーリンのロシア思想研究は、何よりも英国の学界にとってよそよそしいこの対象に、内側から鮮やかな照明をあて、その独自性とともに普遍的かつ現代的な意味を見出したことにあると言ってよい。これほどまでのゲルツェンへの傾倒も、それがほかならぬマルクスやトックヴィルを十分知っている学者の評価であることにかけがえのない意味がある。しかもこのような評価において、基準となった視点はロシアについても西欧についても変りはないのである。ヨーロッパの思想家についてのバーリンの作品はロシア思想の研究におくれるが、そこに共通するのはゲルツェンの場合と同じく多元論者がえらび出され、共感をこめて取り扱われていることである。

それでは、バーリンのいう多元論とは何か。またそれと対置される一元論とは何か。多くの作品の中で彼は多様にかつ雄弁にこれを論じているが、著作集第三巻への序論においてハウスヘールは要約的に哲学的一元論を「すべての実在と、実在に関する人間の知識のすべての部門とは、一個の合理的かつ調和的な全体を形づくり、人間の諸目的間には究極的な統一ないし調和が存在するという教義」としている。バーリンによれば、それは少くともプラトン以来二千年以上にわたるヨーロッパの伝統であって、実に多様な型態をとって展開されてはいるものの、知的には普遍妥当的真理の存在を、社会的には完全に合理的な秩序の実現を、また歴史的には必然法則の支配を信じさせて来た。まさにこのような一元論を掘り崩し、やがて覆えそうとする思想の流れこそ多元論であって、近代において十八世紀啓蒙思想が一元論を代表する以上、ロマン主義に代表される対抗思想は、ルネッサンス、宗教改革、科学革命に匹敵する知性の変革でなければならない。『ヴィーコとヘルダー』が最もまとまっているとしても、『新科学』において多元論的認識論を展開したヴィーコは、さらに一九六九年と七六年の二つの作品でも取り上げられている。「反啓蒙主義」(一九七三年、選集3)は元来『思想史辞典』*Dictionary of the History of Ideas* への寄稿ということもあって、要領のよい概説であるが、これまたヴィーコに記述を起し、J・G・ハマン、ヘルダーからロマン主義、ド・メーストルに及ぶ。また「自然科学と人文科学の分裂」(一九七四年、選集1)も、ヴォルテールとの対比において、ヴィーコからヘルダー、ことにその方法としての感情移入への展開のうちに、歴史叙述の変革を描いている。

こういう視点は政治思想の理解にも貫かれて、「マキアヴェッリの独創性」(一九七二年、選集1)は、クローチェへの批判をこめてそれをキリスト教的理想主義に現実主義的でたくましい異教的な倫理を対照させた点に求め、両者の優劣を決定する基準がないことを明らかにして多元論に道を開き、彼は意図せずして——そして逆説的にも——自由主義の基礎をおいた、という。また「モンテスキュー」(一九五五年、選集1)では、その自然法的な法の定義にもかかわらず、彼の本領、「偉大な新発見のうちで最も独創的なもの」は、経験主義的多元論であり、そこに「彼の非独断的原理」の現代的意義を見出している。

バーリンの視点は、さらに最も分類しがたい思想家の鮮明な全体像を導く。「ジョルジュ・ソレル」(一九七一年、選集1)は、この非体系的かつ変化のはげしかった思想家に、十九世紀ブルジョワ社会と戦うロマン的情熱を見出して、その所論と行動とに行きとどいた理解を試みて余すところがない。あたかも世界的な大学紛争の季節を受けて、彼の思想の現代性を説き、今日の若者たちに道徳的な不快感を与えている「あらゆる根本的疑念が適切な技術によって解消される技術的問題に還元されてしまうような調和的社会制度の中で、摩擦なしの満足を味わうことを理想とする合理主義的な考え方に対する反抗」、「この感情を明確な言葉で最初に定式化した人物」をソレルに求めるのである。

六

この十九世紀における未来ヴィジョンが、モーゼス・ヘスを例外として、見事に見落したものに、ナショナリズムがある。一九七二年に *Foreign Affairs* 誌に発表された文章に加筆した「ナショナリズム」(一九七八年、選集1)は、「過去における無視と現在の力」の副題の示すように、この思想が十九世紀においては、自由主義者からは過渡的なものと見られ、マルクス主義者からは虚偽意識とされたことを指摘する。それは永遠のモデルに対する個性、民族の創造能力を主張する点で、政治的ロマン主義を本質とし、最初に興ったかつてのドイツと共通な条件のあるところでは、どこででも力を得るという。

ここにあげられたヘスについては、すでに一九五九年度リュシアン・ウルフ記念講義として公にされた「モーゼス・ヘスの生涯と意見」(選集3)という雄篇がある。これはある意味で『カール・マルクス』をネガとするポジの思想像であり、同じくフランス革命によって解放されながら、キリスト教に改宗したマルクス家と改宗を拒んでユダヤ教にとどまったヘス家との対比から、二人の思想家の交渉と対照を描いている。ドイツで最も早い社会主義者としてエンゲルスにはじめて共産主義を吹き込み、若いマルクスの天才に心を奪われて、一八四一年には彼を「唯一人の本物の哲学者」と呼んだモーリッツ・ヘスは、何人にも悪意をもたぬ人間で、利他主義の可能な形態として共産主義を選んだから、空想的なセンチメンタリストとして嘲笑を受ける。若い頃共産主義の実現という全般的解決にユダヤ人問題を委ねようとしたヘスは、ダマスクス裁判事件を契機に疑念を抱きはじめ、一八六二年の『ローマとイェルサレム』において、はっきりと同化主義を批判し、シオニズムを先取りして、パレスチナ帰還を提唱する。すでに社会に地位を得た西欧ユダヤ人ではなく、貧しい東欧ユダヤ人が帰るであろうという見通しまで、彼のヴィジョンは明晰、透明であって、「科学的社会主義の二人ほど誤らなかった」と言い切るのである。そこには、「さまざまな社会問題のただ一つの最終的解決のためにすべてを賭ける」ことを「未成熟のしるし」とし、必然に「抑圧、残虐、流血に至る」という鋭い批判がある。

この「モーゼス・ヘス」は、消極的自由を擁護し個人の自由を主張するバーリンが、一方でなぜおぞましい行き過ぎを重ねて来たナショナリズムに、あれほどあたたかい理解を示したかを語らずにはすまぬであろう。階級、民族、皮膚の色によって差別され、抑圧されている者の集団的権利の主張を、例えばモーリス・クランストンが、本来個人にのみ認められる権利という言葉の濫用として無視するのに対して、バーリンは地位と承認とへの欲求を正面から取り上げて、「自由のために戦った人びとは、一般に自分たち自身、あるいは自分たちの代表によって統治される権利のために戦ったのだ」という「心理的・政治的事実を強調し、抑圧せられた者の承認への要求を「独立の行為者たらんとする欲求にきわめて近いもの」(「二つの自由概念」)とするのである。そこにユダヤ系出自に負う内からの理解と大陸の思想史を熟知する者の知的強みとを見るのは容易であろう。

以上のような、大陸における多元論の系譜は、ドイツの学問の影響の強かったわが国では、(もちろんロシア思想を除いてではあるが)英国におけるほどなじみの薄いものではなかった。現に内容的にはバーリンの多元論に重なるところの多い、そしてその英訳(一九七二年)に彼自身序文を寄せているマイネッケの『歴史主義の成立』は、わが国ではすでに戦時中に訳出されており、バーリンの紹介した人物や視点は、知的世界において必ずしも新しいものばかりではなかったからである。

七

それでは、思想史におけるバーリンの英国への寄与は、単に学界の欠落を埋めるという知的貢献にとどまるであろうか。右にあげた少数者の地位承認の要求について、バーリンは自らあげた「心理的・政治的な事実」を認めないことにこそ、「現代の自由主義者たちが現に彼等の生きている世界に対して盲目になっている」証拠だ、と指摘している。また「ナショナリズム」においては、十九世紀の盲点の由来として、いわゆるウィッグ史観とヨーロッパ中心主義をあげている。英国版著作集『ロシアの思想家たち』の序論においてケリー女史は、このような知的欠落を埋めたバーリンの作品に「自由主義の諸価値を最もよく理解し、擁護する者は、行動において思想の果す役割、とりわけ彼が左右の「大いなる専制のヴィジョン」と呼ぶものの知的・道徳的吸引力を理解しようと求める者だという信念が滲透していることを指摘し、思想家としてのバーリンの独創性が「英国伝統の自由主義を、思想とその政治的実践への影響というまったくヨーロッパ的な魅力に結びつけたことに由来する」と述べている。

ここでの問題は二つ、すなわち、英国と自由主義である。それは彼がえらびとった国と信条とであり、両者は彼において分ち難く結びついているからである。ひとはネーミエ、ことにワイツマンの英国への傾倒について、バーリンの叙述を読むとき、そこに彼自身の感情の投影を見ないであろうか。同じく東欧に生まれた彼等にとって、「英国はユダヤ人が人間と市民としての権利を完全に保持して平和で進歩的な生存を享受した国であった」。生活・言語・理想の具体性、残酷・昂奮・けばけばしさの欠如、極端への洗練された嫌悪としての穏健さ、想像力や独自なものと個性とへの愛情、独立の資質と人生の真の目的の意識、静かな愛国心と伝統への執着、それは例えば島国性や一般的抽象的原理への嫌悪によって盲点を生んだかも知れない。だからこそ現代の自己理解の道具としての思想史の欠落を補って、自覚の盲点を除く努力ともなったでもあろう。しかし、バーリンの英国への情熱が特にワイツマンと異るとする理由はなさそうである。

自由主義について言えば、バーリンが単独で取り上げた唯一人の英国の思想家がジョン・スチュアート・ミルであることは、象徴的な意味をもつように、わたくしには思われる。『自由論』の巻頭にフンボルトの言葉を掲げているように、ミルはコントやトックヴィルを含めて大陸の思想家との交渉の深い英国人であり、功利主義を抜け出して個性の尊重を力説した思想家であった。生きるに値する意味を社会体制を越えたところに認め、何よりもそれを精神的な活動に求めて、価値の多元性を強調する点で、ミルは余人をもって代え難い主題であったにちがいない。逆に言えばバーリンの自由主義は、「見えざる手」による予定調和を信じる一元論とは無縁であって、コンスタン以来の消極的自由を受けつぎながら、多元論によってゆたかな内容を包むものとなった、と言ってよい。

けれどもバーリンによれば、多元論は相対主義ではない。すでに「歴史の必然性」において、彼は執拗に決定論と相対主義とに批判を加え、一元論的歴史観とそれを批判する不可知論がともに自由は妄想であるとする責任解除の論理を生み出していると指摘している。彼が「二つの自由」の結びに使った「自己の確信の正当性の相対的なものであることを自覚し、しかもひるむことなくその信念を表明すること、これこそ文明人を野蛮人から区別する点である」という引用は、多元論と結びついた自由主義の信条にほかならないであろう。けだし多元論の意味は、決して価値の相対性などにあるのではなく、人生には相互に相容れない対立する価値があり、人はそれを自己の責任において選択する運命を免れない、という根源的事実にあるからであり、ツルゲネフならずとも、選択が苦悩を伴う以上、ハウスヘールがそこに「強力な悲劇の要素」を見るのは正しい。逆に言えば、政治は複数の目的価値の競合するところに成立するいとなみであって、単一の尺度で足りるならば、そこには管理はあっても政治はないであろう。この点で河合教授がバーリンの名をあげて「単一目的しか存在しない社会では、当然目的についての論争は生じない」と言っている(日本政治学会年報『政治学』一九七九年)のはまったく正しい。

この悲劇性と関連して、最後に取り上げたい問題がある。ハウスヘールは英国版著作集の思想史の巻が『流れに抗して』と題されていることについて見解を述べている。この言葉の通常の用法からすれば、オックスフォードの主任教授、人文学士院長をつとめた大家にしては意外な題にうつるかも知れない。ハウスヘールは、第一にバーリンがこの巻で、無視された独創的思想家を取り上げていること、また世界を変容するまでに成長すべき潜在的運動に対するバーリンの「独自の感受性」をあげている。しかし、わたくしにとって、どうしても気になるのは、「二十世紀の政治思想」でバーリンがあげた「一組の思想の他の一組の思想に対する闘争ではなくて、およそ思想そのものへの高まり行く敵意の波」の行方であり、それが「問題自体を抹殺し」「二者択一の心理的可能性を取除く」点において、一元論もまたこの敵意の対象たるを免れない。わたくしの問いたいのは、実はこのような敵意の波も彼が抵抗している流れをなすかどうかではなくて、一元論が真正に問うた問題自体を抹殺するイデオロギーと、彼が多元論に対立させる一元論との関連である。さきの河合教授の命題との関連で言えば、思想への敵意は全体主義のイデオロギーであるばかりでなく、西欧世界も例外にはとどまり得ない。けだし、ここでも、かつては政治原理をめぐって起った意見の対立が、「次第にまったく技術的な方法——最小限度の経済的・社会的安定を達成するための政策問題」に移ってしまっており、バーリンは少くとも「ジョルジュ・ソレル」においてこの問題を取り上げている、と思われるからである。

八

さきにちょっとふれたように、バーリンは国際交流基金の招きで、一九七七年四月夫人とともに日本を訪れ、十五日東京で公開講演、「西欧におけるユートピア思想の衰退」を行った。日本の聴衆のために特に用意した講演で、英国版著作集にも載っていないという事情も考えて、これを収載したが、また彼の思想史関係の論文全体への手引きとして役立つだけの、広さと鋭さとをそなえている。彼はその後東京大学、同志社大学でも研究者を前に話し、談論風発われわれを楽しませてくれた。帰国するとすぐ、オックスフォードの日本研究者故リチャード・ストーリー教授に電話したとき、ストーリー氏は「日本と恋に落ちたね」と語ったというから、楽しい旅行ではあったのであろう。そのバーリンもすでに老境に入った。わたくしが自分の訳した「二十世紀の政治思想」の載った『中央公論』を届けたときの彼の興奮を思い出すと、日本版選集は、サー・アイザィアにとっても大きなよろこびでないはずはない。

一で述べた通り、一九七九年はじめて日本版選集の企画を考えてから、すでに四年余り、ようやく一、二巻を刊行する運びとなっても、なお第三巻の仕事を進めつつある状態である。何とか第二巻に間に合わせるために、この小文が行き届かないものに終ったことを著者と読者とに詫びるとともに、訳文等についても大方の叱正を得たいと望んでいる。最後に実質的に編集を引受け、また最も多く訳出を担当された河合教授、快く訳稿をし上げて下さった友人諸兄、さらに直接この選集を担当した宮本勝史君をはじめ、岩波書店の方々、また上梓に力を添えられた関係者の皆様にも、御礼を申し上げたい。

■岩波オンデマンドブックス■

バーリン選集 2　時代と回想

1983 年 9 月 14 日　第 1 刷発行
2017 年 1 月 13 日　オンデマンド版発行

編　者　福田歓一《ふくだかんいち》　河合秀和《かわいひでかず》

発行者　岡 本　厚

発行所　株式会社　岩波書店
〒 101-8002　東京都千代田区一ツ橋 2-5-5
電話案内　03-5210-4000
http://www.iwanami.co.jp/

印刷／製本・法令印刷

ISBN 978-4-00-730552-8　　Printed in Japan